Nancy Krahlisch

SEEMANNSBRAUT

W0056927

Nancy Krahlisch

SEEMANNSBRAUT

*Eine 40 000 Kilometer lange
Liebesgeschichte*

KNAUR

Besuchen Sie uns im Internet:
www.knaur.de

© 2012 Knaur Verlag
Ein Unternehmen der Droemerschen Verlagsanstalt
Th. Knaur Nachf. GmbH & Co. KG, München
Alle Rechte vorbehalten. Das Werk darf – auch teilweise – nur mit
Genehmigung des Verlags wiedergegeben werden.
Satz: Adobe InDesign im Verlag
Druck und Bindung: GGP Media GmbH, Pößneck
Printed in Germany
ISBN 978-3-426-65512-2

2   4   5   3   1

Für Heribert

Inhalt

Kapitel 1

ABSCHIED

Eigentlich müssten wir jetzt weinen. Zumindest ich müsste jetzt weinen. Auch diesmal habe ich eine große Packung Taschentücher dabei. Für den Notfall. Aber ich weine nicht. »Warum weinst du eigentlich nur, wenn ich nach Hause komme? Aber nie, wenn ich fahre?«, fragte Heribert mich einmal. Ich wusste keine Antwort darauf. Normalerweise habe ich nämlich Mühe, meine Tränen zurückzuhalten. Ich kenne niemanden, der mehr Tränen vergießt als ich, außer vielleicht meine Mutter. Aber die weint auch schon, wenn beim Fahrradfahren der Wind weht oder beim Autofahren die Sonne scheint. Sie hat empfindliche Augen. Ich dagegen bin eine richtig rührselige Heulsuse. Doch gerade sind meine Augen ganz trocken. Ich glaube, ich kann es einfach noch nicht realisieren. Heribert ist doch gerade erst nach Hause gekommen. Wie kann er da jetzt schon wieder fahren?

Es ist 6 Uhr morgens, seit drei Stunden sind wir auf den Beinen. Heribert hat bereits eingecheckt, er fliegt nach Caracas in Venezuela. Dort geht er dann an Bord seines Schiffes. Wir umarmen uns, küssen uns, dann sehen wir uns immer wieder schweigend an. Ich schlinge meine Arme um seinen Rücken, vergrabe meine Hände unter seiner Jacke. Ich will ihn nicht loslassen. Noch nicht. Wir stehen in der Schlange vor der Sicherheitskontrolle. Jeden Moment kann die Schlange aufrücken, gleich wird Heribert durch die Tür gehen und hinter der milchglasfarbenen Scheibe verschwinden. An der Tür ist Schluss. Weiter darf ich nicht mit.

Wir haben Mitte September. Der Sommer ist fast vorbei, aber draußen ist es noch herrlich mild. Gestern Nachmittag haben wir gemeinsam auf dem Balkon in unserer Hängematte gelegen und die wärmenden Sonnenstrahlen genossen. Erst im Januar wird Heribert zurückkehren, vielleicht sogar im Februar. In frühestens vier Monaten werden wir uns wiedersehen. Vier Monate sind eine lange Zeit. Dann ist der Sommer längst Geschichte, auch der Herbst wird vorüber sein. Dann ist Winter.

»Frohe Weihnachten«, flüstere ich etwas trotzig.

»Guten Rutsch«, erwidert er. Wir müssen lachen. Weihnachten und Silvester sind im September noch unendlich weit weg. Meine Hände kriechen noch tiefer unter seine Kleidung, ich kann seine Haut spüren. Ich lege meinen Kopf an seine Schulter, atme den Duft seiner Haut ein. Diesen Geruch werde ich vermissen. Bis zum Wiedersehen werde ich ihn wahrscheinlich vergessen haben. Zumindest fast.

»Vergiss mich bitte nicht«, flüstert Heribert, als könnte er meine Gedanken lesen.

»Pass auf dich auf!«, erwidere ich. Wir küssen uns ein letztes Mal, dann geht er durch die Tür.

Ich atme tief ein, mache auf dem Absatz kehrt und laufe schnell in Richtung Ausgang. Ich laufe vorbei an all den gutgekleideten Geschäftsleuten, die zu einem Termin nach Frankfurt, München oder London müssen. Vorbei an den glücklichen Paaren und Familien, die gleich in den Urlaub fliegen. Ich laufe immer weiter auf den Ausgang zu, ohne mich noch einmal umzudrehen.

Ich habe Glück, der Bus steht schon vor der Tür. Kaum sitze ich, klingelt mein Telefon. Heribert ist am Apparat.

»Du hast dich gar nicht mehr umgedreht«, sagt er mehr fragend als vorwurfsvoll.

»Doch«, lüge ich, »aber du hast in die andere Richtung gesehen.« Warum lüge ich? Spielt es eine Rolle, ob ich mich noch einmal umdrehe?

»Wir boarden gleich, ich melde mich dann aus Venezuela.« Ich erwidere nichts.

»Ich liebe dich«, sagt er.

»Ich liebe dich«, antworte ich.

Dann legt er auf.

Ich rutsche noch ein Stück tiefer in den Sitz hinein und schließe die Augen. Ich versuche mich daran zu erinnern, wie alles begann.

Vor fast zehn Jahren habe ich ihn kennengelernt, meinen Seemann. Wir studierten beide in Bremen; er Nautik, ich Journalistik. Das neue Semester hatte gerade begonnen. Wir trafen uns auf einer Wohnheim-Party. Die Party fand in dem Gebäude statt, in dem ich mein kleines möbliertes Studentenzimmer hatte.

Ich liebte diese Partys direkt im Wohnheim. Nur ein paar Treppenstufen, schon war ich im Bett. Ich kam erst spät, ich hatte gearbeitet. Ich jobbte als Kellnerin in einer Jazz-Bar. An diesem Abend hatten Musiker der NDR-Bigband gespielt. Die Bar war voll, das Trinkgeld reichlich. Ich mochte meinen Job, die Musik, die Kollegen, die Gäste. Das Tollste an dem Kellnerjob in Bremen war, dass man hinter der Bar fast ausschließlich Becks-Flaschen öffnete. Die wenigsten Biertrinker wollten ein Glas, das sparte den Abwasch.

Es war schon nach 2 Uhr morgens, als ich endlich am Wohnheim ankam. Ich war müde, aber andererseits auch viel zu aufgekratzt, um direkt ins Bett zu gehen. Außerdem wollte ich noch kurz auf diese Party. Ich war verabredet. Mit Meike, meiner Freundin aus dem Studiengang. Meike und ich fuhren jeden Morgen gemeinsam mit der Straßenbahn zur Hochschule, saßen während der Vorlesungen nebeneinander und zogen an den Wochenenden durch die Clubs. Wir hatten viel Spaß zusammen. Seit kurzem hatte Meike allerdings einen Freund. Einen Pilotenschüler der Lufthansa. Er hieß Laurent, kam aus Luxemburg und hatte einen herrlichen Akzent. Ich mochte ihn, war aber auch etwas skeptisch. Was würde aus unseren Partynächten, fragte ich mich.

Meike wohnte genau wie ich im Luisental, diesem riesigen Komplex aus mehreren Wohnheimen am Rande der Stadt. Sie erzählte mir vor ein paar Tagen, dass sie an diesem Abend im Café Lui sein würde. Spanische Freunde von Laurent hätten eine Party organisiert. Ich versprach, auf dem Heimweg vorbeizuschauen.

Noch bevor ich das Wohnheim betrat, hörte ich die laute Musik und die noch lauter mitgrölenden Spanier. Die Party war noch in vollem Gange. Ich lief vorbei an den Fahrradständern, den orangefarbenen Briefkästen, vorbei an den Toiletten, die zum Partyraum gehörten und vor denen nun zahlreiche Mädchen Schlange standen. Ich suchte Meike, konnte sie aber nicht entdecken. Ich hielt nach ihren blonden langen Haaren Ausschau. Ich lief quer durch den Raum zur Tanzfläche. Eine Discokugel drehte sich an der Decke. Das Licht war gedimmt, nur die Tanzenden wurden von den flackernden Scheinwerfern beleuchtet. Ich überlegte, ob ich wieder gehen sollte. Auf dem Weg nach draußen sah ich Ömer, einen netten Türken, der Jura studierte und mit einem Kollegen aus der Jazz-Bar zusammenwohnte. Ömer saß allein auf einem Barhocker direkt neben der Tür. Ich blieb kurz stehen, um ihn zu begrüßen. Ömer war nüchtern, er trank nie Alkohol und beschwerte sich sofort über die viel zu lauten betrunkenen Spanier. Schon vor Stunden hätte er ins Bett gehen wollen, er müsse lernen, sagte er. Am Montag schreibe er eine wichtige Klausur. Er deutete mit dem Zeigefinger zur Decke und schüttelte den Kopf. Sein Zimmer lag genau über dem Partyraum. Plötzlich hatte ich ein Déjà-vu. Ich erinnerte mich an die letzte Party im Wohnheimcafé. Damals hatten wir genau dieselbe Unterhaltung. Wie konnte ich das vergessen? Ich hatte keine Lust auf dieses Schlechte-Laune-Thema und überlegte, was ich sagen könnte, um schnell wieder zu verschwinden.

Doch dann sah ich Heribert. Er stand plötzlich neben mir. Er sah gut aus, war braungebrannt und hatte seine langen schwarzen Haare zu einem Zopf zusammengebunden. Er hatte ein schönes warmes Lächeln. Mir gefielen seine Augen, die er zusammenkniff, wenn er lachte.

»Hier Ömer, die geht aufs Haus«, sagte er und drückte dem schlechtgelaunten Ömer eine Flasche Cola in die Hand. Mich lächelte er kurz an, dann verschwand er wieder. Ich sah ihm nach und beobachtete, wie er hinter den Tresen ging. Also auch ein Kellner, dachte ich und hatte bereits entschieden, noch etwas zu bleiben. Zu meinem Glück stand ein paar Sekunden später auch Meike neben mir. Sie umarmte mich stürmisch, strahlte mich mit ihren großen blauen Augen an und schien sich wirklich zu freuen, mich zu sehen. Wir unterhielten uns etwas. Ich dachte, Meike wüsste vielleicht mehr über den Kellner. Doch sie verneinte. Ömer, der noch immer neben uns saß und darauf wartete, dass dieser Abend endlich zu Ende ging, hatte unser Gespräch belauscht.

»Er ist Brasilianer. Oder zumindest seine Mutter kommt aus Brasilien. Geboren ist er aber in Hamburg.«

Brasilien, dachte ich, das klingt exotisch. Ich kam aus Falkenberg/Elster, einer kleinen Stadt im Süden Brandenburgs. Meike, Ömer und ich sahen zum Tresen, der brasilianische Kellner bemerkte das und lächelte uns zu. Ich wurde rot und drehte mich schnell wieder weg. Meike fing an, laut zu lachen, was die Situation natürlich noch schlimmer machte. Mit dem Ellenbogen versetzte ich ihr einen Stoß in die Seite.

»Los, geh zur Bar und hol dir ein Bier«, forderte sie mich auf. »Und mir kannst du auch gleich eins mitbringen.« Sie zwinkerte mir zu und verschwand in Richtung Tanzfläche.

Ich ging zur Bar und hoffte, dass mein Gesicht unterdessen wieder seine normale Farbe angenommen hatte.

»Hallo«, sagte ich.

»Hallo! Ich glaube, wir kennen uns noch nicht«, sagte er mit einem Lächeln und reichte mir die Hand. »Ich bin Heribert.« Ich dachte, er wolle mich auf den Arm nehmen. Heribert – so heißt man doch nicht mit Anfang zwanzig. So heißt man auch nicht mit einer brasilianischen Mutter. Sein Vater, erklärte er daraufhin, komme aus Bayern und heiße ebenfalls Heribert, Heribert Riesenhuber. Ich wollte seinen Personalausweis sehen.

Dem gutaussehenden Kellner schien es nicht neu zu sein, solche Verwirrung auszulösen. Nach nur wenigen Sekunden hielt ich seinen Ausweis in der Hand. Ich musste zweimal hinsehen. Tatsächlich. Er hieß Heribert. Heribert Riesenhuber. Ich lachte, entschuldigte mich und bestellte zwei Bier. Hinter mir hatte sich bereits eine Schlange gebildet. Heribert erwähnte, dass er gleich Feierabend mache und wir uns danach vielleicht noch weiter unterhalten könnten. Ich nickte ihm zu und spürte, wie ich wieder leicht errötete.

Eine halbe Stunde später stand er tatsächlich neben mir. Es war nicht mehr viel los im Café, sein Kollege hatte die Bar allein übernommen. Wir unterhielten uns und stellten fest, dass wir auf demselben Flur wohnten. Wir waren Nachbarn, nur zwei Zimmer lagen zwischen uns. Ich wunderte mich, dass wir uns bisher noch nicht über den

Weg gelaufen waren, aber Heribert, den alle Bertl nannten, wohnte erst seit kurzem in Bremen. Sein erstes Semester hatte er auf einem Kühlschiff verbracht. Es transportierte Bananen von Ecuador nach Syrien, Fleisch von Brasilien nach Saudi-Arabien und Thunfisch von den Seychellen nach Spanien.

Er erklärte mir, dass Nautiker ihr Studium in der Regel mit einem langen Praktikum beginnen. Es sei eine Art Test. Die Einsamkeit an Bord, die Hierarchien innerhalb der Besatzung, die permanente Enge. Die Schifffahrt habe nicht mehr viel mit Seefahrerromantik zu tun. Die Liegezeiten in den Häfen seien kurz, das Leben an Bord hart. Seemänner arbeiteten sieben Tage die Woche. Über Monate hinweg. Praktikanten müssten das Deck schrubben und im Kühlraum die Inventurliste der Essensvorräte durchgehen. Viele Erstsemester stellten während des Praktikums fest, dass die Seefahrt doch nicht das Richtige für sie sei. Früh genug, um sich die Sache noch einmal anders zu überlegen.

Heribert jedoch gefiel seine Seefahrtzeit ausgesprochen gut. An unserem ersten Abend schwärmte er von fremden Ländern, der internationalen Crew, Delphinen, die neben dem Schiff in den Sonnenuntergang springen, und dem Gefühl der Unendlichkeit des Meeres. Ich hörte ihm gerne zu.

Gegen 5 Uhr morgens, Meike und Laurent waren längst gegangen, wollte auch ich nach Hause.

»Ich komme mit. Wir haben doch denselben Weg«, sagte Heribert und lächelte mich an.

Gemeinsam stiegen wir die Treppe hinauf. Ich lief ganz langsam, ich fragte mich, was wohl gleich passieren würde. Wir liefen vorbei an seinem Zimmer und blieben vor meinem Zimmer stehen. Ich schloss die Tür auf, drehte mich zu ihm um, dann küssten wir uns. Ich weiß nicht mehr, wer wen geküsst hat, er mich oder ich ihn. Aber eines weiß ich genau: Es war der unglaublichste Kuss, den ich je bekommen habe. Irgendwann hörte Heribert dann auf, mich zu küssen. Er lächelte mich an und verabschiedete sich mit einem »Gute Nacht, Frau Nachbarin«, drehte sich um und ging. Ich blieb stehen und sah ihm nach.

Von diesem Abend an begegneten wir uns immer wieder. In der Mensa, im Supermarkt, an der Straßenbahnhaltestelle. Meistens war er nicht allein unterwegs, und wenn doch, dann war ich nicht allein. Wir lächelten uns an. Mehr nicht. Zweimal pro Woche jobbte er hinter der Theke im Wohnheimcafé. Ich ging nun häufiger dorthin, das Bier gab er mir aus. Ab und zu klopfte er bei mir, weil er Milch, Salz oder einen Dosenöffner brauchte. Und ich klopfte bei ihm, um zu fragen, wann seine nächste Schicht im Café war. Langsam lernten wir uns immer besser kennen. Nach einem Monat waren wir ein Paar.

Den eigenen Nachbarn als Freund zu haben, empfand ich als überaus praktisch. Wir konnten uns spontan sehen, mussten uns nicht lange im Voraus verabreden. Meistens übernachteten wir beieinander. Mal schliefen wir bei ihm, überwiegend jedoch bei mir. Was aber lediglich am Angebot meines Kühlschranks lag. Heriberts Zimmer war fast identisch zu meinem Zimmer, nur seitenverkehrt. 15,26 Quadratmeter hatte jeder von uns, inklusive Küche und Bad. Alles war beengt, im Bad konnte man sich kaum drehen, und die zwei Herdplatten befanden sich direkt über dem Kühlschrank. Auch das Bett war schmal. Aber das machte uns nichts aus.

Wir trafen uns fast täglich. Wenn wir uns einmal nicht treffen konnten, schoben wir uns kleine Botschaften unter der Tür durch. Ich war verliebt, es fühlte sich gut an. Damals machte ich mir keine Gedanken über eine Zukunft als Seemannsbraut. Ich war 21. Ich hatte nicht vor, den Mann fürs Leben zu finden.

Dass die Sache ernst war, merkte ich, als Heribert zu seinem zweiten Praktikumssemester aufbrach. Die Zeit davor war schrecklich. Ich fing an, die Tage und Stunden bis zum Abschied zu zählen. Wir versuchten, die uns verbleibende Zeit besonders zu genießen. Er kochte für mich, wir gingen ins Kino, wir lernten gemeinsam beim Picknick im Park. Heribert ließ sich sogar zu langen Spaziergängen überreden, aber ich ruinierte alles mit meiner schlechten Laune. In Bremen wohnten wir Tür an Tür, wir sahen uns fast täglich. Wie würde es sein, wenn wir uns sechs Monate lang überhaupt nicht sähen?

Es war Ende März, als er aufbrach. Anfang Oktober würde er wiederkommen. Im März denkt man noch nicht an den Oktober. Im März denkt man an den Frühling. Vielleicht schon an den Sommer. Aber der Oktober ist unendlich weit weg.

Da er seine Familie noch sehen wollte, die inzwischen in Bayern wohnte, hatte er beschlossen, von München nach Gibraltar zu fliegen. Dort würde er an Bord seines Schiffes gehen. Wir verabschiedeten uns am Bremer Hauptbahnhof. Heribert trug seinen riesigen Seesack auf dem Rücken. Wir standen am Gleis, der ICE fuhr ein. Wir küssten uns wieder und wieder. Heribert stellte sich in den Zug und beugte sich zu mir hinunter. Fast hätte er das Gleichgewicht verloren. Wir küssten uns so lange, bis der Schaffner pfiff. Die Türen des Zuges schlossen sich. Ich konnte Heribert nicht mehr richtig erkennen. Ich winkte meinem eigenen Spiegelbild.

Bahnhöfe sind nichts für große Abschiede. Bahnhöfe sind etwas für Wochenendbeziehungen. Für den Abschied für ein paar Tage, vielleicht ein paar Wochen. Beim Zug ist man bis zum Schluss dabei. Es gibt keine Sicherheits- und Zollkontrollen. Man hat das Gefühl, einfach einsteigen und mitfahren zu können. Am liebsten hätte ich das auch getan. Aber das ging nicht. Am nächsten Tag begann auch mein Praktikumssemester.

Für die folgenden Monate zog ich in eine Wohngemeinschaft nach Hamburg. Mein Zimmer in Bremen hatte ich gekündigt. Ich hoffte, es wäre leichter in einer neuen Umgebung, weil mich nicht immer alles an ihn erinnern würde. Aber das war Unsinn. Wenn man einen Menschen vermisst, erinnert alles an ihn. Plötzlich waren überall Schiffe. Nicht nur auf der Elbe. Jeder Film, den ich sah, jedes Buch, das ich las, jedes Lied, das ich hörte: Schiffe. Auch glückliche und verliebte Paare waren überall. Ich hasste es, wenn sie sich vor meinen Augen küssten. Sollen sie doch nach Hause gehen, dachte ich. Manchmal zischte ich das auch im Vorübergehen … und schämte mich danach.

Ich kaufte mir eine große Weltkarte und hängte sie an die Wand. Immer, wenn Heribert mich anrief, fragte ich nach seiner genauen Position. Ich stellte mich vor die Karte und zeichnete mit dem Zeigefinger seine Route nach. Später markierte ich seine Wege mit roten Wollfäden und klebte Fotos von ihm dorthin, wo er selten entlangfuhr.

Abends, im Bett, schrieb ich ihm. Keine E-Mails, sondern handgeschriebene Briefe. E-Mails waren teuer. Ich musste mich bei einem Satellitenanbieter anmelden. Jedes Zeichen kostete Geld. Sogar die Leerzeichen. Außerdem landeten alle E-Mails erst einmal beim Kapitän.

Das Briefschreiben per Hand hatte etwas Heilsames. Es war ein bisschen wie früher, in der Pubertät, mit dem Tagebuch. Ich schrieb ihm, wie es mir ging, was ich den Tag über gemacht hatte, wie sehr ich ihn vermisste. Ich wollte nicht, dass er etwas in meinem Leben verpasste. Ich hatte Angst, wir könnten uns fremd werden.

Wenn ich zwölf Seiten beschrieben hatte, schickte ich den Brief an seine Reederei, ihm zu Händen, inklusive Schiffsnamen. Sein Schiff hieß *White Sun*. Weiße Sonne.

Die Briefe waren oft mehrere Wochen unterwegs. Die Reederei schickte sie an einen Agenten vor Ort. Wenn das Schiff im Hafen einlief, brachte der Agent die Briefe zum Kapitän, der verteilte sie dann an die Besatzung. Manchmal bekam Heribert zwei oder drei Briefe auf einmal. Ich fing an, die Briefe zu numerieren.

Am Anfang schrieb ich ihm, was in den Nachrichten lief. Ich machte mir Notizen, während ich die Tagesschau sah. Natürlich schickte ich ihm auch die Bundesliga-Ergebnisse. Ganz wichtig waren die Ergebnisse des HSV. Ich schrieb sogar kurze Spielberichte. Aber bevor diese Briefe bei ihm angekommen waren, telefonierten wir miteinander, und er lachte über mich. An Bord empfingen sie Deutsche Welle Radio. Also hörte ich auf mit meinen Berichten.

Für Heribert war es jedes Mal ein Feiertag, wenn der Agent die Post brachte. Heribert erzählte mir, dass er es kaum erwarten konnte, die Briefe zu öffnen. Oft las er sie mehrmals hintereinander. Dass das tatsächlich stimmte, merkte ich daran, dass er bei unserem nächsten Telefonat daraus zitierte. Auch ich bekam Post von ihm, leider nicht ganz so häufig, aber wenn mich ein Brief erreichte, war ich sehr aufgeregt. Ein Telefonat ist schnell vorüber, einen Brief kann man aufheben und immer wieder lesen. Ich las Heriberts Briefe allerdings nie sofort, sondern legte sie vorsichtig wie einen Schatz auf meinen Nachtschrank. Das Lesen hob ich mir bis zum Abend auf. Erst im Bett, wenn ich ganz allein und ungestört war, öffnete ich den

Umschlag vorsichtig. Ich roch an dem Papier, nahm jede Zeile, jedes Wort in mich auf. Auch ich las die Briefe immer und immer wieder. Dabei liefen mir dicke Tränen über die Wangen. Aber nicht aus Trauer, sondern vor Rührung und Glück.

Nun, fast zehn Jahre später, sitze ich im Flughafenbus und bin wieder einmal allein. Heute haben wir uns zum zehnten Mal verabschiedet. Gewöhnen kann ich mich daran aber leider nicht. Ganz im Gegenteil. Eigentlich wird es mit jedem Mal schlimmer. Inzwischen wohnen wir in Berlin, in einer wunderschönen Altbauwohnung, die für mich allein viel zu groß ist. In einer großen leeren Wohnung fühlt man sich noch viel einsamer als in einer kleinen leeren Wohnung.

Heribert ist meinetwegen nach Berlin gezogen. Direkt nach dem Studium habe ich ein Volontariat bei der *Berliner Zeitung* begonnen. Als Heribert mit dem Studium fertig war und von seiner ersten Schiffsreise als Offizier zurückkam, habe ich ihn regelrecht dazu gezwungen, zu mir zu ziehen. Mein Mitbewohner war gerade ausgezogen, der Zeitpunkt schien ideal und schließlich waren wir schon fast fünf Jahre zusammen. Heribert wollte nicht nach Berlin. Seine Freunde wohnten in Bremen, Hamburg, Köln und München. In Berlin kannte er niemanden. Ich schrieb ihm noch während seiner Reise, dass ich keine Lust darauf hätte, eine Beziehung mit einem Mann zu führen, der acht Monate im Jahr unterwegs sei und die restliche Zeit auch noch 300 Kilometer entfernt wohnte. Ich ließ nicht locker. Ich drohte sogar mit Trennung. Irgendwann hatte ich ihn überzeugt. Heriberts Umzug liegt nun fast fünf Jahre zurück. Mittlerweile fühlt er sich hier wohl. Seine Schwester und mein Bruder sind inzwischen ebenfalls nach Berlin gezogen. Seine Freunde kommen uns oft besuchen. Einer von ihnen hat sich vor kurzem in eine Berlinerin verliebt. Er ist jetzt fast jedes Wochenende in der Stadt. Ich glaube, es ist nur eine Frage der Zeit, bis auch er hierherziehen wird.

Ich sitze im Bus und sehe noch immer aus dem Fenster. Ich beobachte den langsam einsetzenden Berufsverkehr und bin froh, dass alles so gekommen ist. In meiner Tasche habe ich mehrere Zeitungen und Zeitschriften, aber ich kann mich nicht dazu aufraffen, sie herauszuholen. Es ist, als hätte jemand alle Energie aus meinem Körper gesogen. Allein der Gedanke, jetzt zu lesen, erscheint mir viel zu anstrengend. Ich rutsche noch ein Stück tiefer in den Sitz hinein, ziehe meine Beine nach oben und presse die Knie gegen die Rückenlehne des Vordersitzes. So habe ich mehr Halt und falle in der nächsten Kurve nicht herunter. Jetzt sitze ich nicht mehr, sondern hänge da wie ein »Schluck Wasser«. Mein Vater gebrauchte diesen Ausspruch früher häufig, wenn er mich ermahnte, mich ordentlich hinzusetzen. All seine Bemühungen haben nichts gebracht. Jetzt bin ich 31 Jahre alt und kann noch immer nicht richtig sitzen. Wenn mein Vater mich so sehen könnte, würde er mit den Augen rollen. Er würde nichts sagen, aber ich würde ihn trotzdem verstehen.

Beim Gedanken an meine Eltern muss ich lächeln. Ich werde mich in den nächsten Wochen und Monaten wieder häufiger bei ihnen melden. Sie häufiger besuchen. Das ist immer so, wenn Heribert weg ist. Ich werde wieder zum Kind. Es ist, als hätte ich mich nie abgenabelt. Meine Mutter lacht, wenn sie ans Telefon geht. »Ich wusste, dass du es bist«, sagt sie dann. Manchmal rufe ich dreimal am Tag an. Am liebsten würde ich jetzt sofort anrufen, aber dafür ist es noch zu früh. Womöglich schlafen meine Eltern noch. Wenn das Telefon zu so früher Stunde klingelt, erschrecken sie nur, weil sie denken, dass etwas Schlimmes passiert ist. Also sehe ich weiter aus dem Fenster. Ich könnte ein paar SMS schreiben, jetzt hätte ich Zeit, denke ich. Aber ich denke es nur und bewege mich keinen Millimeter.

Ich fahre mit dem Bus bis zum Alexanderplatz, von dort nehme ich die U-Bahn. Unsere Wohnung liegt gegenüber einer Kirche. Hier ist es herrlich grün, und das mitten in der Stadt. Die Glocken läuten, als ich das Haus betrete. Kaum bin ich in der Wohnung, werfe ich meine Turnschuhe und die Tasche mit den ungelesenen Zeitungen in eine Ecke. Ich gehe ins Schlafzimmer, das Bett ist noch verwühlt, das Rollo noch unten. Ich ziehe mich aus und krieche schnell unter die Decke. Das Kopfkissen riecht nach Heribert, ich lege mich auf seine Seite des Bettes, presse sein Kissen an mich und schlafe sofort ein.

Als ich zwei Stunden später wach werde, muss ich mich erst einmal besinnen. Wo bin ich? Was ist passiert? Ach ja, er ist wieder weg. Vor ein paar Stunden habe ich ihn zum Flughafen gebracht. Jetzt fällt mir alles wieder ein. Ich habe mir heute extra freigenommen, ich wollte den letzten Tag mit ihm genießen. Doch dann wurde sein Flug kurzfristig umgebucht. Er musste einen Tag früher los, schon Freitagmorgen statt Samstagnachmittag. Ich schließe die Augen erneut, ganz so, als könnte ich die Realität noch etwas von mir wegschieben. Aber ich kann nicht mehr einschlafen.

Ich stehe auf, ziehe mir eine Jogginghose und ein T-Shirt über und fange an, Heribert wegzuputzen. So nenne ich das, wenn ich seine Spuren beseitige. Im Bad poliere ich den Spiegel, auf dem er heute Morgen noch Zahnpastaspritzer verteilt hat. In der Küche kippe ich den letzten

Schluck Spezi weg und verstaue alle Pfandflaschen in einem großen Stoffbeutel. Die Salami, den Schinken und das letzte Stück Steak packe ich in eine Tupperbox. Im Gegensatz zu Heribert hält sich mein Verlangen nach Wurst und Fleisch in Grenzen. Ich bin keine Vegetarierin, aber ich esse höchstens einmal pro Woche Fleisch. Mein Essverhalten ändert sich allerdings immer dann, wenn Heribert zu Hause ist. Er kocht gern und viel. Und weil für ihn ein Essen ohne Fleisch kein richtiges Essen ist, gab es zwei Monate lang jede Menge Steaks, Schnitzel und Schweinebraten. Und da ich weit weniger gern koche und es toll finde, bekocht zu werden, habe ich einfach das gegessen, was auf den Tisch kam. So wurde ich erzogen. In Essensdingen bin ich wirklich unkompliziert.

Auf dem Balkon nehme ich die Hängematte ab, die uns seine Mutter vor ein paar Monaten aus Brasilien mitgebracht hat. Im Flur packe ich seine Jacken und Schuhe in den Schrank. Dann hole ich den Staubsauger. Seine langen schwarzen Haare sind in der ganzen Wohnung verteilt. Ich sage ihm hin und wieder, dass er sich mit seinen 30 Jahren doch so langsam davon trennen könnte. Heribert jedoch denkt gar nicht daran. Ein Vorgesetzter hat irgendwann einmal zu ihm gesagt, dass er es mit langen Haaren nie zum Kapitän bringen würde. Jetzt will er es allen beweisen. Diese Geschichte erzählt er mir immer wieder. Ob sie tatsächlich stimmt, weiß ich nicht.

Heribert ist seit zwei Jahren Erster Offizier. Er ist verantwortlich für die Seetüchtigkeit des Schiffes und für die Beladung. Ein Erster Offizier ist unmittelbar dem Kapitän nachgeordnet und bei dessen Abwesenheit sein Stellvertreter. Vielleicht dauert es nun gar nicht mehr lange bis zur nächsten Beförderung. Seine Reederei hat ihm bereits Hoffnungen gemacht, dass er demnächst zum Kapitän aufsteigen könnte. Ich glaube allerdings nicht daran. Wer macht schon einen 30-Jährigen zum Kapitän? Er wäre der jüngste Kapitän der Reederei. Im Moment wahrscheinlich der jüngste Kapitän in ganz Deutschland.

Ich bin sehr akribisch beim Saugen und sauge sogar unter dem Sofa und hinter der Waschmaschine. Ich bilde mir ein, wenn ich Heriberts Spuren erst einmal beseitigt habe, geht es mir besser. Danach fängt etwas Neues an. Als ich endlich fertig bin, fühle ich mich aber nicht besser. Ich werde ganz sentimental und tue etwas, von dem ich schon vorher weiß, dass es ein Fehler sein wird: Ich hole seine alten Briefe heraus.

Alle Briefe, E-Mails und Postkarten, die Heribert mir je geschrieben hat, bewahre ich in einer kleinen Holztruhe unter dem Bett auf. Ich gehe ins Schlafzimmer, bücke mich und ziehe die kleine Truhe hervor. Ich setze mich auf das Bett, die Truhe habe ich auf dem Schoß. Der erste Brief, der mir in die Hände fällt, als ich den Deckel anhebe, ist der allererste Brief, den Heribert mir je von Bord geschrieben hat. Auf dem Umschlag steht meine alte Hamburger Adresse. Der Brief wurde abgestempelt in Panama, am 13. Mai 2002. Also etwa sechs Wochen nach unserem Abschied am Bremer Hauptbahnhof. Ich lege mich auf das frisch gemachte Bett, hole die Seiten vorsichtig aus dem Umschlag und beginne zu lesen.

Westküste Südamerika, 30. 04. 2002

Hallo, meine liebe Nancy,
hier kommt nun endlich der erste Brief von mir. Ich hoffe, du hast mich in der Zwischenzeit noch nicht vergessen.

Meine ersten Tage an Bord waren sehr aufregend. Aber ich erzähle dir alles der Reihe nach.

Als ich in Gibraltar ankam, war mein Seesack nicht da. Ich blieb bis zum Schluss am Gepäckband stehen, aber irgendwann drehte es sich nicht mehr. Immerhin holte mich ein Agent am Flughafen ab und erkundigte sich auch für mich im Servicebereich nach meinem Seesack. Man sagte ihm, dass das fehlende Gepäck frühestens am nächsten Tag kommen würde. Also für mich wahrscheinlich zu spät. Der Agent brachte mich ins Hotel. Um 2 Uhr morgens wurde ich aber schon wieder geweckt. Ein Taxi brachte mich zu einem alten, verrosteten Schlepper, der fuhr dann den Agenten und mich hinüber zum Schiff. Der Wind in der Bucht von Gibraltar war so stark, dass es ziemlich gefährlich war, über die Lotsenleiter an Bord zu steigen. Und der Agent, der als Erster hochklettern sollte, wäre um ein Haar ins Wasser gefallen. Im letzten Moment konnte er sich noch festhalten. Dann war ich an der Reihe. Ich hatte ziemliche Angst davor, zunächst von dem einen auf- und abschaukelnden Boot zum anderen, ebenfalls schaukelnden Schiff hinüberzuspringen, wo ich mich dann an einer Strickleiter festklammern sollte. Aber es war zum Glück einfacher, als ich gedacht hatte. Ich muss allerdings sagen, dass ich in dem Moment fast froh darüber war, meinen schweren Seesack nicht dabeizuhaben.

Als ich oben angekommen war, nahm erst einmal niemand so richtig Notiz von mir. Der Kapitän hatte noch geschlafen und war dementsprechend schlecht gelaunt, als man ihn meinetwegen weckte. Er sah mich missmutig an und fragte: »Was? Das ist mein neuer Offiziersanwärter?« Innerlich musste ich grinsen, denn mein Name und mein Aussehen hatten mal wieder für Verwirrung gesorgt. Später erzählte er mir dann, dass er bei meinem Namen mit einem bayerischen Kerl von zwei Metern, mit blauen Augen und starkem Dialekt gerechnet hatte. Und dann stand plötzlich ich vor ihm, ein »langhaariger Latino«, wie er mich nannte. Das erzählte er mir natürlich erst viel später, nachdem wir uns besser kennengelernt hatten. Leicht verwirrt, weil ich nicht wusste, was ich als Nächstes tun sollte und wo jetzt auch noch mein Handgepäck abgeblieben war, ließ ich mich von einem Matrosen zu meiner Kammer bringen. Da fielen mir erst einmal die Augen aus dem Kopf. Die Kammer war größer als mein Zimmer in Bremen. Die Einrichtung ist zwar etwas älter, aber dennoch ist alles sehr sauber und wohnlich. Ich habe ein riesiges Doppelbett, eine Couch, einen Schreibtisch mit Stuhl, einen großen Schrank, und das Beste: Ich habe mein eigenes kleines Bad. Ich wohne ein Deck unter dem Kapitänsdeck. Hier oben sind die Vibrationen und der Lärm aus dem Maschinenraum kaum zu hören. Ich wusste, ich würde hier ganz ausgezeichnet schlafen.

Nach etwa zwei Stunden, es war mittlerweile 5.30 Uhr, bekam ich mein Handgepäck. Dann machte ich mich auf die Suche nach dem Ersten Offizier, um zu erfahren, wann für mich Arbeitsbeginn wäre. »Acht Uhr morgens«, sagte der. Also beeilte ich mich, um wenigstens noch eine Stunde Schlaf abzubekommen. Ich war zwar nervös, aber ich schlief sofort ein. Eine Stunde später begann für mich der erste Tag.

Ich war müde, als ich per Telefon geweckt wurde. Nach dem Aufstehen ging ich erst einmal zum Frühstücken nach unten in die Besatzungsmesse. Bei meinem ersten Praktikum durfte ich gemeinsam mit dem Kapitän und den Offizieren in der Offiziersmesse essen. Aber nach dieser eigenartigen Begrüßung durch den Kapitän war ich mir nicht sicher. Ich wollte nichts Falsches tun und zog deshalb die Mannschaftsmesse vor. Etwa 15 Crewmitglieder waren in der Messe, fast alle von den Philippinen. Zumindest ihrem Aussehen nach zu urteilen. Die Leute schienen alle ganz nett und gut drauf zu sein. Also war der Kapitän vielleicht doch nicht so schlecht, dachte ich. Nach meinem Frühstück, zwei Scheiben Toast mit Honig und einer Tasse schwarzem Tee, ging ich hinauf auf die Brücke. Dort waren bereits der Erste Offizier und der Kapitän. Beide waren sehr höflich und zuvorkommend und klärten mich darüber auf, was meine Aufgaben für die nächsten sechs Monate an Bord sein würden. Mir kam es so vor, als wollte der Kapitän sein Verhalten bei der Begrüßung wieder gutmachen. Er war wirklich auffallend nett.

Ich glaube, es war gegen 11 Uhr. Die Tanks waren voll und das Bunkern beendet. Wir fuhren die Hauptmaschine hoch, setzten Kurs auf Panama und stachen in See. Endlich, nach langer Zeit, war ich wieder unterwegs. Ich hatte ein richtiges Kribbeln im Bauch, als wir die Meerenge von Gibraltar passierten und sich vor mir der Atlantik ausbreitete. Ich wusste gar nicht, dass ich das Meer so vermisst hatte. Vielleicht war es aber auch die Vorfreude auf all die Dinge, die ich in den kommenden sechs Monaten erleben würde. Auf jeden Fall ging es mir gut.

Um 12 Uhr hatte ich Wachende, lief schnellstens in meine Kammer und sah aufgeregt nach, ob mein Handy noch Empfang hatte. Ich freute mich wahnsinnig, als das der Fall war. So konnte ich dich noch einmal anrufen. Du warst gerade arbeiten, aber wir konnten ein paar Minuten telefonieren. Es war so schön, deine Stimme zu hören.

In den nächsten Tagen passierte eigentlich nichts Weltbewegendes. Der Zweite Offizier zeigte mir das Schiff von oben bis unten, alle Rettungs- und Feuerschutzeinrichtungen. Von da an war ich ein vollwertiges Mitglied der Besatzung. Ich ging auf der Brücke immer von 8 bis 12 Uhr morgens und von 20 bis 24 Uhr abends Wache. Morgens mit dem Kapitän, abends mit dem Zweiten Offizier. In dieser Zeit lernte ich die beiden immer besser kennen. Bald war ich so ziemlich mit ihrer gesamten Lebensgeschichte vertraut. Und die beiden erfuhren natürlich auch so einiges von meiner Geschichte, aber das war weit weniger spektakulär und fiel auch wesentlich kürzer aus als bei ihnen. Schon zwei Tage nachdem ich dem Zweiten Offizier von dir erzählt hatte, meinte er, dass ich dich unbedingt heiraten und gemeinsam mit dir viele Kinder in die Welt setzen sollte. Ich lachte natürlich erst einmal, doch seitdem predigt er mir jeden Tag mindestens eine Stunde lang die Vorteile einer Ehe und wie schön es sei, Kinder zu haben. Er hat übrigens drei Kinder und lebt mit seiner Familie in Hamburg. Außerdem meinte er, dass ich eine so schöne Freundin wahrscheinlich nie wieder finden würde. In diesem Punkt musste ich ihm natürlich recht geben.

Ach Nancy, du fehlst mir so sehr. Ich war so froh, dass

der Kapitän mir in Panama die Wache für den Dritten Offizier übertragen hatte und ich somit auch für alle Kommunikationsmittel verantwortlich war. Jetzt kann ich dich jederzeit auf der Brücke mit dem Satellitentelefon anrufen, ohne dass jemand zuhört.

Die Wochen ohne mein Gepäck waren übrigens richtig hart. Was mir am meisten fehlte, waren aber nicht meine Klamotten, sondern die Fotos von dir. Doch zum Glück hatte ich ja noch ein paar Bilder auf meinem Laptop, die ich dir für deine WG-Suche eingescannt hatte. So konnte ich wenigstens auf den Bildschirm starren, wenn die Sehnsucht nach dir zu groß wurde. Mittlerweile ist mein Seesack endlich da. Ich war so froh, dass wenigstens den Fotos nichts passiert war. So wie es aussieht, hat nämlich die Besatzung des Proviantbootes, welche den Seesack im Panamakanal an Bord brachte, das kleine Schloss aufgebrochen und erst einmal alle Sachen durchwühlt. Es fehlen einige meiner T-Shirts und Hosen, komischerweise auch die Kopie meines Praktikumssemester-Vertrages und einige CDs. Die restlichen CDs sind total zerkratzt und somit unbrauchbar. Auch die kleine Musikanlage ist ziemlich hinüber. Das Einzige, was noch funktioniert, ist das Radio. Meine Sachen waren alle so dreckig, dass ich sie erst einmal waschen musste. Doch das ist alles nicht so schlimm. Hauptsache, ich habe endlich wieder die Erinnerungen an dich.

Die Fahrt durch den Panamakanal war übrigens unbeschreiblich. Sie hat insgesamt 16 Stunden gedauert. Die meiste Zeit davon stand ich auf der Brücke. Diese riesige Wasserstraße und links und rechts von uns der Urwald. Das war ein unglaublicher Anblick. Als

es dunkel wurde, leuchteten Tausende Bojen. Ich
habe ganz viele Fotos gemacht. Die zeige ich dir dann
alle, wenn ich zurück bin.
Deine Fotos hängen übrigens direkt neben meinem
Bett. So kann ich dich immer nach dem Aufwachen
und kurz vor dem Einschlafen ansehen. Ich träume
auch jede Nacht von dir. Manchmal wache ich auf
und denke, du müsstest doch neben mir liegen. Aber
nein, dann fällt mir wieder ein, dass ich auf dem
Schiff bin. Du fehlst mir so fürchterlich. Schreibe mir
doch bitte ganz viele Briefe und erzähle mir, was du
tust und wie es dir geht. Ich versuche auch, so bald
wie möglich wieder zu schreiben.
Ich liebe dich, Nancy!

Dein Heribert

Ich lege den Brief beiseite, nehme mir ein Taschentuch vom Nachtschrank und wische mir die Tränen aus dem Gesicht. Ich habe von der ersten bis zur letzten Zeile geweint. Gefühlsmäßig bin ich wieder ganz im Jahr 2002. Mehr als sechs Monate hatten wir uns damals nicht gesehen. Das war schrecklich. Ich wollte Heribert zwischendurch besuchen. Nach Ravenna in Italien wollte ich reisen. Ich hatte schon alles organisiert. Das Geld dafür hatte ich mir von meinen Trinkgeldern in der Jazz-Bar zusammengespart. Doch dann änderte sich die Route des Schiffes. Es wurde nichts aus unserem Treffen.

Als Heribert im Oktober 2002 endlich nach Deutschland zurückkam, musste er mir versprechen, nie wieder so lange wegzufahren. Bis jetzt hat er sich daran gehalten. Nun ist er immer vier Monate unterwegs, kommt für zwei Monate nach Hause, fährt für vier Monate wieder weg.

Immer in diesem Rhythmus. Vier Monate sind auch eine lange Zeit, aber sechs Monate sind nicht zu ertragen.

Ich kann mich noch genau an meine Gefühle erinnern, die ich beim ersten Lesen dieses Briefes hatte. Ich erinnere mich an die Freude, die Rührung, die Sorge und die Sehnsucht. Aber ich war auch sehr stolz auf Heribert.

Meine Tränen sind noch nicht ganz getrocknet, als ich einen Schreibblock nehme und einen Brief beginne. Ich schreibe Heribert noch immer täglich. Jeden Abend setze ich mich hin und berichte, was den Tag über so passiert ist. Manchmal schreibe ich ihm auch mehrmals an einem Tag. Ich schreibe immer dann, wenn ich ihm etwas zu erzählen habe oder wenn ich einfach nur das Bedürfnis habe, mit ihm zu kommunizieren. Ich kann ihn nicht einfach anrufen. Im Moment sitzt er im Flugzeug, aber auch auf dem Meer hat er keinen Handyempfang und die Telefongebühren im Ausland sind zum Teil unverschämt hoch.

Seit einiger Zeit gibt es die Möglichkeit, private E-Mails an Bord zu schicken. Und das sogar kostenlos. Allerdings hängt es immer vom jeweiligen Kapitän ab, ob der seinen Besatzungsmitgliedern überhaupt eine private Mailadresse einrichtet und ob er den Senden- und Empfangen-Knopf drückt. Das kann nämlich nur er. Heribert hatte schon einmal einen Kapitän, der diesen Knopf über Wochen nicht bediente. Zum Unmut der gesamten Crew. Den Kapitän störte das wenig, er bekam seine Mails schließlich über eine Satelliten-Standleitung. Weil mich das so geärgert hat und weil Heribert mir andererseits auch nicht so oft auf E-Mails antwortet, wie ich es mir wünschen würde, schreibe ich ihm lieber Briefe. Da erwarte ich keine umgehende Antwort. Ich weiß, dass die Briefe oft Wochen, sogar Monate unterwegs sein können. Ich glaube sogar, dass ich mittlerweile mehr für mich als für ihn schreibe. Das Schreiben hilft mir. Natürlich freut sich Heribert auch über Post, E-Mails wären ihm aber fast lieber, weil sie aktueller sind. Am allerliebsten hätte er wohl beides.

Wenn ich Heribert einen Brief schicke, stecke ich immer auch ein paar Fußballmagazine in den Umschlag. Ich befürchtc manchmal, dass er die Magazine noch vor meinen Briefen liest. Er bestreitet das.

In meinem heutigen Brief schreibe ich ihm von der Fahrt vom Flughafen nach Hause, ich schreibe ihm, wie eigenartig es war, ohne ihn zurückzukommen in unsere große, leere Wohnung. Ich schreibe ihm, wie ich ihn weggeputzt habe und wie ich gerade geweint habe, als ich seinen alten Brief las. Das mit dem Brief erwähne ich nicht ohne Hintergedanken. Ich möchte, dass auch er mir wieder öfter von seinem Leben an Bord berichtet. Das Schreiben hat er in den vergangenen Jahren nämlich ziemlich vernachlässigt.

Nachdem ich mich im Brief verabschiedet habe, greife ich zum Telefon und rufe bei meinen Eltern an. Es klingelt zweimal, dann geht meine Mutter ans Telefon. Sie sieht meine Nummer auf dem Display.

»Hallo, mein Kind, wie geht es dir?«, fragt sie mit ihrer wunderbar sorgenvollen Stimme.

»Kann ich am Wochenende nach Hause kommen? Ich möchte nicht allein sein«, sage ich.

Zwei Stunden später sitze ich im Zug nach Falkenberg. Mein Waggon ist leer, ich ziehe meine Turnschuhe aus und lege meine Füße auf den gegenüberliegenden Sitz. Im Ohr habe ich Kopfhörer und lausche einer britischen Band, die mein Bruder mir empfohlen hat. Peter ist ein echter Musikfreak. Er studiert Wirtschaft, im Moment macht er ein Praktikum bei einem Berliner Musikunternehmen.

Mit zwei anderen Praktikanten, die ähnlich musikverrückt sind wie er, hat er vor kurzem ein kleines Musiklabel gegründet. Das, was seine Praktikumsfirma im Großen macht, versuchen die drei im Kleinen. Die britische Band, die ich gerade höre, haben sie seit neuestem unter Vertrag.

Ich sitze im Zug und hole einen großen Umschlag aus meiner Reisetasche. Ich konnte nicht widerstehen und habe noch ein paar alte Briefe aus der Holztruhe mit auf die Reise genommen. Ich weiß, dass es mir im Augenblick nicht guttut, sie zu lesen, aber ich kann nicht anders. Der Zug braucht anderthalb Stunden vom Berliner Hauptbahnhof nach Falkenberg. Ich greife in den Umschlag und halte noch einmal den Brief von vorhin in den Händen. Darin befindet sich noch ein weiteres, sorgfältig zusammengefaltetes und eng beschriebenes Blatt.

Kurz vor Panama, 10. 05. 2002

Hallo, meine liebe Nancy,
hier kommt nun der zweite Brief. Leider konnte ich den ersten Brief noch nicht abschicken, so bekommst du jetzt beide Briefe auf einmal. In ein paar Stunden kommen wir in Panama an, dann kann ich die Briefe dem Agenten geben. Das hoffe ich zumindest.
Ich habe eine schlechte Nachricht. Wir werden nun wahrscheinlich doch nicht nach Ravenna fahren. Ich weiß, du wolltest mich gern besuchen kommen. Vielleicht klappt es ja trotzdem. Denn eigentlich weiß hier niemand so genau, wohin unsere Reise gehen wird. Mal heißt es Italien, dann Kroatien, dann Tür-

kei, dann Albanien. Es tut mir so leid. Ich hatte mich doch selbst schon so sehr auf ein Wiedersehen gefreut. Ich habe mir schon vorgestellt, wie wir ankommen und du am Kai auf mich wartest. Wie du mir zuwinkst und wie wir uns endlich wieder umarmen. Sobald ich etwas Genaueres weiß, melde ich mich.

Ansonsten kann ich dir von Ecuador berichten. Irgendwann in der vergangenen Woche sind wir in Ecuador ankommen. Wir sind noch einen Tag in einem Fluss auf Reede gelegen und dann den Fluss bis Guayaquil hochgefahren. Der Kapitän war ziemlich nervös, weil es in der Gegend von Piraten nur so wimmelt. Diese Stimmung übertrug sich auf die gesamte Mannschaft, es war schrecklich. Als dann endlich die Hafensicherheit und der Lotse an Bord kamen, um uns in den Hafen zu bringen, waren wir alle sehr erleichtert. Doch aus irgendeinem Grund war unser Liegeplatz nicht verfügbar. Wir mussten zu einem anderen Kai, der direkt neben den Slums lag. Als das Schiff gedreht wurde, um ordentlich festmachen zu können, war der Bug keine vier Meter von der ersten Hütte entfernt. Von der Brücke sah es wirklich so aus, als würden wir mindestens zehn dieser Hütten einreißen – zumal einige auf Stelzen im Wasser gebaut waren. Einige Zeit später, als wir schließlich festgemacht hatten, hatte ich nach einem Monat auf großer Fahrt endlich wieder festen Boden unter den Füßen. Leider konnten wir den Hafen aber nicht verlassen, weil die Landgangsausweise noch nicht da waren. Die kamen dann einen Tag später, und ich konnte endlich los und mir eine Telefonzelle suchen. Ich hatte so wahnsinniges Verlangen danach, deine Stimme zu hören.

*Ach Nancy, ich war so froh, in diesem Internetcafé
endlich in Ruhe mit dir sprechen zu können. Keiner,
der störte, keine Aufgaben zu erledigen. Einfach nur
telefonieren. Es war so schön und vor allem nicht so
verzerrt wie am Satellitentelefon. Ich brauchte dich,
deine Stimme und ein normales Gespräch mit dir. In
der Zeit, in der wir miteinander sprachen, warst du
mir so unglaublich nah.*
*Ach Nancy, bitte mach, dass die Zeit bis zu unserem
Wiedersehen ganz schnell vergeht. Ich komme noch
um vor lauter Sehnsucht. Und bitte schick mir auch
ganz viele Fotos, damit ich meine Kammer damit
tapezieren kann.*
Ich liebe und vermisse dich unendlich doll!

Dein Heribert

Mit dem nächsten Brief hatte ich ihm tatsächlich ein paar
neue Bilder von mir geschickt. Ich kann mich ganz genau
erinnern. Ich war wieder einmal ein Wochenende bei meinen Eltern und überredete meinen Bruder, mich zu fotografieren. Ich bereitete alles akribisch vor. Ich wusch mir
die Haare mit Mamas teurem Shampoo, massierte eine
Extra-Pflegespülung ein und föhnte sie aufwendig über
eine Rundbürste. Für gewöhnlich trage ich immer einen
Zopf, das geht schnell und ist praktisch. Doch weil ich
wusste, dass Heribert es mag, wenn ich meine Haare offen
trage, gab ich mir besonders viel Mühe. Ich schminkte
mich, zwängte mich in meine engste Jeans und zog ein
weit ausgeschnittenes weißes T-Shirt an. In meinem ehemaligen Kinderzimmer improvisierte ich ein kleines Fotostudio. Mein schwarzes Satinbettlaken hängte ich vor
den Kleiderschrank, den schwarzen Bettbezug legte ich

auf den Boden. Dann drückte ich Peter meine analoge Spiegelreflexkamera in die Hand. Digitalkameras waren zu der Zeit noch sehr teuer und kaum verbreitet. Die Spiegelreflexkamera hatte ich mir gekauft, weil ich für die Lokalzeitung, für die ich während der Schulzeit schrieb, auch selbst Fotos machte. Ich fotografierte auf Schützenfesten, diamantenen Hochzeiten, und jeden Freitag fotografierte ich das Baby der Woche auf der Entbindungsstation des Kreiskrankenhauses.

Weil mein Kinderzimmer für ein Fotostudio nicht groß genug war, musste Peter sich auf das Bett stellen, um den richtigen Abstand zum Schrank zu haben. Er war mit seiner Rolle als Fotograf etwas überfordert. Schlechtgelaunt stand er auf der Matratze, während ich wie ein Möchtegernmodel vor meinem Kleiderschrank posierte. Mir war die Situation mindestens ebenso unangenehm wie ihm, aber ich hatte mir in den Kopf gesetzt, Heribert schöne Fotos zu schicken. Also mussten wir da durch.

Ich hatte einen 36er-Film eingelegt. Sicherheitshalber. Bei 36 Bildern würde am Ende schon irgendetwas Brauchbares dabei sein, dachte ich. Mit jedem Bild wurden Peter und ich lockerer. Nach den ersten fünf Fotos mussten wir immer wieder laut loslachen. Peter gab mir Anweisungen, wie ich mich hinstellen und in die Kamera sehen sollte. Für die letzten Bilder wälzte ich mich lasziv auf dem Bettlaken. Zumindest versuchte ich es. Ich gab mir Mühe, dabei sexy auszusehen. Aber immer wieder prusteten wir vor Lachen laut los.

Einige der 36 Fotos sind tatsächlich sehr schön geworden. Eine Auswahl von sieben Bildern steckte ich Heribert in den nächsten Briefumschlag. Er war begeistert. Die Bilder begleiten ihn noch heute auf seinen Reisen.

Ich nehme das Telefon und schreibe eine SMS an Peter.

Ich schreibe ihm, dass ich seine britische Indie-Band wirklich vielversprechend finde. Die Musik ist gut und geht direkt ins Ohr. Und ich schreibe ihm, dass ich gerade auf dem Weg nach Falkenberg bin. Peter wollte mich heute Abend mit auf ein Konzert nehmen. Als Ablenkungsprogramm sozusagen. Aber wahrscheinlich hätte ich ihm mit meiner Laune nur den Abend verdorben. Ich sehe aus dem Fenster und frage mich, wann es mir wohl wieder bessergehen wird.

Die ersten Tage, nachdem Heribert weg ist, sind immer die schlimmsten. So war es auch damals, nach unserem ersten großen Abschied. Tag und Nacht wartete ich auf seinen Anruf. Die Zeit schien stillzustehen. Später telefonierten wir dann etwa einmal in der Woche. Oft nur für zwei oder drei Minuten. Wenn Heribert Landgang hatte und eine Telefonzelle fand, telefonierten wir manchmal auch etwas länger. Aber nie lange genug.

Ich machte mir ständig Notizen. Ich schrieb mir Fragen auf, die ich beim nächsten Anruf unbedingt stellen wollte. »Wie viele Besatzungsmitglieder seid ihr?«, »Was transportiert ihr genau?«, »Gibt es Frauen an Bord?« Doch dann war ich zu aufgeregt, vergaß alle meine Fragen und konnte den Notizzettel nicht finden.

Wenn Heribert sich längere Zeit nicht bei mir gemeldet hatte und ich mir Sorgen machte, rief ich auf seinem Schiff an. Er hatte mir die Satellitentelefonnummer gegeben. Für Notfälle, hatte er gesagt. Wenn ich mich sorgte, war es ein Notfall. Trotz verschiedener Billigvorwahlen kostete eine Gesprächsminute bis zu zehn Euro. Meistens dauerte es schon ein paar Minuten, bis er überhaupt auf der Brücke und damit am Telefon war. Die Telefonrechnungen überstiegen meinen BAföG-Satz bei weitem.

Während unserer ersten Trennungszeit begann auch meine

panische Angst davor, einen seiner Anrufe zu verpassen. Ich hatte mein Handy immer dabei. Ohne mein Telefon brachte ich nicht einmal den Müll nach unten. Wenn ich unter der Dusche stand, lag das Telefon griffbereit auf dem Waschbeckenrand. Die Lautstärke war auf das Maximum eingestellt. Im Kino oder im Theater saß ich grundsätzlich am Gang. Den Ton hatte ich ausgeschaltet, aber sobald mein Telefon vibrierte, rannte ich aus dem Saal. Wenn ich im Zug unterwegs war und keinen Empfang hatte, wurde ich nervös, ich starrte minutenlang auf das Display und verfluchte diese verdammten Funklöcher.

Auch jetzt habe ich keinen Empfang. Das Telefon liegt vor mir, die SMS an Peter wurde noch nicht abgeschickt. Aber heute bleibe ich ganz ruhig. Ich kann keinen wichtigen Anruf verpassen. Es ist zu früh. Heribert sitzt noch in seiner Maschine nach Caracas. Elf Stunden dauert sein Flug insgesamt. Er meldet sich also frühestens heute Abend. Ich lehne mich zurück und ziehe einen weiteren Brief aus dem Umschlag.

Mittelmeer, kurz vor Limassol (Zypern)
27. 05. 2002

Hallo, meine liebe Nancy,
an Bord gerät gerade alles ein bisschen aus den Fugen. Alle Leute fragen sich, wie es nun weitergehen wird. Es gibt viele Gerüchte, was mit dem Schiff geschehen soll. Die Leute hier an Bord haben Angst, arbeitslos zu werden. Sie glauben, dass das Schiff außer Dienst gestellt wird, um anschließend verschrottet zu werden. Das ist nun Gott sei Dank nicht der Fall. Das Schiff soll noch ein letztes Mal general-

überholt werden. Das ist zwar super, aber das Schlimme ist, dass ich es weiß, es aber niemandem sagen darf. Ich habe es auch nur zufällig erfahren, weil ich Wache hatte und auf der Brücke stand, als das Telex von der Reederei ankam. Der Kapitän hat mir untersagt, darüber zu sprechen. Nun werde ich permanent gefragt, was los sei. Aber was soll ich tun? Bekommt der neue Kapitän heraus, dass ich etwas gesagt habe, kann ich mir gleich eine andere Reederei suchen. Ich finde, dass es eine Sauerei ist, den Leuten hier nichts über die Zukunft ihrer Arbeitsplätze zu sagen und sie völlig grundlos in Angst zu versetzen. Ich habe auch den alten Kapitän darauf angesprochen. Er ist noch an Bord, fliegt aber von Zypern nach Hause. Er meinte nur, er hätte die Besatzung schon längst informiert, doch er sei offiziell nicht mehr im Dienst. Ihm sind die Hände gebunden, genau wie mir. Ach Nancy, du fehlst mir so. Zu Hause muss ich mich nicht mit solchen Problemen herumschlagen. Ich könnte einfach neben dir liegen und die Welt um uns herum vergessen.

Draußen ist es gerade schön warm. Ich glaube, an die 30 Grad. Das Schiff schaukelt nur leicht, und eine erfrischende Brise weht durch das geöffnete Fenster herein. Vor ein paar Tagen, als wir noch den Atlantik überquerten, war das ganz anders. Wir hatten über einige Tage hinweg heftigen Sturm. Das hieß Tag und Nacht Bewegung. Nach vorne, nach achtern, nach backbord, nach steuerbord. Alles vibrierte, und permanent hörte man irgendwelche Sachen herunterfallen. Das Schlimmste dabei war, dass an Schlaf nicht zu denken war. Das Bett hier ist so groß, dass ich mich nirgends einklemmen konnte. Ich rollte die ganze Zeit hin und her. Ich habe so oft gedacht, wie schön es doch wäre, bei dir zu sein. Aber beim Einschlafen hat mir das leider auch nicht geholfen. Letztlich habe ich mich dann auf den Boden gelegt und mich zwischen Bett und Schrank eingeklemmt, damit ich nicht die ganze Zeit über den Boden rolle.

Fast die gesamte Besatzung wurde seekrank. Mir ging es zum Glück gut, zumindest im Vergleich zu den meisten anderen. Ach ja, und das Zweitschlimmste war, dass unser Koch nicht mehr kochen konnte. Nicht etwa, weil er zu krank dafür war, sondern weil es einfach zu gefährlich war. Bei diesen Schaukelbewegungen wäre wahrscheinlich nichts mehr im Topf geblieben. Zu essen gab es also nur noch Brot mit Aufstrich. Du kannst dir vorstellen, wie ich mich gefreut habe, als es das erste Mal wieder eine warme Mahlzeit gab.

Danke noch mal für deine Briefe. Du weißt gar nicht, wie sehr du mir damit hilfst. Sie geben mir das Gefühl, dass die Entfernung zwischen uns nicht Tausende von Seemeilen beträgt, sondern nur sagen wir mal zehn. Na gut, vielleicht auch zwanzig.

Mir gefallen meine Arbeit und mein Leben an Bord sehr gut. Doch leider bist du nicht da. Das zwingt mich dazu, in einem ständigen Zwiespalt zu leben. Die Liebe zur See und die Liebe zu dir. Was soll ich bloß tun? Beides zu haben ist so schwer. Bin ich zu Hause bei dir, geht es mir wunderbar. Ich freue mich schon so sehr auf die Zeit, wenn wir beide wieder in Bremen wohnen. Doch auf der anderen Seite ist es ein so gutes Gefühl, morgens auf der Brücke zu stehen, zu beobachten, wie die Sonne langsam aufgeht und dabei das Meer rot färbt. Es ist ein Gefühl von Frei-

heit, das ich nicht wirklich beschreiben kann. Vielleicht sollte ich dich bei meiner nächsten Reise einfach in den Seesack packen und mitnehmen. Dann hätte ich beides, was mir so viel bedeutet, bei mir.

Morgen kommen wir in Limassol an, und der alte Kapitän geht von Bord. Er hat mir versprochen, diesen Brief mitzunehmen. In Limassol kommt dann auch ein Inspektor der Reederei an Bord, um sich das Schiff noch einmal genau anzusehen. Vielleicht kann er dann auch endlich sagen, was mit mir geschehen soll. Ob ich hier bleibe oder auf ein anderes Schiff komme.

Ich liebe dich unendlich doll! Und vermisse dich so wahnsinnig!

Bitte vergiss mich nicht!

Dein Heribert

»Mir gefällt es nicht, dass du immer so alleine bist.« Mein Opa sitzt auf der Hollywoodschaukel und gießt sich vorsichtig etwas von seinem Diät-Bier ins Glas. Er trägt seinen Strohhut, den er auch als Schutz vor der Sonne während der Gartenarbeit aufsetzt. Heute hat er Kartoffeln geerntet. Den ganzen Tag lang, wie er behauptet. Drei große, bis zum Rand gefüllte Weidenkörbe stehen gut sichtbar neben der Schaukel. Am Zaun lehnt die bereits gesäuberte Kartoffelhacke. Meine Mutter und ich haben uns die Kartoffeln gleich nach unserer Ankunft aufmerksam und bewundernd angesehen. Wenn Opa hart arbeitet, erwartet er Lob. Das wissen wir.

Wir sind vom Bahnhof direkt zu ihm gefahren. Mein Opa wohnt in einem großen Haus mit einem riesigen, wunderschönen Garten in einem Dorf, nur etwa zehn Autominuten von meinen Eltern entfernt. Seit meine Oma gestorben ist, helfen ihm meine Mutter und meine Tante im Haushalt. Sie putzen, kochen und kaufen für ihn ein. Natürlich könnte mein Opa das auch alles selbst, aber darauf hat er keine Lust. Er kümmert sich schließlich um den Garten. Heute hat meine Mutter ihm Brot, Käse und Schinken mitgebracht, außerdem ein paar Töpfe mit vorgekochtem Essen. Mein Opa ist sehr kompliziert, was sein Essen angeht. Alles muss immer genau so schmecken wie damals bei Oma. Er möchte auch nichts Neues ausprobieren. Ich glaube, mein Opa hat noch nie ein Stück Pizza gegessen. Meine Mutter versucht ihm zu erklären, was sich in welchem der mitgebrachten Töpfe befindet, doch er hört gar nicht richtig zu.

»Wie lange will er das noch machen? Wann hört Bertl endlich mit der Seefahrt auf?« Mein Opa sieht mich an und schüttelt den Kopf.

»Opa, nicht schon wieder«, sage ich schroff. Ich erschrecke selbst über meinen unfreundlichen Tonfall. Mein Opa sorgt sich, aber ich habe keine Lust, mit ihm über dieses Thema zu sprechen. Was soll ich ihm auch sagen? Ich weiß doch selbst nicht, wann Heribert mit der Seefahrt aufhören wird. Ich weiß nicht einmal, ob er das je tun wird. Wie gern würde ich in eine Kristallkugel sehen, um zu wissen, wie es weitergeht. Mit der Seefahrt und mit uns.

Natürlich reden wir oft darüber, wie wir uns unsere Zukunft vorstellen. Heribert sagt dann, dass er nicht sein ganzes Leben zur See fahren möchte. Dass es zwar sein Ziel sei, Kapitän zu werden, er aber schon in ein paar Jahren an Land arbeiten möchte. Theoretisch ist das auch möglich. Wir könnten nach Hamburg ziehen, er könnte im Büro seiner Reederei arbeiten oder als Lotse auf der

Elbe fahren. Dann könnten wir heiraten und eine Familie gründen. Wenn Heribert von diesen Plänen spricht, freue ich mich. Gleichzeitig frage ich mich aber, ob es nicht naiv von mir ist, tatsächlich daran zu glauben. Ich weiß, wie sehr Heribert seinen Beruf liebt. Was ist, wenn er an Land unglücklich wird? Wenn ihn das Fernweh so sehr quält, dass er wieder weg möchte? Was ist, wenn unsere Beziehung einem normalen Alltag gar nicht standhält?

Ich habe ihm das nie gesagt, aber ich glaube nicht daran, dass Heribert dauerhaft mit der Seefahrt aufhören könnte. Und ein bisschen habe ich mich sogar schon damit abgefunden, auf ewig eine Seemannsbraut zu sein.

»Opa, mach dir bitte keine Sorgen. Es geht mir gut«, sage ich lächelnd und gebe ihm einen Kuss auf die Wange. Mein Opa schüttelt nur ungläubig seinen Kopf.

Ich weiß, dass er Heribert mag. Vor zwei Wochen erst waren wir gemeinsam hier. Heribert wollte sich verabschieden. Die beiden saßen nebeneinander auf der Hollywoodschaukel, tranken Bier und unterhielten sich über Fußball, Politik und die Seefahrt. Es war schön, die zwei so zu sehen. Mein Opa blühte richtig auf. Wenn er einen Witz machte oder über einen Witz von Heribert lachte, gab er ihm einen kräftigen Klaps auf den Oberschenkel und schüttelte sich dabei vor Lachen. Seit dem Tod meiner Oma habe ich ihn nur selten so fröhlich gesehen. Er ist weicher geworden in den vergangenen Jahren. Er weint oft, früher hat er nie geweint. Er war immer ein strenger Opa, eine Respektsperson. Das Familienoberhaupt.

Als meine Oma vor drei Jahren starb, war das für alle schwer. Aber für meinen Opa war es am schwersten. Meine Großeltern waren 53 Jahre miteinander verheiratet. Am Tag der Beerdigung sah ich meinen Opa zum ersten Mal weinen. Es war im August, die Sonne brannte auf uns herab. Wir schwitzten in unserer schwarzen Kleidung. Ich war erstaunt, wie viele Leute auf den Friedhof gekommen waren. Es schien, als sei das gesamte Dorf anwesend. Meine Oma hätte sich sicher gefreut.

Als am Nachmittag die meisten Trauergäste gegangen waren, liefen wir vom Restaurant noch einmal zurück zum Friedhof. Mein Opa, meine Eltern, Peter, Heribert und ich. Wir wollten uns ansehen, wie das Grab aussah, mit all den Blumen und Kränzen. Heribert stand neben meinem Opa. Beide sahen mit herabhängenden Schultern und gefalteten Händen schweigend auf die frische Grabstelle. Dann legte mein Opa seinen Arm auf Heriberts Schulter, zog ihn ein Stück zu sich heran und sah ihm ins Gesicht. Er sagte ihm mit leiser, aber fester Stimme, dass er sich wünschen würde, dass Heribert mich bald heiratet. »Warte bitte nicht mehr so lange«, bat er. »Ich möchte eure Hochzeit doch so gern noch erleben.« Heribert nickte und versprach es ihm, dann sahen sie wieder hinunter zum Grab. Ich musste weinen, als ich die beiden da so stehen sah. Heribert und ich haben nie über diese Unterhaltung gesprochen. Ich glaube, er weiß gar nicht, dass ich sie mitangehört habe. Geheiratet haben wir noch nicht.

In zwei Monaten sind wir bereits seit zehn Jahren ein Paar. Viele unserer Freunde haben längst geheiratet oder haben es demnächst vor. Die meisten von ihnen kennen sich weit weniger lange als wir. Wir sind oft auf Hochzeiten eingeladen. Allein in diesem Jahr waren es fünf. Bei dreien davon war ich allein.

Es gibt nichts Schlimmeres, als allein auf eine Hochzeit zu gehen. Normalerweise versuche ich während Heriberts Abwesenheit immer, ein paar Regeln zu beachten. Dazu gehört es, Liebesfilme zu meiden und sich nicht oder nur in Ausnahmen mit Paaren zu verabreden. Bei einer Hochzeit breche ich beide Regeln auf einmal. Eine Hochzeit ist sozusagen ein live gewordener Liebesfilm, unter den Gästen sind fast ausnahmslos Paare. Absagen geht aber nicht. Also heißt es: Augen zu und durch.

Besonders bitter ist eine Hochzeit immer dann, wenn das Brautpaar mir einen Tischnachbarn organisiert. Im schlimmsten Fall ist er ein Single-Mann, der darauf gehofft hatte, eine nette Single-Frau kennenzulernen. Was für eine Enttäuschung, wenn er dann ausgerechnet neben mir landet. Neben der Seemannsbraut, die als Einstieg in die Unterhaltung nichts Besseres zu tun hat, als von ihrem tollen Freund zu erzählen, der gerade auf dem Atlantik, dem Pazifik oder dem Panamakanal unterwegs ist. Ich bevorzuge es nämlich, unmittelbar zu Beginn des Kennenlernens für klare Verhältnisse zu sorgen. Das ist wichtig, denn ich bin zu nett. Meine Freundin Meike sagt mir immer, ich würde mit meiner offenen Art falsche Signale aussenden. Gerade schüchterne Männer interpretieren mein Verhalten oft falsch. Ich rede gern und viel. Außerdem stelle ich viele Fragen. Ich bin Journalistin. Es gehört zu meinem Job, neugierig zu sein.

Jetzt ist September, die Hochzeitssaison ist um diese Jahreszeit eigentlich beendet. Normalerweise könnte ich tief durchatmen und die kommenden hochzeitsfreien Monate genießen. Aber nicht in diesem Jahr. Eine sechste Hochzeit steht noch aus. Meine Schulfreundin Eileen heiratet im November in Sydney ihren australischen Freund Vito. In Australien ist im November Frühling. Also ein perfekter Zeitpunkt, um zu heiraten. Wenn die Hochzeit nur nicht ausgerechnet auf den Tag fallen würde, an dem Heribert und ich unser zehnjähriges Jubiläum haben. Natürlich konnten Eileen und Vito das nicht wissen. Es ist schließlich kein Datum, das man sich wie einen Geburtstag im Kalender notiert, um seinen Freunden feierlich zu gratulieren. Ich kenne dieses Datum von keinem meiner Freunde. Außer bei Kathrin und Jan, zwei Schulfreunden, die schon seit der zwölften Klasse ein Paar sind. Bei ihnen war es der 6. Dezember, also ein Nikolaustag. Aber dieses Datum zählt nicht, denn es lässt sich viel zu leicht merken. Eileen und ich kennen uns seit unserer frühesten Kindheit. Wir wuchsen in derselben Straße auf. Wir spielten zusammen. Von der ersten bis zur dreizehnten Klasse liefen wir Tag für Tag gemeinsam zur Schule. Wir hatten sogar zur gleichen Zeit unseren ersten festen Freund. Ihr Freund hieß Michael, meiner Christian. Die beiden Jungs waren drei Jahre älter als wir, und auch sie waren miteinander befreundet. Wir vier hingen fast ununterbrochen zusammen.

Die Beziehungen zu den beiden Jungs sind längst Geschichte. Unsere Mädchenfreundschaft aber hat gehalten. Auch wenn Eileen mittlerweile am anderen Ende der Welt wohnt. Seit dem Abitur hat sie, mit kurzen Unterbrechungen, fast immer im Ausland gelebt. Sie war Au-pair-Mädchen in Washington, hat in Nizza studiert und lebt nun schon seit vier Jahren in Sydney. Ich habe sie überall besucht. Natürlich war ich auch schon in Australien. Zweimal sogar. Einmal direkt am Anfang, als sie noch glaubte, sie würde nach zwölf Monaten zurückkommen. Doch dann hat sie sich verliebt und ist geblieben. Das zweite Mal reisten Heribert und ich gemeinsam nach Australien. Das ist erst ein paar Monate her. Eileen und Vito hatten uns eingeladen, mit ihnen Silvester zu verbringen. Es war die schönste Jahreswende, die man sich vorstellen kann. Es war kurz vor null Uhr, aber noch 28 Grad warm. Ich stand in einem Sommerkleid auf einer riesigen Dachterrasse, mit Blick auf das berühmte Opernhaus und die

Harbour Bridge. Die Terrasse gehörte zu Eileens Firma, einem IT-Unternehmen. Jedes Jahr zu Silvester lud die Firma alle Mitarbeiter mit Familie und Freunden zu einem großen Grillfest ein. Der Ausblick von der Terrasse war so unglaublich, dass ich Heribert bat, mich kurz zu kneifen, um sicherzugehen, dass es Realität war. Wir hielten Sektgläser in den Händen, in denen in Sirup getränkte Hibiskusblüten schwammen, die sich inmitten der sprudelnden Kohlensäurebläschen langsam öffneten. Auf einmal zählte ganz Sydney laut den Countdown herunter, der in meterhohen Zahlen auf einen der Brückenpfeiler projiziert wurde. Ich bekam eine Gänsehaut. Bei null begann mit einem lauten Knall direkt vor uns dieses unglaubliche Feuerwerk, das ich bisher nur aus dem Fernsehen kannte. Heribert gab mir einen Kuss, dann sahen wir eng umschlungen und sprachlos diesem wunderschönen Lichtspiel zu. In diesen Minuten dachte ich, dass sich die weite Reise allein für dieses Erlebnis gelohnt hatte.

Zwei Tage vor unserem Abflug nach Australien rief Eileen mich an. Sie erzählte mir ganz aufgeregt, Vito habe ihr einen Heiratsantrag gemacht. Bei einem Spaziergang im Botanischen Garten habe er sich plötzlich vor sie niedergekniet und sie gefragt. Sie habe sofort »Ja« gesagt. Aber sie sei überrascht. So früh habe sie nicht mit einem Heiratsantrag gerechnet. Natürlich wollten sie heiraten. Irgendwann. Aber nicht so bald. Auch zwei Stunden nach dem Antrag war Eileen so aufgeregt, dass sich ihre Worte überschlugen.

»Ich weiß, dass ihr uns schon in ein paar Tagen besuchen kommt. Ich könnte also verstehen, wenn ihr im nächsten Jahr nicht schon wieder nach Australien fliegen möchtet«, fing sie an, ohne auch nur einmal Luft zu holen. Ich habe sie sofort unterbrochen und zugesagt, zu ihrer Hochzeit zu kommen. Es stand schon immer fest, dass ich dabei sein würde, wenn sie einmal heiratet. Das war schon klar, als wir beide noch dachten, wir würden Michael und Christian heiraten.

»Eileen, natürlich komme ich. Wenn ich einmal heirate, erwarte ich schließlich auch, dass du kommst. Und da ist es mir dann auch herzlich egal, ob du ein paar Monate zuvor schon in Deutschland warst«, sagte ich mit gespielter Empörung. Wir mussten beide lachen.

Der Hochzeitsantrag und unser Telefonat mit meiner spontanen Zusage liegen schon neun Monate zurück. Doch nun ist mir plötzlich ganz unwohl, wenn ich an diese Hochzeit denke. Die weite Reise, fast ausschließlich fremde Gäste und dann auch noch ausgerechnet dieses Datum. Ganz zu schweigen von meiner katastrophalen Klimabilanz. Ich schäme mich für so viel von mir verursachtes CO_2. Ich bin ein großer Umweltfreund. Ich habe kein Auto, fahre immer mit dem Fahrrad. Ich trenne meinen Müll akribisch, ich benutze ausschließlich Energiesparlampen, und wenn ich einkaufen gehe, verzichte ich grundsätzlich auf diese erdölhaltigen Plastiktüten. Aber was nützt das alles, wenn ich ständig um den Erdball jette? Der Hauptgrund für mein Unwohlsein ist allerdings ein anderer. Es ist die Gewissheit, dass Heribert auch bei dieser Hochzeit fehlen wird.

Heribert verpasst natürlich viel, wenn er monatelang unterwegs ist. Auf seiner letzten Reise hat er die gesamte Fußball-WM verpasst, außerdem drei Hochzeiten, unseren Umzug, den 29. Geburtstag seiner Schwester und den 82. Geburtstag seines Vaters. Meinen Geburtstag hat er auch verpasst. Und das nicht zum ersten Mal.

Ich gehöre zu den Leuten, die sehr gern Geburtstag feiern.

Ich liebe es, Geschenke zu bekommen, Blumen, Briefe, Postkarten und Anrufe. Ich freue mich wie ein kleines Kind auf den Tag, an dem ich im Mittelpunkt stehe und alle nett zu mir sind. Mit dieser Überdrehtheit kann ich meinem Umfeld ganz schön zusetzen. Auch Heribert findet mich an Geburtstagen noch viel anstrengender als sonst. Aber wenn er nicht da ist, ist mein Geburtstag nur halb so schön.

Ich kann mich noch genau an das erste Mal erinnern, als er bei meinem Geburtstag fehlte. Es war während seiner ersten Reise. Ich wohnte in Hamburg und wurde 23 Jahre alt. Heribert war schon mehr als zwei Monate unterwegs. Fast vier Monate sollten bis zu unserem Wiedersehen noch vergehen. Meike, die zu diesem Zeitpunkt ebenfalls ein Praktikum in Hamburg absolvierte, überredete mich, meinen Geburtstag trotzdem zu feiern. Und da dieser auf einen Sonntag fiel, beschlossen wir, reinzufeiern.

Meine Mitbewohner Ulf und Sandra waren da, außerdem die befreundete Nachbar-WG, mein Schulfreund Martin, der in Hamburg studierte und noch ein paar Kommilitonen mitbrachte, Meike, Laurent und fünf Mitpraktikanten aus der Redaktion, die ich erst seit kurzem kannte.

Da mein Mitbewohner Ulf ein begnadeter Koch ist, kümmerte er sich um das Essen für die Gäste. Es gab allerlei Suppen, Chili con Carne und jede Menge mit Käse überbackene Nachos. Dazu selbstgemachte Guacamole. Meike und ich trugen kistenweise Becks aus dem Supermarkt in die WG. Außerdem gab es Wein, Sekt und ein paar Softdrinks. Aber nicht zu viele, denn dafür war uns das Geld zu schade.

Es war ein schöner Abend, die Leute hielten sich in der Küche, im Flur und im Wohnzimmer auf. Sie unterhielten sich, ein paar hatten gerade angefangen zu tanzen. Auch ich amüsierte mich. Kurz vor Mitternacht vibrierte mein Telefon in der Hosentasche. Ich sah auf das Display. Es war Heribert, er wollte der erste Gratulant sein. Ich freute mich riesig, lief schnell in mein Zimmer und warf mich mit dem Telefon am Ohr aufs Bett. Heribert sagte, dass es ihm leidtue, nicht mit mir feiern zu können. Er rief mich über die Satellitenleitung an, er war irgendwo in der Nähe von Libyen, seine Stimme klang verzerrt und seltsam fremd. Plötzlich musste ich weinen und konnte nicht wieder aufhören. Meine Augen wurden rot, mein Gesicht schwoll an. Wir konnten kaum noch telefonieren, weil ich die ganze Zeit nur schluchzte. Vielleicht hätte ich nicht so viel trinken dürfen, dachte ich. In der Leitung knackte es. Vor der Tür fingen meine Gäste an, Happy Birthday zu singen. Sie riefen nach mir und klopften an die Tür. Ich hörte, wie Meike versuchte, die Leute vor der Tür zu vertreiben. »Lasst sie, sie telefoniert mit ihrem Freund«, rief sie. Heribert sagte, ich solle meine Gäste nicht länger warten lassen.

»Nein«, schluchzte ich ins Telefon.

»Es tut mir leid, dass ich angerufen habe«, sagte er. »Feiert noch schön.« Dann legte er auf.

Ich saß auf meinem Bett, Tränen liefen mir über die Wangen. Ich starrte auf das Display. Was war passiert? Warum war das Telefonat so zu Ende gegangen? Ich hoffte, er würde noch einmal anrufen. Aber das Telefon blieb stumm. Ich wartete noch ein paar Minuten. Am liebsten wäre ich einfach ins Bett gegangen, hätte mir die Decke über den Kopf gezogen und hemmungslos ins Kissen geweint. Aber das ging nicht. Ich atmete tief durch, trocknete meine Tränen und versuchte, tapfer zu lächeln, als ich wieder hinaus zu meiner Party ging.

Ein paar Stunden später, die Feier war längst vorbei, rief

Heribert mich noch einmal an. Ich schlief bereits, wurde wach und ging ans Telefon. Aus dem Tiefschlaf gerissen, machte ich ihm Vorhaltungen. Ich sagte ihm, sein Berufswunsch sei egoistisch, so wolle ich nicht leben. Es war kein schönes Telefonat.

Am nächsten Morgen tat es mir leid. Ich konnte mich nicht mehr an alle Einzelheiten des Gespräches erinnern. Was hatte ich genau gesagt? Und warum? Ich konnte mir nicht erklären, was passiert war. Warum war ich so gemein zu ihm? Mir war doch klar, dass das sein Beruf war. Und mir war bewusst, dass dieser Beruf viele Entbehrungen mit sich brachte. Ich liebte ihn doch. Und ich war mir sicher, dass er der Mann war, den ich wollte. Ich konnte ihn nur als Seemann haben. Entweder ganz oder gar nicht. Ich schrieb ihm eine SMS, ohne zu wissen, wann diese bei ihm ankommen würde. Ich entschuldigte mich zusätzlich in einem Brief und nahm mir vor, fortan eine tapfere Seemannsbraut zu sein. Ich schrieb ihm, dass ich wahnsinnig stolz auf ihn sei und ich auf gar keinen Fall wolle, dass er meinetwegen seinen Traumberuf aufgäbe.

Heribert träumte schon als kleiner Junge davon, Kapitän zu werden. Sein Vater, der ebenfalls Kapitän war und später als Elblotse in Hamburg arbeitete, nahm seinen Sohn auch hin und wieder mit auf die großen Containerschiffe. Der kleine Heribert war begeistert. Bei anderen Jungs wechselt der Berufswunsch hin und wieder. Mal wollen sie Cowboy sein, dann Astronaut oder Profifußballer. Aber Heribert wollte immer nur eines: Schiffe fahren. Heriberts Vater ist mittlerweile pensioniert. Wenn die beiden zusammensitzen, reden sie viel über die Seefahrt. Meistens geht es um die Unterschiede zwischen der Seefahrt früher und der Seefahrt heute. Sie reden darüber, wie es war, als man noch Wochen in einem Hafen lag und eigenhändig Kiste für Kiste in den Laderaum tragen musste. Heute erledigen das Kräne. Kisten sieht man kaum, fast nur noch Container. Die Container sind verplombt. Oft weiß man nicht einmal, was sich darin befindet.

Heriberts Vater wollte eigentlich nicht, dass sein Sohn zur See fährt. Er wusste, was es heißt, seine Familie und Freunde über Monate zu vermissen. Er wusste, wie hart das Leben in sozialer Isolation sein kann. Ausreden konnte er seinem Sohn diesen Berufswunsch allerdings nicht. Und mittlerweile ist er, da bin ich mir sicher, auch mächtig stolz auf ihn.

Libyen, 08. 06. 2002

Liebe Nancy,
heute ist dein Geburtstag. Und ich bin wirklich traurig, dass ich nicht mit dir feiern kann. Ich weiß doch, wie wichtig dir dieser Tag ist. Ich bin heute Nacht extra aufgestanden, um dir als Erster zu gratulieren. Ich ging auf die Brücke, wählte deine Nummer und war so froh, dass es tatsächlich gleich geklappt hat. Nach nur zweimal Klingeln warst du am Apparat. Bei dir war es ganz schön laut. Du hattest Freunde zu Besuch. Die meisten kannte ich gar nicht. Wir haben nur kurz telefoniert. Die Verbindung war sehr schlecht. Ich weiß nicht einmal, ob du dich über meinen Anruf überhaupt gefreut hast. Es kam mir fast so vor, als würde ich stören. Dann hast du geweint, und ich konnte dich nicht trösten.
Um 5 Uhr morgens habe ich dich noch einmal angerufen. So war es ausgemacht. Doch da habe ich dich

dann geweckt. Ich weiß nicht, ob es eine Art Geburtstagsdepression war, auf jeden Fall hast du mich mit Vorwürfen nur so überschüttet. Warum ich dich von den letzten Häfen nicht angerufen oder dir wenigstens Briefe geschickt hätte. In Ländern wie Syrien, Libyen oder Algerien, wo wir jetzt hinfahren, ist das eben nicht so einfach. Es gibt keinen Landgang, man darf kein Geld tauschen, und man kann schon gar nicht telefonieren. Du hast mir nicht geglaubt und mir stattdessen vorgeworfen, dass ich ein Egoist sei.

Es tut mir wirklich leid, dass ich nicht für dich da sein kann. Aber so ist das Seemannsleben nun mal. Man ist leider oft nicht da, wenn man gebraucht wird. Ach Nancy, was kann ich nur tun, damit es dir wieder bessergeht? Du musst wissen, dass auch ich fürchterlich leide, wenn es dir schlechtgeht. Das Schlimmste ist das Gefühl, und die Ohnmacht, dir nicht helfen zu können.

Eine lustige Geschichte muss ich dir aber auch noch erzählen. Vielleicht heitert sie dich ja etwas auf. Der neue Kapitän hat mich vor ein paar Tagen auf der Brücke in Gegenwart des Ersten Offiziers angeschrien, was mir einfalle, mich in seiner Gegenwart hinzusetzen. Eigentlich ist so etwas doch ein Unding. Ein Mensch verbietet einem anderen, sich hinzusetzen. Aber egal, das ist wohl nautische Tradition. Was soll man da machen? Jetzt stehe ich eben immer, wenn der Kapitän auf die Brücke kommt. Man kann nur hoffen, dass das nicht allzu oft passiert. Sonst bekomme ich noch Plattfüße.

Ach ja, noch eine kurze Wettermeldung: Am letzten Tag der Löscharbeiten in Libyen hatten wir plötzlich überall Sand an Bord. Eine ganze Mauer aus Sand *hat sich von der Sahara auf Tripolis zubewegt. Alles färbte sich rötlich beige. Der ganze Himmel war bedeckt, als würde ein Gewitter aufziehen. So etwas habe ich noch nie gesehen. Es war gespenstisch. Aber irgendwie auch beeindruckend.*

Sonst bietet das Leben an Bord nicht gerade viel Abwechslung. Der Alltag tröpfelt so dahin. Tag um Tag vergeht. Das Einzige, das sich ändert, sind die Tage, die ich noch aushalten muss, bis ich dich endlich wiedersehe.

Weil du mich bei einem unserer letzten Telefonate nach den leichten Mädchen in den Häfen gefragt hast: Ich habe nicht die geringste Absicht, mein schwerverdientes Geld für irgendwelche leichten Mädchen zu verschwenden. Keine dieser Damen könnte es auch nur im Geringsten mit dir aufnehmen. Ich spare das Geld lieber, um dich in Bremen schön zum Essen auszuführen.

Und noch etwas: Ich ernähre mich jetzt gesünder. Ich esse viel Obst, hin und wieder einen Salat, und ich habe seit zwei Monaten keinen Alkohol mehr getrunken. In Bremen hatte ich durch die Arbeit im Café schließlich schon das eine oder andere Bier pro Abend. Hier an Bord habe ich gar keine Lust mehr auf Bier. Hilfe, ich mutiere noch zum Musterknaben.

Liebe Nancy, ich hoffe, du hast dich in der Zwischenzeit wieder etwas beruhigt und genießt deinen Geburtstag. Ich liebe dich und verspreche dir, dass wir ihn nachfeiern werden, sobald ich zu Hause bin!

Ich liebe dich!

Dein Heribert

Wir haben es uns im Wohnzimmer gemütlich gemacht. Mein Vater blättert durch die Fernsehzeitung und meckert über das dürftige Angebot. Meine Mutter stellt einen großen Teller mit frisch geschnittenem Obst auf den Tisch. Ich stöhne kurz auf, weil ich vom Abendessen noch so satt bin, dass ich mir nicht vorstellen kann, auch nur ein Stück vom Obstteller anzurühren. Das ist natürlich Quatsch. Innerhalb kürzester Zeit haben wir alle Apfel-, Bananen-, Ananas-, Kiwi- und Mangostücke verspeist. Wir haben eine Kurt-Krömer-DVD eingelegt; in dieser Folge sind die Moderatorin Ina Müller und der Gewichtheber Matthias Steiner zu Gast. Wir kennen die Folge schon, und dennoch halten wir uns die Bäuche vor Lachen. Ina Müller hat Kurt Krömer gerade den Puls gemessen. »Viel zu hoch«, lautet ihre Diagnose. Kurt Krömer, der erst vor ein paar Minuten erfahren hat, dass auch sein Blutzuckerspiegel viel zu hoch ist, wischt sich nervös den Angstschweiß von der Stirn. Plötzlich klingelt mein Handy. Das Telefon liegt auf dem Wohnzimmertisch, und wir zucken alle kurz zusammen. Die Lautstärke war auf das Maximum eingestellt.

»Heribert! Geht es dir gut?«, frage ich ganz aufgeregt und ein paar Oktaven zu hoch.

»Es geht mir gut! Ich bin gut angekommen. Das Schiff ist aber noch nicht in Caracas. Der Agent bringt mich jetzt nach Puerto Cabello.«

»Das ist ja furchtbar. Du bist doch sicher müde.«

»Nein, nein, es geht schon. Ich habe im Flugzeug geschlafen. Mach dir keine Sorgen! Der Agent sagt, die Fahrt dauert nur etwa sieben Stunden. Ich melde mich dann wieder, wenn ich an Bord bin.«

»Okay. Pass auf dich auf!«

»Ich liebe dich!«

»Ich liebe dich auch! Und liebe Grüße auch von meinen Eltern. Ich bin gerade in Falkenberg.«

»Oh, danke. Liebe Grüße zurück! Ich liebe dich!«

Dann legt er auf.

Das Gespräch dauerte genau 35 Sekunden. Aber ich will mich nicht beschweren, immerhin weiß ich jetzt, dass er gut angekommen ist. Mein Vater hat die DVD angehalten und sieht mich fragend an.

»Es geht ihm gut«, sage ich. »Er muss jetzt allerdings zum nächsten Hafen gebracht werden, weil das Schiff noch nicht da ist.«

»Warum geht er nicht einfach ins Hotel und wartet auf sein Schiff?«, fragt mein Vater.

»Papa, das weiß ich nicht. Wahrscheinlich weiß er es nicht einmal selbst. So etwas entscheidet die Reederei. Vielleicht ist es billiger, ihn zum anderen Hafen zu fahren. Vielleicht will die Reederei auch nur sichergehen, dass Heribert und der andere Erste Offizier genug Zeit für die Übergabe haben.«

»Die Hauptsache ist doch, dass er sein Gepäck hat«, ruft meine Mutter beschwichtigend dazwischen.

Zu seinem Gepäck hat er gar nichts gesagt, aber meine Mutter hat natürlich recht. Wenn sein Gepäck nicht da wäre, hätte er das sicher erwähnt.

Ich würde jetzt gern noch etwas von der Krömer-Sendung sehen, aber mein Vater hat seinen Laptop ins Wohnzimmer geholt. Er will auf einer Karte nachsehen, wo Heribert genau ist. Wie spät es in Venezuela ist. Wie das Wetter ist. Und wie weit Caracas und Puerto Cabello entfernt sind. Ich finde es schön, dass er sich dafür interessiert. Ich glaube, auch wenn Heribert und meine Eltern sich nicht häufig sehen, ist er in den vergangenen Jahren so richtig in unserer Familie aufgenommen worden.

Kapitel 2

DIE ERSTEN WOCHEN ALLEIN

Seit vier Tagen regnet es ununterbrochen. Am Tag nach Heriberts Abreise hat der Regen begonnen und seither nicht wieder aufgehört. Ich stehe in unserer großen leeren Wohnung, sehe aus dem Fenster auf die Straße und überlege, ob ich wirklich in den Supermarkt muss. Ich habe kaum noch Obst, der Salat ist fast alle, und das Brot wird auch langsam knapp. Ich ziehe mir meine Regenjacke über, nehme den Beutel mit den Pfandflaschen und mache mich auf den Weg. Immerhin passt das Wetter zu meiner Stimmung, denke ich. Schlimmer wäre es, wenn die Sonne scheinen würde und ich trotzdem schlecht gelaunt wäre.

Das erste Mal nach Heriberts Abreise allein in den Supermarkt zu gehen ist immer besonders hart. Ständig habe ich das Gefühl, er würde gleich um die Ecke kommen, mit einer Tüte Chips oder einer Tafel Schokolade. Oder ich bilde mir ein, ihn an der Fleischtheke zu sehen. Dort steht er nämlich oft minutenlang mit großen Augen und kann sich einfach nicht entscheiden. Für Heribert ist ein Besuch im Supermarkt das Größte. Es ist eine Art Schlaraffenland, es gibt alles, was sein Herz begehrt. Alles, worauf er monatelang verzichten musste.

Wenn ich allein in den Supermarkt gehe, habe ich immer einen Einkaufszettel dabei und arbeite diesen schnellstmöglich ab. Ich versuche sogar, die gewünschten Produkte schon in der Reihenfolge aufzuschreiben, in der ich im Supermarkt an ihnen vorbeilaufe. Das spart Zeit und Nerven. Heribert hingegen geht am liebsten ohne Einkaufszettel los. »Ich möchte mich inspirieren lassen«, verkündet er dann gut gelaunt und mit einem breiten Grinsen. Er weiß genau, dass mich das rasend macht. Ständig entscheidet er sich um, rennt kreuz und quer durch diese riesige Halle, und wenn wir es dann endlich zur Kasse geschafft haben, fällt ihm immer noch etwas ein, das er vergessen hat und unbedingt braucht.

Jetzt stehe ich allein an der Pfandrückgabe und schiebe gleichmäßig wie ein Roboter Unmengen an Cola- und Spezi-Flaschen in den Automaten. Bei jeder Flasche klickt der Automat, und die Digitalanzeige zählt mit: 16, 17, 18 … Das sind alles Heriberts Flaschen. Ich trinke dieses Zuckerwasser nicht. Es schmeckt mir nicht, außerdem ist es furchtbar ungesund. Heribert hingegen liebt dieses Zeug. Er lässt sich auch nicht davon abbringen.

Als ich am Obststand vorbeikomme, höre ich seine Stimme in meinem Kopf. »Das habt ihr alles uns zu verdanken! Wir Seeleute bringen euch all diese wunderbaren Früchte.« Das sagt er oft, und dabei schwenkt er seine weitgeöffneten Arme. »Ich weiß. Und dafür kann man euch gar nicht genug danken«, antworte ich dann feierlich und gebe ihm einen dicken Dankeschön-Kuss.

Wenn ich allein einkaufen gehe, habe ich fast ausschließlich gesunde Sachen in meinem Korb. Bio-Obst und -Gemüse, Salat, dunkles Brot, Käse, Joghurt, Müsli, Tee. Wenn ich mit Heribert einkaufen gehe, stapeln sich Eis und Schokolade, Popcorn, Chips, Fleisch, Wurst, Pommes und Tiefkühlpizza. An meinen Supermarktquittungen könnte man mit einem kurzen Blick genau ablesen, ob Heribert zu der Zeit zu Hause war oder nicht.

In den vergangenen zwei Monaten habe ich vier Kilogramm zugenommen. Am Tag nach Heriberts Abreise habe ich mich zum ersten Mal gewogen und wäre vor Schreck fast von der Waage gefallen. Mir war klar, dass ich zugenommen hatte, kein Wunder bei dieser Ernährung. Dabei hängt das nicht nur davon ab, was, sondern auch, wie oft ich esse. Wenn Heribert da ist, esse ich auch, ohne Hunger zu haben. Wenn er etwas isst oder abends vor dem Fernseher nascht, bekomme ich sofort Futterneid und esse mit. Aber gleich vier Kilogramm? Das ist Rekord.

Dass Beziehungen auf Dauer dick machen, hört man immer wieder. Gemeinsam kochen und gemeinsam essen gehört zu einer Beziehung einfach dazu. Zu zweit nascht man auch, ohne gleich ein schlechtes Gewissen zu haben. Schließlich nascht der andere ja auch.

Auch Heribert macht enorme Gewichtsschwankungen durch. Wenn er nach vier Monaten nach Hause kommt, schlackern die Jeans um seine Beine, und da, wo vorher sein Hintern war, hängen die Hosentaschen schlaff nach unten. Nach zwei Monaten Urlaub im Schlaraffenland hat er dann wieder sein Normalgewicht erreicht. Manchmal liegt er auch etwas darüber. Wenn er zu viel zugenommen hat, beruhigt er sich immer mit dem Ausspruch, dass die überflüssigen Kilos in den nächsten Monaten ohnehin wieder verschwinden würden. Er ist so herrlich uneitel. Er macht sich einfach nie Gedanken über sein Gewicht. Dabei liegen jedes Mal gute zehn Kilogramm zwischen An- und Abreise.

Zypern, 23. 06. 2002

Hallo, meine liebe Nancy,
noch drei Tage, dann geht es für mich nach Brasilien.
Ich kann es kaum erwarten, hier abzuhauen. Nicht
weil es mir hier nicht gefällt, sondern weil ich endlich
wieder auf ein Schiff komme, das sich bewegt. Hier
bewegen wir uns zwar auch. Aber immer nur ein
paar Meter. Wir liegen vor Zypern und haben den
Anker geworfen. Es kommt mir so vor, als ob die

Tage, die wir hier liegen, noch viel langsamer vergehen als die Tage, die wir unterwegs waren. Dabei ist in letzter Zeit ziemlich viel passiert. Nahezu die gesamte Besatzung ist nach Hause geschickt worden. Wir sind jetzt noch sieben Mann an Bord. Es gab aber ein Problem. Der Zweite Offizier, der seinen Vertrag schon seit einiger Zeit beendet hatte, sollte weiter an Bord bleiben. Ich weiß nicht, ob es Taktik war oder einfach nur die Tatsache, dass er so viel gearbeitet hatte. Plötzlich ist er auf der Brücke in Tränen ausgebrochen. Er fing an zu schreien, lief aufgeregt auf und ab und rief immer nur, dass es sein Recht sei, nach Hause zu fahren. Er hätte keine Lust mehr. Er wolle endlich nach Hause. Der Kapitän hat versucht, ihn zu beruhigen, doch nichts half. Die Konsequenz war für ihn sehr angenehm, doch für mich etwas nervig: Er hat sein Flugticket bekommen und ich seine Wache. Das finde ich wirklich nett, jetzt darf ich jeden Tag seine Arbeit machen und zusätzlich zehn Stunden Wache gehen. Aber etwas Gutes hat das Ganze doch: Ich kann auf der Brücke nun ganz in Ruhe an den Menschen Briefe schreiben, der mir am meisten fehlt. Ach Nancy, ich vermisse dich so wahnsinnig. Warte mal kurz, ich muss die Schiffsposition überprüfen und ins Logbuch eintragen.

So, da bin ich wieder. Es hat etwas länger gedauert, weil ich noch kurz mein Radio geholt habe. Jetzt höre ich irgendeinen komischen zypriotischen Sender, der abwechselnd Club- und Housemusik spielt. Was anderes haben die hier wohl nicht.

Heute hatten wir Besuch von zwei Crewing-Managern aus dem Reedereibüro. Sie haben sich vom Kapitän das ganze Schiff zeigen lassen. Sie waren im

Maschinenraum und in den Laderäumen. Später haben sie sich auch die Brücke angesehen. Auf der Brücke konnte ich mich dann ein bisschen mit ihnen unterhalten. Mein nächstes Schiff kommt voraussichtlich am 27. Juni in Paranagua, Brasilien, an. Wenn du das auf der Karte suchen solltest, Paranagua liegt südlich von Santos und São Paulo, etwa 80 Kilometer von der Stadt Curitiba entfernt. Dort wird das Schiff ungefähr vier Tage liegen und gefrorene Hühnchen laden. Von da geht es dann nach Jeddah, Saudi-Arabien. Leider wieder nicht nach Europa.

Ach Nancy, die Abende bzw. Nächte hier sind wie in einem billigen Groschenroman. Ich stehe meistens draußen auf der Nock, eine Tasse Tee in der Hand, und starre hinauf zu den Sternen. Ich schmachte so sehr dem Tag entgegen, an dem ich dich endlich wieder umarmen darf. Ich habe teilweise schon die Stunden ausgerechnet, doch war mir die Zahl, die dabei herauskam, viel zu hoch, so dass ich sie sofort wieder verdrängt habe.

Meine Arbeit hier macht eigentlich viel Spaß. Mich freut vor allem, dass mir mittlerweile Verantwortung übertragen wurde. Ich verstehe mich auch mit dem Kapitän immer besser. Er meinte, es sei ziemlich selten, dass ein Mensch sich nicht beschwert, wenn er für das gleiche Geld mehr arbeiten müsse. Doch mir ist es eigentlich egal, ob ich nun in meiner Kammer darauf warte, dich endlich wiederzusehen, oder auf der Brücke. Hauptsache, die Zeit vergeht. Jetzt muss ich aber mit dem Schreiben aufhören und ein bisschen aufpassen. Ein paar Partyboote mit betrunkenen Touristen umrunden das Schiff.

Ich liebe dich! Dein Heribert

Mir tut alles weh, ich schwitze, und meine Atmung geht so schwer, dass ich fürchte, alle im Raum können mich hören. Jetzt bereue ich es, während der vergangenen acht Wochen bei meinem Yogakurs durch Abwesenheit geglänzt zu haben. Ich konnte mich einfach nicht dazu aufraffen. Statt zum Sport zu gehen, lag ich lieber neben Heribert auf dem Sofa, war mit ihm im Kino, oder wir aßen Steak mit Pommes und anschließend Eiscreme. Ich entschuldigte mein Versäumnis vor mir selbst damit, dass ich die Zeit mit Heribert doch genießen müsse. Schließlich sei er immer nur ein paar Wochen da. Heribert selbst hatte noch versucht, mich zum Sport zu überreden. Ohne Erfolg.

Jetzt stehe ich in der Yogafigur des Zweiten Kriegers und leide. Barfuß mache ich eine weite Grätsche auf meiner Yogamatte, den Oberkörper habe ich um 90 Grad zur Tür gedreht. Auch mein rechter Fuß zeigt zur Tür. Mein Knie ist im rechten Winkel gebeugt, zumindest sollte es so sein. Das hintere Bein habe ich durchgedrückt. Meinen rechten Arm strecke ich in Schulterhöhe nach vorn, meinen linken nach hinten. Meine Arme sind schwer wie Blei. Mein gebeugtes Knie zittert vor Schwäche.

»Noch ein Stück tiefer! Tiefer!«, ruft Rüdiger, mein Yogalehrer.

Er hat gut reden, denke ich. Er hat sich lässig an die Wand gelehnt. Ganz entspannt steht er da in seiner kurzen blauen Turnhose, seinem hautengen weißen T-Shirt und gibt Anweisungen. »Halten! … Halten! … Halten!«, ruft er und sieht uns dabei streng an. Ich kann ihn zwar nicht sehen, aber ich spüre seinen Blick. Ich weiß genau, dass er mich beobachtet. Jetzt bloß keine Schwäche zeigen. Ich wackle, gleich falle ich um, denke ich. Oder ich werde ohnmächtig.

»Mit der nächsten Atmung kommt ihr wieder hoch zum Stehen, dann ruht ihr euch kurz in der Kinderhaltung aus.« Noch bevor er diesen Satz ganz ausgesprochen hat, sitze ich bereits auf den Fersen, und mein Oberkörper ruht zwischen meinen Oberschenkeln. Meine Stirn berührt die Yogamatte, meine Arme habe ich nach vorne ausgestreckt. Ich liebe die Kinderhaltung. Sie ist fast so gut wie die Schlussentspannung. Am Ende einer jeden Yogastunde legen wir uns in Shavasana, die Totenstellung. Mit geschlossenen Augen liegen alle 15 Yogaschüler auf dem Rücken, Arme und Beine von sich gestreckt. Die Handflächen zeigen nach oben. Das Licht ist gedimmt. Es ist ganz still. »Ihr müsst alles loslassen«, sagt Rüdiger dann mit einer ganz ruhigen, fast esoterischen Stimme. Kaum hat er es ausgesprochen, hört man die ersten Schüler schnarchen. Es sind immer die Männer, die sofort einschlafen. Vielleicht schlafen auch manche der Frauen, aber die hört man nicht.

Ich schlafe nie ein, stattdessen fangen meine Gedanken an zu kreisen. Eigentlich dürfen wir in der Totenstellung weder schlafen noch denken, aber ich kann einfach nicht an nichts denken, und außerdem merkt es auch niemand. Ich denke darüber nach, wen von meinen Freunden ich mal wieder anrufen müsste. Ich überlege, was ich meinem Vater zum Geburtstag schenken soll, und ich frage mich, ob Heribert wohl gerade versucht, mich anzurufen. Das Schlimmste am Yogakurs – mal ganz abgesehen von der Quälerei – ist die Tatsache, dass ich mein Handy eineinhalb Stunden ausschalten muss. Wobei ich es nie richtig ausschalte, sondern nur den Klingelton und den Vibrationsalarm deaktiviere. Eigentlich weiß Heribert, dass ich dienstags zwischen 19 Uhr und 20.30 Uhr beim Yoga bin. Aber andererseits ist er so viel unterwegs und fährt ständig durch verschiedene Zeitzonen. Es ist also kein Wunder, dass er da hin und wieder etwas durcheinanderkommt. Im Moment müsste Heribert gerade durch das Karibische Meer fahren, bei ihm ist jetzt Nachmittag.

»Stellt euch langsam darauf ein, eure Aufmerksamkeit wieder nach außen zu lenken«, sagt Rüdiger, der im Schneidersitz auf einem Berg von Decken thront und uns beobachtet. Nachdem auch der letzte Schüler aufgewacht ist, sitzen wir alle im Schneidersitz, die Hände berühren sich vor der Brust, und wir verbeugen uns. »Namasté«, sagen alle im Chor, dann ist die Stunde vorbei. Mein erster Blick gilt dem Handy. Heribert hat nicht angerufen. Ich bin erleichtert.

Nach dem Unterricht gehe ich mit meinen Yogafreundinnen Nicole und Simone noch einen Wein trinken. Das ist mittlerweile zum festen Ritual geworden. Nicole kenne ich seit der Schulzeit, wir sind in eine Klasse gegangen. Wir sind schon seit vielen Jahren befreundet. Simone kenne ich erst seit zwei Jahren. Durch sie bin ich zum Yoga gekommen. Nicole und Simone sind beide unglaublich hübsch. Sie haben beide langes blondes, wildgelocktes Haar. Sie könnten Schwestern sein. Wenn wir drei gemeinsam unterwegs sind, drehen sich alle Männer nach uns um. Ich bin mir ziemlich sicher, dass sie das nicht meinetwegen tun, aber ich finde es trotzdem schmeichelhaft. Es ist sehr motivierend, sich zum Sport zu verabreden. Doch noch motivierender ist es, zu wissen, dass man anschließend gemütlich zusammensitzen wird. Wir gehen immer in ein kleines, französisches Café, nur ein paar hundert Meter vom Yogastudio entfernt. Den Wein nennen wir Yogawein, und tatsächlich, am Dienstagabend wirkt er ganz anders als sonst. Nach nur einem Glas sind wir drei schon betrunken. Die Kellnerin stellt uns immer

auch eine Karaffe Leitungswasser und eine Schale Erd-
nüsse auf den Tisch. Wir sitzen in einem Berg aus weiß-
blau geblümten Kissen auf der Fensterbank, lehnen uns an
die Scheibe und unterhalten uns. Wir werten die vergan-
gene Woche aus, reden über Beziehungsprobleme, lästern
über Kollegen und merken gar nicht, wie die Zeit vergeht.
Irgendwann steht dann die Kellnerin an unserem Tisch
und entschuldigt sich. »Wir schließen gleich«, sagt sie
freundlich und mit einem herrlichen Akzent. Wenn wir
das Café verlassen, sind wir so beschwipst, dass man meinen könnte, wir hätten drei Flaschen und nicht drei Gläser
Wein getrunken.

Wenn ich dann angeheitert nach Hause komme, ist es
nicht ganz so schlimm, die Wohnung leer vorzufinden.
Und trotzdem: Schon auf der Straße werfe ich einen Blick
nach oben zu unseren Fenstern. Natürlich weiß ich genau, dass kein Licht brennen kann, aber ich sehe trotzdem
nach. Wenn Heribert zu Hause ist, kommt er mir immer
entgegen, kaum dass ich durch die Wohnungstür getreten
bin. Er gibt mir einen Kuss, nimmt mir die Jacke ab und
fragt mich, wie mein Tag war. Heute begrüßt mich niemand. Ich mache das Licht an, ziehe die Tür hinter mir
zu und werfe meine Schuhe zu den anderen Schuhen,
die sich vor der Garderobe stapeln. Dann wanke ich ins
Wohnzimmer. Meine Jacke habe ich noch an. Immerhin
blinkt der Anrufbeantworter, denke ich. Es ist mein Kollege Marcus, der fragt, ob ich am nächsten Tag seinen
Frühdienst übernehmen könnte. Er hätte heute noch ein
vielversprechendes Date mit dem Typen vom vergangenen Wochenende. Er bedankt sich auch schon mal bei mir,
dabei habe ich noch gar nicht zugesagt.

Marcus und ich arbeiten seit fünf Jahren gemeinsam in
der Onlineredaktion. Wir mögen uns, und wir haben jede

Menge Spaß zusammen. Manchmal lachen die anderen Kollegen, weil wir uns benehmen wie ein altes Ehepaar. Unsere Schreibtische stehen so nah beieinander, dass mindestens einmal am Tag eine von Marcus' längst geleerten Kaffeetassen auf meine Tischplatte wandert. Demonstrativ schiebe ich die Tasse dann wieder zurück auf seine Seite. Marcus stören die Tassen nicht. Manchmal glaube ich, dass die Tassen für ihn in dem Moment, in dem sie leer sind, unsichtbar werden. Zuweilen stapeln sich die Tassen dann über Tage auf seinem Schreibtisch. Der letzte Rest Kaffee ist schon ganz festgetrocknet. Meistens bin ich diejenige, die dann irgendwann ein Tablett holt und alle Tassen auf einmal zur Spülmaschine bringt. Aus erziehungstechnischer Sicht ist mein Verhalten natürlich eine Katastrophe.

Ich wanke ins Bad und schreibe Marcus auf dem Weg dorthin eine SMS. Ich wünsche ihm einen gelungenen Abend und übernehme großmütig seinen Frühdienst. Mir passt das gut. Sobald Heribert weg ist, kann ich sowieso nicht mehr lange schlafen. Ich wache morgens auf, wundere mich, dass ich allein bin, erinnere mich und bin dann plötzlich hellwach. Normalerweise versuche ich, noch einmal einzuschlafen. Aber das funktioniert nicht. Wenn Heribert da ist, ist es ganz anders. Dann bin ich eine richtige Langschläferin. Wenn ich wach werde, kuschle ich mich an ihn, spüre das Auf und Ab seines Brustkorbes, bin ganz entspannt und schlafe sofort wieder ein.

Je eher ich morgen mit der Arbeit beginne, desto früher habe ich Feierabend. Das ist gut, denn morgen bin ich mit Marcel und seinem Freund Andreas verabredet. Die zwei haben mich zu sich nach Hause zum Essen eingeladen. Meine selbstaufgestellte Regel, mich während Heriberts Abwesenheit nicht mit Paaren zu treffen, gilt seltsamerweise nicht für meine schwulen Freunde. Mit ihnen bin ich gern zusammen, ich fühle mich wohl. Außerdem ist Andreas von Beruf Koch, und es gibt immer etwas Gutes zu essen. Wahrscheinlich liegen wir morgen Abend wieder zu dritt auf ihrem Sofa, sehen uns eine DVD an, trinken Rotwein und verdauen unser Abendessen.

In den ersten Wochen nach Heriberts Abreise bin ich fast jeden Abend verabredet. Das ist ein perfektes Ablenkungsprogramm. Heute Yogawein, morgen Abend Kochen bei Marcel und Andreas, Donnerstagabend gehe ich zum Sushi-Essen mit Meikes Schwester Winnie, Freitagabend steht ein Konzertbesuch mit Peter auf dem Programm, und am Sonnabend gehe ich mit meinem ehemaligen Mitbewohner Ulf ins Theater. Der Sonntag ist noch frei, aber da fällt mir sicher auch noch etwas ein. Hauptsache, ich bin nicht allein zu Hause.

In der Zeit, in der Heribert zu Hause ist, kümmere ich mich fast gar nicht um meine Freunde. Ich treffe mich nur sehr selten mit ihnen. Meine Freunde außerhalb Berlins rufe ich kaum noch an. Jetzt hole ich alles nach. Ich schäme mich natürlich für die Vernachlässigungen der vergangenen zwei Monate, dabei verstehen meine Freunde mich. Sie wissen, dass ich abtauche, sobald Heribert da ist. Und wiederauftauche, sobald er weg ist. Aber ich frage mich, ob ich wohl auch so eine schlechte Freundin wäre, wenn ich eine ganz normale Beziehung führen würde. Würde ich dann auch nur noch mit meinem Freund zusammen sein wollen und alle anderen vernachlässigen? Wäre ich dann womöglich eine dieser Frauen, über die ich mich sonst so aufrege? Eine, die sich selbst regelrecht aufgibt und nur noch als Anhängsel ihres Freundes existiert? Eine, die die Freunde des Partners zu ihren eigenen Freunden erklärt und bei einem Scheitern der Beziehung plötzlich ganz allein dasteht? Meine Freundin Meike beruhigt mich immer und sagt, dass das sicher nicht der Fall wäre. Dass das einfach nicht zu mir passen würde. Und dass ich in den zwei Monaten nur deshalb so eine Klette bin, weil die gemeinsame Zeit mit Heribert so begrenzt ist.

Paranagua, Brasilien, 05. 07. 2002

Meine liebe Nancy,
dieser Brief erreicht dich aus Brasilien. Vor drei Tagen bin ich von Larnaca, dem Flughafen auf Zypern, über London Heathrow und São Paulo nach Curitiba geflogen. In Curitiba hat man mich dann abgeholt und mit einem Auto nach Paranagua gebracht. Mein neues Schiff war noch nicht da, also kam ich erst einmal in ein Hotel und hatte Zeit, mir diese hübsche kleine Stadt genauer anzusehen. Natürlich konnte ich auch mein Portugiesisch etwas aufpolieren. Ich muss sagen, es klappt besser, als ich dachte. Schade, dass niemand von meiner brasilianischen Familie hergekommen ist. Wenn ich vorher gewusst hätte, dass ich hier so viel Zeit verbringen würde, hätte sich die weite Reise von Itabira hierher vielleicht doch gelohnt. Aber ich will mich nicht beschweren, immerhin konnte ich in den vergangenen Tagen ganz oft mit dir telefonieren. Ich habe dich immer wieder aus dem Hotel per R-Gespräch angerufen. Ich hoffe, die nächste Telefonrechnung löst keinen allzu großen Schock bei dir aus. Es tut mir wirklich leid, wenn ich dich finanziell ruiniere, aber ich konnte einfach nicht widerstehen.
Wahrscheinlich geht es morgen früh dann endlich an Bord. Heute habe ich mir noch schnell ein Schachspiel

und eine Hängematte gekauft. Vielleicht hat jemand von der Besatzung Lust, mit mir zu spielen. Und vielleicht habe ich auch mal Gelegenheit, meine Hängematte an Deck aufzuhängen und ein Buch darin zu lesen. Außerdem habe ich auch noch ein paar Fotos gemacht und sie gleich zum Entwickeln gebracht. Ein paar der Bilder sind auch tatsächlich ganz gut geworden, ich schicke sie dir zusammen mit diesem Brief, damit du dir besser vorstellen kannst, wo ich bin beziehungsweise wo ich war, wenn der Brief dich dann endlich erreicht.

Heute Nachmittag habe ich auch ein paar Telefonkarten gekauft. Als ich dann an einer Telefonzelle vorbeikam, habe ich dich auch sofort angerufen. Ach Nancy, jedes Mal, wenn ich deine Stimme höre, kommt es mir fast so vor, als ob ich in Bremen wäre und du in Hamburg. Doch wenn ich dann auflegen muss, merke ich wieder, dass dem leider nicht so ist. Du bist zwar in Hamburg, ich aber bin irgendwo auf dieser großen Welt, Tausende Kilometer von dir entfernt. Ach Nancy, du kannst dir gar nicht vorstellen, wie sehr ich dich vermisse. Ich glaube, ich habe es dir schon mal geschrieben, aber ich kann es gar nicht oft genug sagen: Je länger ich weg bin, desto mehr brauche ich dich, deine Stimme, deine Briefe. Der einzige Grund, der mich hier nicht verzweifeln lässt, bist du. Ich freue mich so sehr auf unsere gemeinsame Zeit in Bremen. Im Augenblick habe ich wirklich genug von Männergesellschaften. Ich möchte nur noch morgens aufwachen, dich ganz fest und lange drücken und dann, wenn mir die Kraft dazu ausgeht, einfach noch einmal einschlafen. Natürlich nur mit dem Wissen, dass du noch neben mir liegst, wenn ich danach auf-

*wache. Ach Nancy, bitte lass mich nicht so schnell
wieder wegfahren. Im Augenblick habe ich wirklich
genug von der Seefahrt. Aber wenigstens kann ich
nachts von dir träumen. Doch das hilft leider auch
nur so lange, wie ich schlafe. Sobald ich dann wieder
wach werde, spüre ich nur diese wahnsinnige Sehnsucht. Manchmal denke ich, ich drehe noch durch.*

*Ich liebe dich so sehr. Für einen Kuss von dir würde
ich sogar von hier bis nach Hamburg schwimmen.
Das Problem ist nur, dass ich dafür wahrscheinlich
länger brauchen würde als drei Monate. Darum nehme ich jetzt lieber das Schiff, da weiß ich wenigstens,
dass ich ankomme.*

Ich liebe dich, Nancy!

Dein Heribert

»Wo ist Ihr Seemann denn gerade?«, fragt mein Gynäkologe, während ich versuche, elegant von seinem Behand-
lungsstuhl zu klettern. Die Untersuchung ist beendet, eigentlich könnte ich gleich gehen, aber mein Arzt ist wieder
einmal in Plauderlaune. Er ist ein mittelgroßer älterer Herr
mit weißem Haar und einer randlosen Brille. Irgendwie
sieht er aus wie ein zerstreuter Professor. Einer, der seine
Brille sucht, obwohl er sie auf der Nase trägt. Ich habe
schon erlebt, wie er seinen kompletten Papierkorb vor
meinen Augen entleerte, weil er einen bestimmten Aus-
druck darin vermutete. Er kniete auf dem Boden und
durchwühlte den Inhalt des Papiermülls. Natürlich fand
er den gesuchten Zettel nicht und schob dessen Verschwinden dann kopfschüttelnd auf seine Sprechstundenhilfen.

Seit ein paar Jahren schon fragt mein Gynäkologe mich
regelmäßig, wie es bei mir um das Thema Kinder bestellt

sei. Irgendwann kam ich in Erklärungsnot. Also habe ich ihm erzählt, dass mein Freund Seemann sei und wir uns deshalb mit der Familiengründung noch Zeit lassen wollten. Vielleicht war meine ehrliche Antwort ein Fehler. Mein Arzt redet seitdem nur noch von Seemannsknoten, hohen Wellen und seinem letzten Segeltörn. Wahrscheinlich hat er einen Seefahrer-Vermerk in meine Patientenakte gemacht.

»Er ist gerade auf dem Weg von Südamerika nach Florida«, gebe ich wahrheitsgemäß Auskunft und schlüpfe hinter der Trennwand in meine Jeans.

»Ach, das ist doch eine tolle Route. Meine Frau und ich sind mal von der Karibik nach Florida gesegelt. Das ist nun aber auch schon wieder mehr als zehn Jahre her. Wann wollte Ihr Freund noch mal mit der Seefahrt aufhören?«, fragt er, als ich hinter der Trennwand hervorkomme. Ich überlege, was ich antworten könnte, doch in dem Moment klingelt sein Telefon. Er hebt ab und fängt schon wieder an, auf seinem Schreibtisch nach etwas zu suchen. Ein paar Sekunden warte ich noch ab, dann winke ich ihm freundlich zu und schleiche mich aus dem Behandlungszimmer. Glück gehabt, denke ich erleichtert.

Normalerweise werde ich eher von Frauen bedauert und mitfühlend gefragt, wie ich das alles nur aushalte und wann Heribert endlich mit der Seefahrt aufhört. Männer beneiden uns häufiger um unsere Beziehung, zumindest behaupten sie das. Die Vorstellung von Freiheit und Abenteuer reizt sie. Viele Männer sind auch fest davon überzeugt, dass ich meinen Freund betrüge. Schließlich würde er es doch nicht erfahren. Ein Kapitän erzählte mir einmal, dass es nicht die Seemänner seien, die Affären hätten, sondern die Frauen daheim, die die Einsamkeit nicht ertragen könnten. Sie sind es in der Regel auch, die die Beziehung beenden. Ich aber bin meinem Seemann treu. Was für mich selbstverständlich ist, ist für andere ein kleines Wunder. »Du bist wirklich noch nie fremdgegangen?«, fragt mich auch mein Kollege Marcus von Zeit zu Zeit ungläubig. Nein, und das war auch gar nicht schwer. Wenn Heribert weg ist, hebe ich ihn gedanklich auf eine Art Podest. Er ist mein Held, und kein Mann auf der Welt könnte auch nur im Entferntesten an ihn heranreichen. Ich bin wahnsinnig stolz auf ihn. Das heißt allerdings nicht, dass ich nicht flirte. Ich gehe auch oft mit anderen Männern aus. Und nicht alle von ihnen sind schwul.

Heribert ist zum Glück überhaupt nicht eifersüchtig. Oder vielleicht ist er es ja, aber er zeigt es nie. Oft bin ich gerade dann mit anderen Männern unterwegs, wenn er mich von irgendwo auf dieser Welt anruft. Manche der Männer kennt er nur vom Namen. Ich erzähle ihm aber immer direkt, wo ich bin und mit wem. Und egal, wer es ist, Heribert lässt mich immer Grüße ausrichten. Ich bewundere ihn für seine Gelassenheit, denn ich bin ganz anders. Natürlich vertraue ich ihm, aber eifersüchtig bin ich trotzdem. Als Gefahr sehe ich nicht die Frauen in den Häfen, sondern die Frauen an Bord. Nicht selten kommt es vor, dass auch Frauen zur Besatzung gehören. Praktikantinnen, Auszubildende, Köchinnen, weibliche Offiziere, sogar weibliche Kapitäne gibt es. Ich stelle mir immer vor, wie diese Frauen aussehen. Und in meiner Vorstellung sind sie unglaublich schön, intelligent und sympathisch. Und ich verabscheue sie dafür.

Vor ein paar Jahren hatte ich einen Alptraum. Ich träumte, Heribert würde sich von mir trennen. Ich träumte von einem Telefonat, in dem er mir erzählte, dass er sich in eine Offiziersanwärterin verliebt habe. Zwischen ihnen sei alles ganz toll. Sie würden viele Interessen teilen. Nicht nur die Seefahrt, sondern auch ihre Vorliebe für Science-Fiction-Filme. Es war ein ziemlich realistischer Traum, denn unser unterschiedlicher Filmgeschmack ist ein ständiges Thema. Ich liebe ruhige und humorvolle, deutsche und französische Filme. Science-Fiction-Filmen kann ich nichts abgewinnen. Wenn Heribert Urlaub hat, stehen wir oft in der Videothek und können uns nicht entscheiden. Meistens nehmen wir dann zwei Filme mit nach Hause. Einen für ihn, einen für mich. In meinem Traum hatte ich großes Verständnis für seinen Entschluss. Ich wünschte ihm alles Gute und legte auf. Als ich kurz darauf erwachte, war ich völlig am Ende. Ich griff zum Handy und rief ihn sofort an. Sein Schiff lag gerade in Ägypten im Hafen von Port Said. Ich erzählte ihm von meinem Traum. Er musste lachen. Das war die einzig richtige Reaktion.

Derzeit befindet sich auf seinem Schiff auch eine Frau, eine 22-jährige Auszubildende aus dem Maschinenraum, die Schiffsmechanikerin werden möchte. Das Gute ist, dass ich sie bereits kennengelernt habe. Sie machte gerade ein Praktikum an Bord, als ich Heribert im vergangenen Jahr auf seinem Schiff in Hamburg besuchte, und wir unterhielten uns lange. Sie erzählte mir von ihrem Freund. Natürlich ist das keine Garantie, das weiß ich, aber wenigstens habe ich im Moment keine Alpträume.

Rotes Meer, 26. 07. 2002

Hallo, meine liebe Nancy,
hier nun ein weiterer Versuch, dir einen langen Brief
zu schreiben. Erst einmal vielen Dank für deine
E-Mail. Du kannst dir gar nicht vorstellen, wie schön

es für mich ist, ein Lebenszeichen von dir zu bekommen, welches nicht Wochen oder gar Monate alt ist. Wenn diese gelbe Kontrollleuchte am Satcom-Gerät blinkt und eine Nachricht von dir kommt, ist das fast wie Geburtstag und Weihnachten auf einmal. Der Gedanke, dass du vielleicht vor nicht einmal zwei Minuten an deinem Computer warst, um mir zu schreiben, ist einfach wundervoll.

Ach ja, es tut mir übrigens leid, dass dich meine kleine Weltreise so viel kostet. Doch glaube mir, diese Investition lohnt sich. Denn sobald ich zu Hause sein werde, wirst du keinen einzigen Schritt mehr gehen müssen. Dann werde ich dich auf Händen tragen. Allerdings wirst du in der ersten Zeit nach meiner Heimkehr außerhalb deiner Wohnung erst einmal auf dieses Privileg verzichten müssen, denn ich denke nicht daran, das Haus zu verlassen. Ich würde dich also bitten, ein paar Konserven mit Nahrungsmitteln zu besorgen. Es wäre doch schade, wenn wir während unserer trauten Zweisamkeit verhungern müssten.

Nun aber genug davon. Ich werde dir nun einmal schreiben, wie es mir an Bord meines neuen Schiffes bisher so ergangen ist. Bei meiner Ankunft wurde ich übrigens sehr nett vom Kapitän empfangen, also kein Vergleich zum letzten Mal.

Mein Tag beginnt immer um 7.45 Uhr. Wenn der Wecker klingelt, gehe ich ins Bad, dusche schnell, putze mir die Zähne und ziehe mir etwas an. Pünktlich um drei Minuten vor acht melde ich mich auf der Brücke. Da treffe ich den Kapitän, mit dem ich die nächsten vier Stunden verbringe. Neben meinen Tätigkeiten als Wachgänger, zu denen es gehört, jede

Stunde die Schiffsposition zu bestimmen und diese dann in die Seekarte einzuzeichnen, die Uhrzeit für Sonnenauf- und -untergang zu berechnen und Wetterbeobachtungen vorzunehmen, hören der Kapitän und ich meistens Deutsche Welle Radio. Aus den Beiträgen, die gesendet werden, ergeben sich viele Diskussionsthemen, die uns die ganze Wache über beschäftigen. Um 12 Uhr ist meine Wache vorbei, und ich gehe langsam zur Messe. Dort werde ich dann schon von unserem Dritten Ingenieur erwartet. Während ich also meinen Platz einnehme und vom Steward von vorne bis hinten bedient werde (er schenkt mir zum Beispiel sofort nach, sobald mein Glas leer ist), fragt mich der philippinische Ingenieur über mein Liebesleben und über dich aus. Bisher hegte ich nur den Verdacht, dass er eventuell schwul sein könnte, doch gestern unterhielt ich mich während der Nachtwache mit dem Zweiten Offizier, und der bestätigte mir dann, dass nicht nur ich diesen Verdacht habe.

Aber zurück zu meinem Tagesablauf. Nach dem Mittagessen gehe ich in meine Kammer und hole meine Hängematte, ein Buch und ein Kopfkissen. Die nächsten Stunden verbringe ich lesend in der Sonne. Manchmal schlafe ich auch ein, so dass mich der Steward um 17.30 Uhr wecken muss. Meistens gehe ich dann durch die Kombüse in die Messe und unterhalte mich noch mit dem Koch auf Spanisch. Mein Spanisch wird übrigens immer besser. Nach dem Essen spiele ich mit ein paar Besatzungsmitgliedern Tischtennis, oder wir schauen uns gemeinsam eine DVD im Aufenthaltsraum an. Um zehn vor acht gehe ich dann wieder auf die Brücke. Die ersten zwei Stunden, von 20 bis 22 Uhr, mit dem Ersten Offizier. Von 22 bis

24 Uhr mit dem Zweiten Offizier. Auch diese Zeit gestaltet sich meistens sehr amüsant. Der Erste Offizier ist ein etwas älterer Filipino Ende fünfzig, der die Angewohnheit hat, extrem zu nuscheln. So stehen wir beide dann im Dunkeln auf der Brücke, und er erzählt mir stundenlang Geschichten aus seinem Seemannsleben. Leider verstehe ich kaum etwas. Doch wenn ich dann zustimmend »Oh, really?« sage, freut er sich und erzählt sofort weiter. Ich bin mir sicher, dass die Geschichten, die er erzählt, wahnsinnig interessant sind, doch ich möchte ihn durch mein ständiges Nachfragen nicht unterbrechen. Also lasse ich es und bin zufrieden mit dem, was ich verstehen kann.

Der Zweite Offizier ist Deutscher und 37 Jahre alt. Er erzählt auch immer viel, hauptsächlich redet er von den Orten dieser Welt, an denen er schon überall gewesen ist. Doch frage ich dann nach, um zu erfahren, wie eine bestimmte Stadt denn so sei, meint er nur, dass es nicht wichtig sei, was eine Stadt an Sehenswürdigkeiten zu bieten habe. Das einzig Wichtige seien die Frauen, die man dort erobern könne. Ständig versucht er, mir die verschiedenen Vorzüge der verschiedenen Frauen auf den verschiedenen Kontinenten zu erklären. Irgendwann habe ich es dann aufgegeben, mich mit ihm über andere Sachen als die Arbeit unterhalten zu wollen. Jetzt nutze ich die Zeit und lasse mir von ihm viel über astronomische Navigation beibringen.

Nach der Wache gehe ich in meine Kammer, stelle mich unter die Dusche und lege mich anschließend ins Bett. Dann träume ich von dir, bis um 7.45 Uhr wieder der Wecker klingelt.

Das ist also ein Tag in meinem Leben an Bord, nicht gerade abwechslungsreich, aber andererseits hilft die Routine, die Tage schneller vergehen zu lassen. Und ab und zu geschieht auch etwas, das die Routine unterbricht.

Ich weiß nicht mehr genau, wann das war. Es war irgendwo an der somalischen Küste. Nachdem wir in Brasilien gestartet waren, fuhren wir quer über den südatlantischen Ozean Richtung Kapstadt, von dort dann an der ostafrikanischen Küste hoch durch die Straße von Mosambik an Madagaskar vorbei und weiter Richtung Golf von Aden, am Horn von Afrika vorbei, um die Meerenge zum Roten Meer zu passieren. Da muss man leider an Somalia vorbei. Auf jeden Fall wurden wir aufgefordert, mindestens 100 Seemeilen Abstand von der somalischen Küste zu halten, weil da in letzter Zeit einige Schiffe überfallen wurden und nie wieder aufgetaucht sind. Sogar die Kommunikation per UKW-Sprechfunk war uns untersagt, damit die Piraten uns nicht entdecken konnten.

Es war eigentlich alles wie an den Tagen zuvor. Der Kapitän und ich standen auf der Brücke. Wir hatten mittelmäßigen Seegang, und es war ziemlich neblig. Es regnete sogar ein bisschen. Alles in allem also eine Wettersituation, in der Piraten es schwer haben sollten, uns zu entdecken. Ich merkte richtig, wie der Kapitän sich über das Wetter freute. Wir unterhielten uns mal wieder über irgendein Thema, irgendetwas Belangloses, als plötzlich etwas auf dem Radarschirm erschien. Es war nicht klar zu erkennen, was es sein könnte, denn tiefhängende Regenwolken erzeugten zusätzlich zahlreiche Echos auf dem Radarbild. Das Echo eines kleinen Bootes schien von der Küste zu

kommen und unseren Kurs von backbord nach steuerbord zu kreuzen. Eigentlich eine alltägliche Situation, dass ein Boot uns kreuzt, also schenkten wir
ihm zunächst keine große Beachtung. Bei etwa zwei
Seemeilen Abstand sahen wir dann das Boot. Es hatte
seine Geschwindigkeit auf zwei, drei Knoten verrin-
gert, und wir mussten den Kurs ändern, um nicht zu
kollidieren. Auf Befehl des Kapitäns änderte ich den
Kurs um einige Grad nach backbord. Wir passierten
das Fischerboot, als solches hatten wir es mittlerweile
identifiziert, in einem Abstand von ca. 300 Metern.
Vielleicht sollte ich dir jetzt erklären, warum der Kapitän dann immer nervöser wurde. Bei den meisten
Überfällen, die in den letzten Jahren passiert sind,
tarnten Piraten ihre Boote als Fischerboote und ließen sich treiben, bis ein Schiff auftauchte. Kaum war
es an ihnen vorbei, erhöhten sie ihre Geschwindigkeit
und enterten das Schiff von achtern.
Sobald wir das Boot passiert hatten, vollführte es
einige komische Manöver in alle möglichen Rich-
tungen, um dann letztlich mit etwa 12 Knoten unter
einer Regenwolke zu verschwinden. Wir schauten
auf den Radarbildschirm, hatten aber keinen Sicht-
kontakt mehr. Der Kapitän befahl mir, ans Ruder
zu gehen und die Automatik auszuschalten. Er war
ziemlich laut, als er mir die Order gab. Während ich
das Schiff auf Kurs hielt, bei einer Geschwindigkeit
von etwa 19 Knoten, beobachtete der Kapitän weiterhin das Radargerät. Das Boot hatte nun wieder
den Kurs geändert und schien von achtern direkt auf
uns zuzulaufen. Dabei erhöhte es langsam die Fahrt
von 12 Knoten auf 15, dann auf 20. Normalerweise
laufen diese Art Fischerboote maximal 13 Knoten.

Das und die Tatsache, dass es langsam, aber sicher näher kam, verstärkten unsere Nervosität immer mehr. Gerade als der Kapitän Alarm auslösen wollte, meldete das Radar, dass es sein Ziel (also das Boot) verloren hatte. Auf Befehl des Kapitäns änderte ich den Kurs erneut. Dann war erst einmal Stille. Auf dem Radarbild war nichts zu sehen, außer ein paar tiefhängenden Wolken. Ich glaube, das war wohl eine der Situationen, in denen die Zeit stillzustehen schien. In Gedanken war ich schon bei den ganzen Horrorberichten darüber, was Piraten alles mit Seemännern anstellten. Der Kapitän riss mich aus meinen Gedanken, als er mir zurief, dass das Boot nun mit 30 Knoten auf uns zuraste. Als die Geschwindigkeit dann auf 45 Knoten anstieg, wussten wir, was los war. Das Radargerät hatte eine Regenwolke mit dem Boot als Ziel verwechselt. Es war also eine Wolke, die auf uns zuflog und immer schneller wurde. Meine Güte, war ich erleichtert, als der Kapitän dann endlich ein Fischerboot mit einem Abstand von drei Seemeilen und entgegengesetztem Kurs ausmachte. Ich glaube, in der kurzen Zeit der Anspannung bin ich um zehn Jahre gealtert. Und der Kapitän auch.

So, meine liebe Nancy, jetzt muss ich mir mal schnell eine Cola holen, denn es ist einfach viel zu heiß in meiner Kammer. Die Klimaanlage ist ausgefallen, hier drin sind es gefühlte 45 Grad.

Ich liebe dich! Und ich vermisse dich! Und ich kann es kaum erwarten, dich endlich wiederzusehen!

Pass auf dich auf! Ich melde mich wieder!

In Liebe, dein Heribert

Wenn es um Piraten geht, höre ich weg. Ich tue so, als interessierte mich das Thema nicht. Piraten? Keine Ahnung. In der Zeitung blättere ich weiter. Im Fernsehen schalte ich um. Das Ausblenden gelingt mir gut. In letzter Zeit wird es aber immer schwieriger. Das Thema ist zu präsent. »Hast du denn gar keine Angst?«, fragen mich Freunde und Kollegen. Natürlich habe ich Angst. Große Angst sogar.

Heriberts aktuelle Route führt ihn zum Glück nicht ins Piratengebiet. Er fährt von Venezuela durch den Atlantischen Ozean in Richtung Florida, dann über die karibischen Inseln Aruba und Curaçao wieder zurück nach Venezuela. Immer in dieser Reihenfolge. Das war aber nicht immer so. Und von einer Entwarnung kann keine Rede sein. Nach jedem Urlaub kommt er auf ein anderes Schiff mit einer anderen Route.

Ich habe noch immer eine Karte, in der ich die Position seines Schiffes eintrage. Mittlerweile ist es eine Weltkarte mit Korkuntergrund, die in unserem Flur hängt und in die ich kleine Fähnchen stecke. Für die Route nehme ich auch immer noch rote Wollfäden. Heute müsste Heribert wieder einmal in den USA ankommen. Die erste Stadt, die sie in Florida anlaufen, heißt Jacksonville. Jacksonville ist auf meiner Karte sogar eingezeichnet. Ich habe ein kleines Fähnchen genau in den Kreis gesteckt, der die Hafenstadt darstellen soll. Ich musste aufpassen, dass ich das Einstichloch nicht zu groß machte. Knapp unterhalb von Jacksonville, gleich neben Miami, steckte schon ein anderes, ein älteres Fähnchen.

Heribert ist nun schon seit vier Wochen an Bord, aber der Kapitän hat ihm noch immer keine eigene E-Mail-Adresse eingerichtet. Ich rege mich wahnsinnig darüber auf, Heribert dagegen bleibt ganz ruhig. Ich bewundere ihn für seine Gelassenheit. Wahrscheinlich ärgert er sich ebenso sehr wie ich, aber er echauffiert sich nicht so. »Das ändert doch auch nichts am Ergebnis«, sagte er erst vor ein paar Tagen.

Ich glaube, dass er mich heute noch anrufen wird. Ich rechne ganz fest damit. Eigentlich hatte ich schon heute Nacht auf seinen Anruf gehofft. Gestern Abend sollte sein Schiff im Hafen von Jacksonville eintreffen. Heribert hat zwar nicht explizit gesagt, dass er mich anrufen wird, aber zurzeit meldet er sich oft. Mindestens einmal aus jedem Hafen. Oder er schreibt mir eine SMS. In den ersten Wochen nach der Trennung ist es immer so. Im Laufe der Reise nimmt die Kommunikation dann etwas ab, und kurz vor seiner Heimkehr meldet er sich wieder häufiger. Bei Heriberts vergangenem Besuch in Florida hat er sich vom Agenten eine US-SIM-Karte besorgen lassen. Die kann er in sein deutsches Handy einlegen, und so kann ich ihn günstig zurückrufen. Die günstigsten Tarifvorwahlen habe ich mir bereits im Internet herausgesucht. Mit der 01084 kostet eine Gesprächsminute zwei Cent. Das ist doch verrückt! Ein Anruf auf ein Handy in den USA ist billiger als ein Anruf auf ein Handy in Berlin. Ich könnte also eine Stunde mit ihm telefonieren und würde nur einen Euro und zwanzig Cent bezahlen. Weil diese billigen Vorwahlen aber oft besetzt sind oder die Verbindung ganz grauenvoll ist, habe ich mir gleich fünf Vorwahlen aufgeschrieben. Aber keine kostet mehr als zehn Cent pro Minute.

Vielleicht hat Heribert in den Häfen der USA sogar Zugang zum Internet. Zum Teil gibt es dort ungesicherte Netzwerke, in die er sich mit seinem privaten Rechner einwählen kann. Dazu muss er sich aber irgendwo an Deck befinden. Oder er muss sich mit seinem Rechner direkt an eines seiner Fenster stellen. Die Stahlhülle des Schiffes verhindert ansonsten, dass die Funkwellen im Inneren ankommen.

Heute ist Sonnabend, mein Rechner läuft seit Stunden, mein Skype-Account ist geöffnet, aber Heribert ist nicht online. Es ist gut möglich, dass er Stress hat. Immerhin ist er als Erster Offizier für die Ladung zuständig. Seitdem er zum Ersten Offizier befördert wurde, hat er auch kaum noch Zeit für Landgänge. Sobald das Schiff in einem Hafen ankommt, beginnen die Kräne mit dem Be- und Entladen der Container. Kaum sind die Kräne fertig, legt das Schiff auch schon wieder ab. Manchmal liegen dazwischen nur wenige Stunden. Heribert ist so viel in der Welt unterwegs, und oft sieht er doch nur Wasser und Containerterminals. Aber er hat sich noch nie darüber beschwert.

Vielleicht ist das Schiff auch noch gar nicht im Hafen angekommen, denke ich. Ich habe eine Idee. Ich gehe auf die Internetseite seiner Reederei. Warum habe ich nicht früher daran gedacht? Auf ihrer Seite gibt es eine Weltkarte, auf der ich nach jedem Schiff der Reederei suchen kann. Wenn alles klappt, bekomme ich die aktuelle Position seines Schiffes angezeigt. Leider funktioniert diese Seite oft nicht. Häufig lässt sie sich nicht laden, oder mein Browser stürzt ab, sobald ich versuche, die Seite zu öffnen. So ist es auch heute. Ich versuche es immer wieder. Ich werde ganz unruhig. Irgendwann gebe ich auf.

Eigentlich müsste ich zum Supermarkt gehen, ich müsste auch zur Post und zur Apotheke. Es ist 10 Uhr vormittags. Eine perfekte Zeit für solche Besorgungen. Aber was ist, wenn Heribert genau dann online ist, wenn ich unterwegs bin? Ich würde mich wahnsinnig ärgern. Also bleibe ich zu Hause und warte. Ich starre auf das Telefon, ganz so, als könnte ich dafür sorgen, dass es gleich klingelt. Das Telefon bleibt stumm. Zur Ablenkung fange ich an, E-Mails an Freunde von Eileen zu verschicken. In weniger als zwei Monaten ist ihre Hochzeit in Australien. Ich habe mir überlegt, dass es ein schönes Geschenk wäre, Glückwünsche und aktuelle Fotos von all denen einzusammeln, die nicht zur Hochzeit fliegen. Ich könnte alle Fotos und Glückwünsche in einer Art Fotobuch zusammenstellen und es dann drucken lassen. Ich schreibe an ehemalige Schulkameraden, an ihre Au-pair-Freundinnen aus Washington, ehemalige Mitbewohner und Kommilitonen, und ich schreibe sogar an ihren ersten Freund Michael. Ich schreibe jeden ihrer Freunde und Bekannten, die mir bisher eingefallen sind und deren Mailadresse ich habe, persönlich an. Ich schreibe, dass Eileen heiratet und ich an einem Geschenk arbeite, für das ich dringend Hilfe benötige. Aus Erfahrung weiß ich, dass die wenigsten Leute auf Massenmails reagieren. Bei einer persönlichen Anrede liegt die Erfolgsquote um einiges höher. Und wenn ich genug Fotos und Glückwünsche für ein ganzes Buch zusammenbekommen möchte, brauche ich viel Rücklauf. Ich schreibe 32 E-Mails, und die Zeit vergeht rasend schnell. Mittlerweile ist es später Nachmittag. Heribert hat sich noch immer nicht gemeldet. Ich versuche es noch einmal auf der Internetseite seiner Reederei. Ohne Erfolg. Dann halte ich es nicht mehr aus und versuche es auf seinem deutschen Handy. »Der gewünschte Gesprächspartner ist zurzeit nicht erreichbar«, sagt mir eine freundliche Frauenstimme. Ich habe auch die Satellitentelefonnummer vom Schiff. Aber da möchte ich nicht anrufen. Es ist schließlich kein Notfall. Ich möchte einfach nur seine Stimme hören. Am liebsten sofort. Geduld war noch nie meine Stärke.

Vor ein paar Jahren hat sich Heribert fast zwei Wochen lang nicht bei mir gemeldet. Ich konnte ihn nicht erreichen. Die E-Mails kamen mit dem Vermerk »unbekannter Empfänger« zurück, sogar die Satellitentelefonnummer des Schiffes funktionierte nicht.

Wenn ich in den Nachrichten etwas von einem Schiffsunglück hörte, zuckte ich zusammen. Ich lief zur Karte und vergewisserte mich, dass es unmöglich sein Schiff sein konnte. Er fuhr von China nach Panama. Die Fahrtzeit betrug fast drei Wochen. Meine Sorge um ihn wuchs von Tag zu Tag. Nachts konnte ich nicht schlafen oder ich träumte schlecht. Ich malte mir aus, dass sein Schiff untergegangen sein könnte, irgendwo auf dem Pazifik. Dass die Reederei mich nicht informierte, weil wir nicht verheiratet waren. Schließlich hatte ich keinerlei Informationsrecht. Wir wohnten zusammen, na schön. Genauso gut hätten wir auch eine WG sein können. Irgendwann wusste ich mir nicht mehr zu helfen und rief bei seiner Reederei an. Die Nummer hatte ich aus dem Internet. Ich landete zuerst in der Zentrale, wo ich Heriberts Namen und den Namen seines Schiffes nannte, und wurde dann zum Crewingmanager durchgestellt. Der Crewingmanager ist derjenige, der sich um die Personalplanung auf den einzelnen Schiffen kümmert. Wenn einer weiß, was los ist, dann er. Wieder hörte ich das Rufzeichen, mein Herz klopfte immer schneller. Ein älterer Herr mit einer sehr tiefen, sonoren Stimme ging ans Telefon, und ich sagte ihm, dass ich die Freundin von Herrn Riesenhuber sei, dass er sich schon längere Zeit nicht gemeldet habe, dass alle E-Mails zurückkämen und ich mir Sorgen machte.

»Wissen Sie, ob mit dem Schiff alles in Ordnung ist?«, fragte ich ängstlich und fürchtete mich vor der Antwort. Der Crewingmanager aber lachte.

»Von einem Untergang ist mir zumindest noch nichts bekannt«, sagte er und fing wieder an, laut zu lachen. Ich ärgerte mich. Ich kam mir so dumm vor. Ich bedankte mich höflich und legte auf. Dann weinte ich vor Wut. Und vor Erleichterung.

Als Heribert sich ein paar Tage später endlich bei mir meldete, erzählte er mir, dass die gesamte Schiffskommunikation ausgefallen sei. Dass weder das E-Mail-System noch das Satellitentelefon funktioniert hätten. Er hatte auch kein Handynetz. Sie waren zu weit draußen auf dem Meer. Ihm tat es leid, dass ich mich sorgte. Ich wusste, dass es nicht seine Schuld war. Verärgert war ich trotzdem. Seit diesem Erlebnis liege ich Heribert damit in den Ohren, dass ich endlich heiraten möchte.

»Ich möchte nicht mehr sagen müssen, dass ich deine Freundin bin. Wie klingt denn das? Wenn ich sagen könnte, dass ich deine Frau bin, würde mich niemand mehr auslachen.«

Heribert sagte, dass er mich zwar verstehen könne, er aber erst dann heiraten wolle, wenn er mit der Seefahrt aufhöre. Er habe keine Lust darauf, im Urlaub zu heiraten und kurze Zeit später wieder losfahren zu müssen. Außerdem würde er mich mit der Organisation eines solch großen Festes nicht allein lassen wollen. Dieses Argument leuchtete mir ein. Von Freundinnen weiß ich, wie anstrengend Hochzeitsvorbereitungen sein können. Ich beruhigte mich wieder. Aber immerhin hat dieser Vorfall bewirkt, dass Heribert meinen Namen und meine Telefonnummer offiziell bei der Reederei hinterlegt hat. Für den Notfall.

Ich gehe in die Küche und mache mir ein Käsebrot. Ich toaste mein Brot immer, bevor ich es esse. Ich toaste jedes Brot, auch das dunkle. Sogar frische Brötchen werden getoastet. Heribert sagt, dass das eine Macke sei. Er kann nicht verstehen, dass ich wegen jeder Scheibe aufstehe und zum Toaster gehe. Mir macht das nichts aus. Auf mein Käsebrot kommen Frischkäse, eine Scheibe Eisbergsalat und obendrauf noch eine Scheibe Gouda. Dazu gibt es zwei oder drei Cocktailtomaten. Ich bin etwas zwanghaft, was mein Käsebrot angeht. Ich glaube, ich war zu lange allein. Man wird komisch, wenn man so lange allein ist. Ich habe mir in den vergangenen Jahren so einige Marotten angewöhnt. Zum Beispiel sauge ich jedes Mal das Badezimmer, nachdem ich meine Haare gewaschen und geföhnt habe. Ich mag es nicht, wenn Haare auf dem Boden herumliegen. Wenn ich das Bett mache, lege ich die Kissen in eine ganz bestimmte Position. Wenn Heribert das Bett macht, bin ich immer ganz unzufrieden damit und mache es hinter seinem Rücken noch einmal neu.

Ich esse mein Käsebrot im Stehen und sehe dabei aus dem Fenster. Ich werfe einen Blick über den Hof und beobachte die vierköpfige Familie im Haus gegenüber. Mutter, Vater und zwei kleine Jungs. Auch sie sind gerade beim Abendessen. In der Wohnung darüber kocht ein junges Pärchen. Er steht am Herd und rührt gerade irgendetwas im Topf um, sie hat sich von hinten an ihn gelehnt. Ihre Arme umfassen seinen Bauch. Sie sehen glücklich aus. Ich seufze kurz und wende mich lieber wieder der Familie zu. Die zwei Jungen sind etwa drei und fünf Jahre alt. Die Eltern unterhalten sich. Die Jungs konzentrieren sich auf ihr Essen. Was für brave Kinder, denke ich. Ich weiß genau, dass es ungesund ist, im Stehen zu essen. Beim Kauen denke ich noch darüber nach, mich hinzusetzen, aber ich tue es doch nicht. In unserer Küche steht ein riesiger Holztisch mit sechs Stühlen. Es hätten sogar acht Stühle daran Platz. Wenn wir Besuch haben, ist der Tisch wirklich praktisch. Seit Heribert weg ist, habe ich noch kein einziges Mal an diesem Tisch gesessen. Ich meide ihn. Es ist, als würde er das Alleinsein nur verschlimmern.

Am Abend bin ich auf eine Party eingeladen. Stefan, der Freund meiner Yogafreundin Simone, feiert gemeinsam mit einem Kumpel seinen Geburtstag. Die Kneipe, in der gefeiert wird, ist nur zwei Straßen von unserer Wohnung entfernt. Falls Heribert mich also heute Abend anrufen sollte, könnte ich innerhalb von wenigen Minuten wieder zu Hause sein. Ich ziehe meine weiße, eng geschnittene Bluse an, meine dunkelblaue Stretchjeans und dazu hohe braune Stiefel. Dann mache ich mich auf den Weg. Ich kann auf hohen Schuhen nicht sehr weit laufen und bin froh, als ich aus hundert Metern Entfernung ein paar bunte Luftballons an der Kneipentür hängen sehe. Der Partyraum, den die beiden für heute Abend gemietet haben, befindet sich in einer Art Kellergewölbe.
Beim Betreten der Kneipe fällt es mir wieder ein. Hier unten habe ich keinen Empfang. Auf halber Treppe bleibe ich stehen und überlege, was ich tun soll. Ich möchte auf keinen Fall Heriberts Anruf verpassen. Es ist sehr wahrscheinlich, dass er sich in den nächsten Stunden bei mir meldet. Andererseits habe ich schon den ganzen Tag auf seinen Anruf gewartet. Was wäre, wenn ich tatsächlich auf diese Party verzichtete, wieder nach Hause ginge und er mich heute Abend doch nicht anrufen würde? Dann wäre ich womöglich sauer auf ihn, ohne dass er etwas dafür könnte. Ich entscheide mich für einen Kompromiss. Ich bleibe, nehme mir aber vor, nicht allzu spät nach Hause zu gehen. Ich steige die restlichen Treppenstufen hinab und sehe unten Simone und Nicole. Auch Meikes Schwester

Winnie ist da, und jede Menge andere Freunde und Bekannte.

Der Raum ist brechend voll, es ist stickig und heiß. Hier unten gibt es keine Fenster, der DJ dreht den Lautstärkeregler noch ein Stück weiter nach oben, die Gastgeber schieben sich mit Tabletts voller Mixgetränke durch die Massen. Ich habe immer ein volles Glas in der Hand, manchmal weiß ich gar nicht genau, von wem. Ich unterhalte mich, ich habe Spaß und tanze viel. Plötzlich fällt mir Heribert wieder ein. In den vergangenen Stunden habe ich überhaupt nicht auf die Zeit geachtet. Prompt macht sich mein schlechtes Gewissen bemerkbar, ich hole meine Jacke und gehe, ohne mich zu verabschieden.

Kaum habe ich mich auf den Heimweg gemacht, bekomme ich eine SMS. Drei neue Nachrichten befinden sich auf meiner Mailbox. Ich zucke zusammen. Sofort höre ich die Mailbox ab. Mein Schritttempo beschleunigt sich. Jetzt bemerke ich auch zum ersten Mal meine schmerzenden Füße. Die erste Nachricht ist von meinem Bruder. Er und seine Freundin Melanie wollen wissen, was ich am Sonntag vorhabe. Sie schlagen vor, gemeinsam zu kochen. Ich bin erleichtert. Dann höre ich die zweite Nachricht ab. Es ist Heribert. »Hallooooooooo? Wo bist du?«, fragt er gutgelaunt und mit melodischer Stimme. »Amüsierst du dich etwa wieder ohne mich? Ruf mich doch bitte an. Ich würde mich so freuen, deine Stimme zu hören.« Die Nachricht ist von 22.23 Uhr. Ich werfe einen Blick auf die Uhr. Jetzt ist es kurz vor zwei. Mein Herz klopft immer schneller. Dann die dritte Nachricht. Es ist wieder Heribert. Jetzt klingt seine Stimme nicht mehr so fröhlich. Er macht sich Sorgen. »Ruf mich doch bitte an, sobald du die Nachricht abhörst. Ich bin noch etwa vier Stunden in Jacksonville. Ich liebe dich«, sagt er, dann legt er auf. Dieser Anruf war vor einer Stunde. Ich schäme mich. Warum war ich so lange auf der Party? Ich habe mir doch extra vorgenommen, früh nach Hause zu gehen. Ich bin eine schlechte Freundin. Was bin ich für eine egoistische Kuh, schimpfe ich mit mir selbst. Ich überlege, was ich jetzt tun kann. In spätestens fünf Minuten bin ich zu Hause, dann könnte ich ihn direkt auf seiner US-Handynummer anrufen. Meine Schritte werden noch schneller. Oder ich rufe ihn gleich jetzt an, denke ich. Immerhin macht er sich Sorgen. Kaum habe ich den Gedanken zu Ende gedacht, wähle ich seine deutsche Handynummer. Die Roaming-Gebühren sind mir gerade egal. Nach nur einem Klingeln ist er am Apparat.

»Hallo, mein Engel, geht es dir gut?«

»Ja, es geht mir gut. Mach dir keine Sorgen. Es tut mir so leid. Ich war auf einer Party. Ich hatte keinen Empfang«, plötzlich kullern Tränen über meine Wangen. Ich bleibe stehen und schluchze ins Telefon.

»Nancy, weinst du?«, fragt Heribert besorgt.

Ein bejahendes Quieken schafft es aus meinem Mund. Warum weine ich jetzt? Gerade habe ich noch gutgelaunt auf einer Party getanzt, jetzt laufen mir die Tränen über die Wangen.

»Was ist denn los?«, fragt Heribert irritiert.

»Ich weiß nicht. Ich ärgere mich über mich selbst. Ich habe den ganzen Tag auf deinen Anruf gewartet. Und dann war ich auf dieser Party.«

»Aber das ist doch nicht schlimm. Die Hauptsache ist doch, dass es dir gutgeht.«

Ich sage nichts.

»Wir sind übrigens in einen Sturm geraten. Du hast sicher davon gehört. Der Sturm hat schlimme Verwüstungen auf Jamaika und Haiti hinterlassen.«

»Oh, nein, ich habe gar nichts gehört. Geht es dir gut? Ist alles okay?«, frage ich besorgt. Ich bin schockiert. Warum weiß ich nichts von diesem Sturm? Ich bin Journalistin, jeden Tag verfolge ich die Nachrichten, lese Agenturmeldungen. Von einem Sturm in der Karibik habe ich nichts mitbekommen.

»Ja, alles okay. Wir wurden nur etwas durchgeschüttelt. Wir mussten den Kurs ändern. Deshalb haben wir nun fast einen Tag Verspätung.«

»Ich bin gleich zu Hause. Kann ich dich auf deiner US-Nummer erreichen?«

»Die SIM-Karte funktioniert leider nicht. Ich weiß nicht, warum. Und das Internet funktioniert heute auch nicht. Wir haben einen ungünstigen Liegeplatz erwischt. Es tut mir leid. Ich muss jetzt auch wieder los.«

»Aber ich dachte, wir telefonieren?«

»Es tut mir leid, Nancy, aber ich habe gerade keine Zeit. Ich muss ballasten, und dann fahren wir auch schon weiter. Ich melde mich von Port Everglades wieder bei dir.«

»Okay«, sage ich. »Ich liebe dich! Pass auf dich auf!«

»Ich liebe dich. Tschüs, mein Engel! Und feiere noch schön.«

»Ich liebe dich.«

»Ich liebe dich.«

Dann legt er auf. Es ist mitten in der Nacht, ich stehe auf dem Fußweg, Tränen laufen mir über die Wangen. Ich habe mich so sehr auf dieses Telefonat gefreut, und jetzt ist es schon wieder vorbei. Ich überlege kurz, ob ich zurück zur Party gehen soll. Ich hatte doch eben noch so viel Spaß. Jetzt stehe ich hier wie ein Häufchen Elend. Ganz langsam laufe ich auf meinen hohen Schuhen nach Hause.

Als ich in die Wohnung komme, gehe ich direkt ins Arbeitszimmer. Ich lasse mich auf den Schreibtischstuhl fallen und schalte meinen Rechner ein. Ich fange an, im Internet zu recherchieren. Warum weiß ich nichts von diesem Sturm? Ich muss lange suchen, bis ich etwas finde. »Tropensturm entwickelt sich zu Hurrikan; Jamaika, Haiti und Dominikanische Republik in Gefahr«, lese ich auf einer internationalen Wetterseite. Der Artikel ist auf Englisch und drei Tage alt.

Ich kann es noch immer nicht fassen. Mein Freund befindet sich in einem Hurrikan, und ich ahne noch nicht einmal etwas davon. Wahrscheinlich gab es nicht genug Tote für eine umfangreiche Berichterstattung, denke ich zynisch. Ein paar Minuten bleibe ich fassungslos vor dem Artikel sitzen, dann mache ich den Rechner aus, gehe ins Bett und schreibe Heribert einen langen Brief.

Kapitel 3

HALBZEIT

Wo ist er gerade?«, fragt Heriberts bester Freund Andreas mich am Telefon. Innerlich zucke ich zusammen. Zum ersten Mal weiß ich keine Antwort. Von wo hat Heribert mich das letzte Mal angerufen? Ich versuche, mich zu erinnern. Und wann hat er sich überhaupt zuletzt gemeldet?

»Ich glaube, er ist in Venezuela«, antworte ich nach einer kurzen Pause. »Sicher bin ich mir allerdings nicht. Ich habe schon länger nichts mehr von ihm gehört.«

»Ich auch nicht«, sagt Andreas. »Deshalb dachte ich, ich rufe mal bei dir an.«

Andreas heißt eigentlich gar nicht Andreas, zumindest nennt ihn niemand so. Außer vielleicht seine Eltern. Alle anderen nennen ihn Hoize, weil er mit Nachnamen Holzapfel heißt. Heribert, der von den meisten auch nur Bertl genannt wird, hat viele bayerische Freunde mit ungewöhnlichen Spitznamen: Hoize, Kirchi, Hupfi, Hartl, Dammerl und Hiasl. Nur Jockel heißt tatsächlich Jockel. Am Anfang unserer Beziehung fand ich die Namen von Heriberts Freunden so befremdlich, dass ich sie mir einfach nicht merken konnte. Oder mir beim Versuch einer bayerisch klingenden Aussprache fast die Zunge brach. Mittlerweile wundere ich mich, wenn ich von Hiasl, Hartl und Hupfi erzähle und andere Leute irritiert nachfragen.

Ich sehe aus dem Fenster. Es ist Anfang November, draußen ist es ungemütlich und kalt. Die Blätter haben sich längst verfärbt, die Bäume werden von Tag zu Tag kahler.

»Und wie geht es dir so?«, will Hoize von mir wissen. Normalerweise würde ich ohne nachzudenken »Gut« antworten. Aber wenn ich das jetzt tue, fühle ich mich sofort schlecht. Darf es mir denn überhaupt gutgehen? So ganz allein ohne Heribert? Wenn meine Freunde mich nach meinem Befinden fragen, habe ich kein Problem damit zu sagen, dass es mir gutgeht. Wenn allerdings Heriberts Freunde und seine Familie fragen, bin ich mir unsicher. Bei einem »Gut« glauben sie vielleicht, dass es mir zu gut gehen würde. Dass ich Heribert nicht genug vermisse. Wahrscheinlich würden sie das gar nicht denken. Wahrscheinlich habe ich nur Angst davor, dass es tatsächlich so sein könnte.

»Alles okay«, antworte ich schließlich. Wir unterhalten uns noch eine ganze Weile. Jetzt bin allerdings ich es, die die Fragen stellt.

Heriberts Freunde rufen regelmäßig bei mir an. Ich finde das gut. Im Laufe der Jahre bin ich zu einer Art Verbindungsknoten zwischen ihm und dem Rest der Welt geworden.

Heribert ist seit fast zwei Monaten unterwegs. Es ist schon fast Halbzeit. Noch weitere zwei Monate, und er kommt wieder nach Hause. Irgendwann in den vergangenen Wochen fing ich an, mich mit meiner neu gewonnenen Freiheit wohl zu fühlen. Ich fühle mich ausgeglichen und entspannt. Ich schlafe auch wieder besser. Ich genieße es mittlerweile sogar, das Bett für mich allein zu haben. Es ist niemand da, der mir die Decke wegzieht, niemand, der sich am Licht stört, wenn ich abends noch lesen möchte. Ich sehe vom Bett aus auch wieder öfter fern, und ich kann ganz allein entscheiden, was gezeigt wird. Wenn Heribert zu Hause ist, ist es nämlich so, dass er die alleinige Macht über die Fernbedienung besitzt. Natürlich könnte ich auf eine gewisse Gleichberechtigung drängen, aber Heribert kann acht Monate im Jahr gar nicht fernsehen, also darf er in den vier Monaten zu Hause auch entscheiden, was wir uns ansehen. »Du erziehst ihn noch zum Macho«, hat meine Freundin Meike einmal zu mir gesagt. Damit meinte sie aber weniger die Sache mit der Fernbedienung, als vielmehr die Tatsache, dass ich all seinen Wünschen nachkomme, wenn Heribert mich um etwas bittet. Normalerweise liegt er auf dem Sofa, und ich hole ihm seine Cola, mache das Popcorn und besorge die Eiscreme. Ich will, dass es ihm gutgeht. Wahrscheinlich hat Meike recht. Wahrscheinlich erziehe ich ihn tatsächlich zum Macho.

Ein Kollege fragte mich vor ein paar Tagen in der Redaktion, ob ich frisch verliebt sei. Ich würde so strahlen. Ich habe mich über diese Frage gewundert und entschieden verneint. Aber vielleicht stimmt es, vielleicht habe ich tatsächlich gestrahlt.

Wenn Heribert weg ist, führe ich das Leben einer Single-Frau, allerdings ohne auf der Suche nach einem Mann zu sein. Ich verreise viel und ziehe am Wochenende mit meinen Freundinnen durch die Clubs. Ich wohne in einer riesigen Wohnung und teile mir die Miete mit einem Mann, der gar nicht da ist. Viele andere würden mich sicher beneiden.

Morgens liegt niemand mehr im Bett, wenn ich aufstehen und ins Büro muss. Ich kann beim Duschen das Radio laut aufdrehen, ohne Rücksicht zu nehmen. Ich kann nach Herzenslust mit dem Staubsauger durch die Wohnung spazieren, ohne meinen Putzfimmel rechtfertigen zu müssen. Ich genieße die Ordnung und die Sauberkeit. Wenn ich am Abend nach Hause komme, sieht alles genauso aus, wie ich es am Morgen hinterlassen habe. Ich kann auch länger im Büro bleiben und arbeiten, ohne mich dafür entschuldigen zu müssen. Und das Beste ist: Niemand fragt mich, wo seine Schlüssel liegen oder ob ich seine Brille gesehen habe.

Die vier überflüssigen Kilogramm habe ich auch wieder

verloren. Und das ganz ohne Mühe. Ich treibe wieder mehr Sport, ich ernähre mich gesünder. Fleisch esse ich fast gar nicht mehr. Natürlich fehlt Heribert mir trotzdem. Natürlich möchte ich mal wieder in den Arm genommen werden. Ich vermisse es, ihn zu küssen, neben ihm einzuschlafen und neben ihm aufzuwachen. Mir fehlt sein Lachen. Und ich sehne mich danach, von ihm gestreichelt zu werden. Zärtlichkeiten fehlen mir viel mehr als Sex. Aber im Moment leide ich nicht. Was auch daran liegen mag, dass ich so selten von ihm höre. Während er sich am Anfang der Reise alle paar Tage gemeldet hat, werden die Abstände nun immer größer. Aber das hat auch seine Vorteile. Manchmal denke ich, dass es schlimmer wäre, eine ganz normale Fernbeziehung zu führen. Eine, in der man sich jedes Wochenende sieht, jedes Wochenende für den Partner frei hält. In einer Fernbeziehung muss man durch die halbe Republik reisen, freitags hin, sonntags zurück. Und weil die Erwartungen an den anderen und die gemeinsame Zeit viel zu hoch sind, kommt es dann auch noch regelmäßig zum Streit. Bei Heribert und mir ist es dagegen ganz harmonisch. Wir sehen uns nicht, wie sollen wir da streiten? Wenn wir uns am Telefon hören, sind wir meist unendlich lieb zueinander. Die Briefe und E-Mails triefen geradezu vor schmalzigen Liebesbekundungen. Ich glaube auch, dass es schlimmer wäre, wenn Heribert in den USA, Australien oder Brasilien leben würde. Die Zeitverschiebung macht es bei solchen Beziehungen schwer, regelmäßig miteinander zu telefonieren. Außerdem ginge das auch schon deshalb nicht gut, weil ich viel zu eifersüchtig wäre. Wenn Heribert mir davon erzählen würde, dass er gleich auf eine Party gehe, oder davon, dass er eine neue, total nette Kollegin habe, würde ich wahrscheinlich wahnsinnig werden.

Ich bin froh, eine Seemannsbraut zu sein. Heribert ist unterwegs auf einem Schiff. Gemeinsam mit nur einer Frau, 24 anderen Männern und Tausenden Containern.

✻

Nachdem Heribert sein Studium im Sommer 2005 beendet hatte, heuerte er bei einer Hamburger Container-schiff-Reederei an. Ich wohnte zu der Zeit schon in Berlin, er noch in Bremen. Am 7. Juli 2005 verabschiedeten wir uns am Berliner Flughafen Tegel. Er musste nach Singapur, um dort an Bord seines Schiffes zu gehen. Sein erster Brief erreichte mich am 3. August 2005. Abgestempelt wurde er in Durban (Südafrika).

Indischer Ozean, 19. 07. 2005

Liebe Nancy,
endlich habe ich Zeit, dir zu schreiben. Ich hatte in den vergangenen Tagen unglaublich viel zu tun. Aber nun erst einmal der Reihe nach.
Ich war ganz schön traurig, als ich dich am Flughafen hinter der Scheibe stehen sah. Auf der einen Seite war ich natürlich froh, dass es nach all den Jahren des Studiums nun richtig mit der Seefahrt losging. Ich war endlich Dritter Offizier, mein erster Einsatz stand mir bevor. Aber auf der anderen Seite hast du mir schon in dem Moment gefehlt, in dem wir uns zum letzten Mal geküsst haben. Ich weiß nicht, ob dieses zwiespältige Gefühl mich so verwirrt hatte oder die Gedanken daran, was noch so kommen würde, auf jeden Fall ließ ich erst einmal meine Jacke

bei der Sicherheitskontrolle liegen. Als ich sie wieder-
fand, war es auch schon Zeit, ins Flugzeug zu steigen.
Der Flug nach Frankfurt verlief ganz gut. Aber leider
hatten wir eine knappe Stunde Verspätung, so dass
das Treffen mit Maria nur sehr kurz ausfiel. Sie kam
für ihren Bruder extra aus Wiesbaden angefahren,
und wir hatten nur eine Viertelstunde Zeit. Ich habe
mich aber trotzdem sehr gefreut, sie zu sehen. Sie
wünschte mir eine gute Reise und hat mir ein paar
Hörspiele mitgebracht. Und dann musste ich auch
schon wieder in die Maschine nach Singapur.

Da das Flugzeug überbucht war, haben sie mich in
die Business-Klasse gesetzt. So konnte ich den Flug
über gemütlich ein paar Filme genießen und dann
noch schön schlafen. Bei der Ankunft in Singapur
wurde ich von zwei Agentinnen empfangen, die auf
mich und ein paar andere Seeleute gewartet haben.
Sie halfen uns bei der Zollabfertigung und den Pass-
kontrollen. Hier erfuhr ich auch, dass ich mit dem
Zweiten Ingenieur unseres Schiffes ins Hotel gebracht
werden sollte, weil das Schiff erst später einlaufen
würde. Also steckten uns die Agentinnen in ein Taxi
zum Hotel. Wir fuhren zusammen mit ein paar Italie-
nern einer anderen Reederei. Die Italiener mussten
sich zu dritt ein Zimmer teilen. Der Zweite Ingenieur
und ich bekamen jeder ein Einzelzimmer. Im Hotel
habe ich erst einmal ein Vollbad genommen. Ich
dachte mir, dass das bestimmt die letzte Möglichkeit
für die nächsten vier Monate sein würde.

Danach habe ich mich mit dem Zweiten Ingenieur, er
ist übrigens Russe und heißt Alexej, zum Abendessen
getroffen. Das Büfett war riesig. Ich glaube, ich habe
mindestens eine Tonne Schrimps gegessen. Um 1 Uhr

nachts kam dann das Taxi und brachte uns zum Schiff. Die Fahrt dauerte überhaupt nicht lange, aber der Weg dorthin war sehr beeindruckend. Erst fuhren wir durch diese riesige Stadt voller Wolkenkratzer, dann durch den Hafen mit seinen riesigen Container-terminals.

An Bord angekommen, begrüßte mich der Erste Offizier, drückte mir meinen Kammerschlüssel in die Hand und meinte nur: »Bis später!« Weil ich nicht wusste, was ich anderes tun sollte, ging ich also erst einmal in meine Kammer und packte aus. Die Kammer ist super. Ich habe ein Bett, zwei Schreibtische, eine Couch, einen Couchtisch und ein kleines Badezimmer mit Dusche und WC. Ach ja, zusätzlich habe ich natürlich noch einen Stuhl und einen riesigen Schrank. Ich packte also aus, die Stunden verstrichen, und niemand meldete sich bei mir. Langsam wurde ich etwas nervös. Ich wollte mich doch endlich an die Übergabe mit meinem Vorgänger, dem Dritten Offizier, machen.

Kurz bevor ich hätte einschlafen können, so gegen 7 Uhr morgens, klingelte mein Telefon, und die Übergabe sollte beginnen.

Mein Vorgänger war wie ich 25 Jahre alt. Er war sehr nett und hilfsbereit. Am Anfang der Übergabe war ich noch guter Dinge. Doch mit der Zeit, mit jeder Stunde, die verstrich, hatte ich mehr und mehr Aufgaben zu erledigen. Ich zweifelte nicht daran, dass ich die zu meiner Zuständigkeit gehörenden Pflichten erledigen könnte, aber die Zeit der Einweisung erschien mir viel zu kurz. Hier sollte ich die gesamte Schiffskommunikation mit all ihren Haupt-, Neben- und Notsystemen leiten. Da die Ladungsübernahme überwachen. Hier wieder die private Kommunikationsabrechnung führen, da die Seekarten und Bücher berichtigen. Dann noch die Reiseberichte für den Charterer erstellen, ach ja, die Seereisen planen und natürlich das Wichtigste: jeden Tag acht Stunden auf Wache gehen und auf Manöverstation achtern das An- und Ablegemanöver leiten. Jetzt, ein paar Tage später, kann ich sagen, dass das alles gar nicht so schlimm ist. Doch im ersten Moment wuchsen mir meine Aufgaben fast über den Kopf. Ich fragte mich, ob die denn nicht wussten, dass ich gerade erst das Studium abgeschlossen und noch nie zuvor auf einem Containerschiff Dienst getan hatte.

Auf jeden Fall verschwand der alte Dritte nach der Übergabe ziemlich schnell, und um 18 Uhr begann mein Dienst: die Ladungswache. Da stand ich nun, ohne auch nur eine blasse Ahnung von dem zu haben, was genau zu tun war, und regelte die Übernahme einer nicht enden wollenden Anzahl von Containern. Um Mitternacht war dann Wachende für mich. Ich habe aber kurz davor festgestellt, dass die nächste Seereise noch gar nicht geplant war. Also ging ich auf die Brücke, um bis 4 Uhr morgens die Reise von Singapur nach Durban (Südafrika) zu planen. Kaum lag ich im Bett, klingelte das Telefon. Bereitmachen zum Ablegen. Ich glaube, es war ganz gut, dass ich so müde war. So hatte ich keine Möglichkeit, mir zu viele Gedanken über das Ablegen zu machen. So ein Manöver hatte ich schließlich noch nie geleitet. Ich zog mir also meinen Overall an, schnappte mir mein Funkgerät und ging auf meine Manöverstation. Ich weiß auch nicht mehr genau, wie es geklappt hat, aber ich habe den Matrosen die Anweisungen gege-

*ben, die ich noch aus meiner Praktikumszeit kannte,
und dann waren wir auch schon los. Es war inzwischen 7.30 Uhr. Um 8 Uhr ging meine erste Seewache
los. Auf der Brücke traf ich dann zum ersten Mal den
Kapitän. Ein netter Mensch. Er meinte nur: »Ab jetzt
ist es Ihr Schiff. Wenn etwas ist, rufen Sie mich an. Ich
bin auf meiner Kammer.« Und weg war er. Da stand
ich nun, die Malakka-Straße vor mir. Es war irgendwie so, als würde man einen Fahranfänger an seinem ersten Tag nach der Führerscheinprüfung in
einen Lkw setzen und durch die Innenstadt von
Saõ Paulo schicken. Aber auch das hat, Gott sei Dank,
alles geklappt.*

*Mittlerweile habe ich einen Schiffsmechaniker, der
mit mir Wache geht und dem ich nebenbei noch ein
paar Dinge zeigen und erklären soll. Du siehst, hier
tut sich was.*

*Übermorgen werden wir in Durban ankommen. Ich
muss zwar im Hafen täglich zwölf Stunden Wache
gehen, aber das Erste, was ich mache, wenn ich Zeit
habe, ist, mir eine Telefonzelle zu suchen und meine
Nancy anzurufen. Ich freue mich schon seit Tagen
darauf, endlich mal wieder deine Stimme zu hören!
Du fehlst mir so! Ich liebe dich und ich träume jede
Nacht von dir!*

Vergiss mich bitte nicht!

Dein Seemann Heribert

»Und du bist tatsächlich treu?«, fragt er ungläubig und
grinst mich dabei an. Jetzt ist es wieder passiert, denke ich.
Ich war wieder einmal zu nett.

»Ja, bin ich. Du kannst deine Bemühungen also einstellen«, antworte ich und grinse zurück. Warum grinse ich? Wahrscheinlich denkt er jetzt, dass ich eine Frau bin, die »Nein« sagt und »Ja« meint.

Ich stehe in einer Bar im Hamburger Schanzenviertel. Meine Freundin Meike steht nur ein paar Meter links von mir. Ich besuche sie übers Wochenende, wir wollten ausgehen, so wie früher. Meike wohnt mittlerweile in Hamburg, sie arbeitet als Redakteurin bei einer Frauenzeitschrift und ist verheiratet mit Laurent, dem Lufthansa-Piloten aus Luxemburg. Laurent ist beruflich gerade in Los Angeles. Vorgestern ist er losgeflogen, übermorgen Abend kommt er zurück.

Es ist 3 Uhr morgens. Wir hatten einen schönen Abend, wir waren tanzen und wollten noch einen Absacker in dieser Bar trinken.

Meike hat gerade einen ehemaligen Kollegen getroffen. Sie ist in ein Gespräch vertieft und merkt gar nicht, dass ich ihre Hilfe brauchen könnte. Der Typ neben mir wird langsam aufdringlich. Er heißt Thomas und arbeitet als freier Filmregisseur, zumindest behauptet er das. Er sieht ganz gut aus, ist aber ziemlich betrunken. In der rechten Hand hat er seine Bierflasche, mit der linken Hand hält er sich am Tresen fest.

Als Meike und ich vor etwa 30 Minuten in die Bar kamen, kämpften wir uns direkt zum Tresen durch. Das war gar nicht so einfach, denn es war brechend voll. Am liebsten wäre ich wieder gegangen, aber Meike wollte bleiben. Wir bestellten zwei Bier, und dann stand auch schon Thomas neben uns. Wahrscheinlich stand er da schon von Anfang an, aber ich hatte ihn nicht bemerkt. Wir hatten noch keinen Schluck von unserem Bier getrunken, als er uns fragte, ob wir etwas mit ihm trinken wollten. Meike und ich sahen uns an, dann mussten wir lachen. Wir wussten nicht, ob es eine ernstgemeinte Frage war oder ein Witz. Als Witz war es ziemlich gut. Der betrunkene Thomas stand da in seinem weißen Hemd und seiner braunen Lederjacke und sah uns irritiert an. Nachdem wir aufgehört hatten zu lachen, prosteten wir ihm zu. Meike unterhielt sich mit ihm, ich konnte nichts verstehen. Ich stand links neben Meike. Die Musik war laut, die Luft stickig. Ich sah mich in der Bar um. Ich stellte wieder einmal fest, dass die Leute in Hamburg viel schicker gekleidet waren als in Berlin. Die Frauen in der Bar trugen fast alle hochhackige Schuhe, manche sogar Kleider. Die Männer hatten fast alle Hemden an, dazu Markenjeans und Lederschuhe. Ich sah wieder zum Tresen und zählte die Flaschen im verspiegelten Regal: 52. Die meisten Etiketten kannte ich noch aus meiner Zeit als Kellnerin in Bremen.

Beim Zählen merkte ich, wie müde ich war. Ich hoffte, dass auch Meike nicht mehr allzu lange durchhalten würde. Ich sah zu ihr hinüber. Sie wirkte noch unglaublich fit. Wie machte sie das nur, fragte ich mich.

Plötzlich sagte sie, sie habe gerade einen alten Kollegen entdeckt, sie verschwand und ließ mich mit Thomas allein. Er kam ein Stück näher und beugte sich zu mir herunter.

»Wie heißt du?«, wollte er wissen. Ich überlegte kurz, was ich ihm sagen sollte. Wenn ich jetzt wahrheitsgemäß mit »Nancy« antwortete, würde wahrscheinlich wieder dieses Ost-West-Gespräch losgehen. Nur im Osten heißen die Mädchen Nancy. Aber auf das Thema hatte ich keine Lust. Eine Freundin von mir nennt sich auf Partys immer Uschi und behauptet, Friseurin zu sein. Sie findet das lustig. Ich kann aber nicht behaupten, ich würde Uschi heißen. Erstens heißt meine Oma, also die Mutter meines Vaters, so, und zweitens würde ich zu sehr lachen müssen.

»Ich heiße Anna«, sagte ich schließlich. Bei Anna gibt es keine Diskussion. Wir unterhielten uns über Berlin und Hamburg, über das furchtbare Wetter und unsere Jobs. Vorsichtshalber erzählte ich ihm, dass ich einen Freund habe. Denn Thomas kam immer näher. Ich wußte nicht, ob es daran lag, dass es hier so eng war und er von hinten geschoben wurde, oder ob er seinen Oberkörper mit Absicht an meinen drückte.

»Und warum bist du heute alleine hier?«, säuselte er in mein Ohr. Ich spürte seinen Atem an meiner Wange. Ich erzählte ihm, dass mein Freund Seemann sei. In Hamburg ist das schließlich nichts Außergewöhnliches. Doch dann wollte Thomas wissen, ob ich treu bin.

Thomas ist etwa Mitte dreißig, groß, schlank, hat dunkles volles Haar, das sich im Nacken etwas wellt. Die Lederjacke steht ihm gut. Ich glaube, wenn ich Single wäre, würde er mir gefallen. Jetzt steht er so nah, dass ich ihn riechen kann. Er riecht gut.

»Wann hast du deinen Freund das letzte Mal gesehen?«, will er wissen.

»Vor zwei Monaten.«

»Und wann siehst du ihn wieder?«

»In zwei Monaten.«

»Und du siehst ihn zwischendurch kein einziges Mal?«

»Nein. Leider nicht.«

»Und glaubst du denn, dass er dir treu ist?«

»Natürlich«, antworte ich empört.

Dann fängt er an zu lachen und nimmt einen großen Schluck aus seiner Bierflasche. »Du bist ja süß«, sagt er.

»Er ist auf einem Schiff mit 24 anderen Männern. Er kann gar nicht fremdgehen. Selbst wenn er wollte«, sage ich und verschweige die junge Auszubildende.

»Aha. Und er geht nie an Land?«

»Nein. Na ja, zumindest nur selten.«

»Das behauptet er.«

»Nein, das ist so.«

»Mein bester Freund ist auch Seemann. Er ist Ingenieur auf einem Tankschiff. Er erzählt mir immer die krassesten Geschichten. Er ist verheiratet und hat einen kleinen Sohn. Seine Frau ahnt nichts. Genau wie du.«

»Aber du kennst meinen Freund doch gar nicht. Du kannst doch nicht von deinem Kumpel auf alle Seemänner schließen.«

»Das stimmt. Aber es sind schließlich alles Männer, oder? Genau wie ich. Und das kannst du mir glauben, kein gesunder, halbwegs junger Mann hält es vier Monate ohne Sex aus. Und schon gar nicht, wenn er theoretisch die Möglichkeit dazu hat.«

Thomas wird mir von Minute zu Minute unsympathischer. Seine Nähe ist mir unangenehm. Ich habe keine Lust auf diese Unterhaltung. Ich drehe mich hilfesuchend nach Meike um. Zum Glück steht sie genau in dem Moment hinter mir. Ich werfe ihr einen flehenden Blick zu. Unsere nonverbale Kommunikation funktioniert noch genauso gut wie früher. Sie versteht sofort und sagt so laut, dass auch Thomas es hören kann. »Sei mir nicht böse, aber ich bin wahnsinnig müde. Können wir los?«

»Klar, kein Problem«, sage ich, strahle sie an und trinke den letzten Schluck aus meiner Flasche. »Tschüs, Thomas«, sage ich. »Bis vielleicht bald mal wieder!«

»Tschüs, Anna, war ein nettes Gespräch! Und toi, toi, toi. Du weißt schon.«

»Anna? Wieso Anna?«, fragt Meike mich beim Hinausgehen. Ich muss lachen.

Als wir im Nachtbus sitzen, muss ich die ganze Zeit daran denken, was Thomas gesagt hat. Natürlich weiß ich, dass Männer beim Thema Sexualität anders ticken als Frauen. Aber gehen deshalb gleich alle fremd?

»Meike, glaubst du, Heribert ist mir treu?«

»Wie kommst du jetzt darauf?«, will sie wissen.

»Dieser Typ von eben, dieser Thomas, hat behauptet, dass ein Freund von ihm auch Seemann sei und in einer Tour fremdgehen würde. Und dass das auch gar nicht anders ginge, weil er schließlich ein Mann sei und bestimmte Bedürfnisse habe.«

»Ach Quatsch. Jetzt hör aber auf. Der wollte dich doch nur rumkriegen. Ich habe doch gesehen, wie der dich angestarrt hat. Dem würde ich kein Wort glauben.«

»Sicher?«

»Ganz sicher. Bei Piloten behaupten doch auch immer alle, dass die bei jeder Gelegenheit mit den Stewardessen ins Bett gehen. Glaubst du, Laurent hat etwas mit einer Stewardess?«

»Nie im Leben. Dazu liebt er dich viel zu sehr.«

»Siehst du. Und Bertl liebt dich viel zu sehr.«

»Sicher?«

»Ganz sicher!«

»Danke!«, flüstere ich. Dann merke ich, wie meine Augen feucht werden.

»Ach Nancy«, sagt Meike. Sie setzt sich neben mich und nimmt mich in den Arm.

»Nicht!«, sage ich schluchzend. »Sonst wird es nur schlimmer.« Ich muss lachen und kann trotzdem ein paar Tränen nicht zurückhalten.

Hallo, meine liebe Nancy,
schade, dass du meinen letzten Brief nicht bekommen
hast. Ich glaube, ich fange einfach noch mal da an, wo
ich beim ersten Brief aufgehört habe.
Ich hatte in Durban leider keine Zeit, an Land zu
gehen, weil ich die ganze Zeit Ladungswache hatte.
Ich hoffe, du warst nicht böse auf mich. Nach Dur-
ban ging es dann erst einmal nach Kapstadt und von
da aus dann nach Cotonou in Benin.
Ich erzähle dir erst einmal, was mir in Benin so alles
passiert ist. Benin ist ein kleines Land an der Westküs-
te Afrikas. Der Hafen da war ziemlich dreckig, über-
all lag Müll rum, es stank immer ein bisschen, und
es war furchtbar heiß. Wie in jedem Hafen ging ich
mal wieder Ladungswache. Zwölf Stunden am Tag,
in denen ich die Ladungs- bzw. Löscharbeiten über-
wachte. Ich hatte ziemlich viel zu tun, weil ständig
etwas kaputtging. Immer wieder stießen Container
gegen die Schiffswand. Also musste ich viele Berichte
über die Schäden schreiben. Als ich dann zwischen-
durch endlich mal frei hatte, bin ich zum Kapitän
gegangen, um ihm meine Post zu geben und einen
Landgangspass zu holen. Er gab mir den Pass, drück-
te mir ein bisschen Geld in einheimischer Währung in
die Hand und wünschte mir viel Spaß. Die Post gab
er dem Agenten. Der hatte versprochen, sie aufzu-
geben, doch wahrscheinlich hat er sie einfach wegge-
worfen. Zumindest ist sie nicht bei dir angekommen.
Leider. Na egal, auf jeden Fall bin ich dann erst ein-
mal in den Hafen gegangen, um mir einen Führer mit
Fahrzeug zu organisieren. Ich wollte doch ein Inter-

netcafé finden, um meine Mails zu checken und um dich anzurufen. Ich fragte mich also durch den Hafen, bis ich einen älteren Herrn fand, der mir vertrauenswürdig erschien. Ich sprach ihn auf Französisch an. Er sprach kein Englisch. Wir vereinbarten einen Preis, ich setzte mich zu ihm aufs Motorrad, und wir fuhren raus aus dem Hafen. Kaum waren wir draußen, bot sich mir ein Anblick, den ich so schnell nicht wieder vergessen werde. Tausende Menschen liefen kreuz und quer über die Straßen. Viele fuhren Motorrad, ab und zu sah ich ein Auto. Es gab keine Ampeln, überall nur Chaos. Wir fuhren also mitten durch diesen Tumult, streiften einige Male andere Motorräder und entfernten uns immer mehr vom Hafen. Ich versuchte einen großen Industrieschornstein im Blick zu behalten, um nicht völlig die Orientierung zu verlieren. Aber irgendwann konnte ich auch den Schornstein nicht mehr sehen. Nach etwa 20 Minuten blieb mein Fahrer dann plötzlich vor einem kleinen Haus stehen. Es sah aus wie all die anderen kleinen Häuser in der Umgebung, aber mein Fahrer sagte, im dritten Stock sei ein Internetcafé. Also ging ich hinein. Ich stieg die Treppen hinauf. Alles in dem Haus war dunkel und schmutzig. Im dritten Stock angekommen, sah ich nur eine Tür. Ich klopfte und wartete. Nach einiger Zeit wurde die Tür einen Spalt geöffnet, und ein junger Mann fragte mich, was ich wolle. Ich sagte nur »Internetcafé« und wurde reingelassen. Mir kam es fast so vor, als würde ich etwas Verbotenes tun. Drinnen war alles mit Computern vollgestopft. An der einen Seite des Raumes gab es sogar zwei kleine Telefonzellen. Als ich sie sah, freute ich mich riesig. Ich würde dich anrufen können.

Letztlich habe ich dich auch von da angerufen. Ich surfte noch ein bisschen im Internet, bezahlte meine Rechnung und hoffte, dass mein Fahrer plus Motorrad noch da wären. War er dann zum Glück auch. Ansonsten hätte ich nicht gewusst, wie ich wieder zum Schiff zurückkommen sollte. Wir fuhren also wieder kreuz und quer durch die Stadt zum Hafen zurück. Ich war heilfroh, als ich dort wieder unversehrt ankam.

Am nächsten Tag stachen wir dann wieder in See. Unser Ziel hieß Tema in Ghana. Dort war nicht viel los. Der Kapitän hatte die Zollbehörden und die Einwanderungsbehörde wahrscheinlich nicht genug bestochen, zumindest gab es keine Landgangspässe. Ach ja, der Chief Engineer wollte US-Dollar tauschen. Das hat er dann auch getan, als ein paar Händler an Bord kamen. Doch leider haben sie ihm 400 Dollar Falschgeld gegeben. Als er das merkte, war er ganz schön sauer. Aber natürlich war es da längst zu spät.

In Tema waren wir zwei Tage. Unser nächstes Ziel hieß Lagos, Nigeria.

Ich mache mal eine kurze Schreibpause. Es ist so wahnsinnig heiß in meiner Kammer. Es hat gerade 36 Grad. Ich glaube, ich muss mal schnell in den Pool springen, um mich etwas zu erfrischen …

So, hier bin ich wieder. Du musst wissen, dass unsere Klimaanlage ausgefallen ist. Das bedeutet, dass sich das Schiff den ganzen Tag über aufheizt und wir deshalb bis zu 40 Grad in den Aufbauten haben. Die einzige Möglichkeit, sich etwas abzukühlen, bietet da der kleine Pool.

Wo war ich stehengeblieben? Ach ja, Lagos. Lagos war auch nicht viel besser als Cotonou. Auch hier war es ziemlich dreckig, und es stank zum Teil erbärmlich. Wir lagen knapp eine Woche hier, aber für einen Landgang war es zu gefährlich. In letzter Zeit sind hier wohl häufiger Weiße verschwunden und nie wieder aufgetaucht. Also blieb ich an Bord. Was aber gut war, war die Tatsache, dass jeden Tag Händler an Bord kamen und uns den irrsinnigsten Schrott zum Kauf anboten. Ständig kamen sie an und wollten uns von DVDs über Computer, Kleidung und Pflanzen alles verkaufen, was du dir vorstellen kannst. Das Schönste, das sie dabeihatten, waren unterschiedliche Holzschnitzereien. Ich entschloss mich, ein paar der Holzfiguren zu kaufen. Ich konnte den Preis etwas herunterhandeln, allerdings musste ich außer mit US-Dollar auch noch mit Seife und Cola-Dosen bezahlen. Was genau ich gekauft habe, möchte ich dir aber noch nicht erzählen. Das wird eine Überraschung.

Dann ist mir auch zum ersten Mal etwas passiert, bei dem ich nicht sicher war, ob ich mich richtig verhalten hatte. Meine Ladungswache sieht so aus, dass ich drei Besatzungsmitglieder habe, die ich je nach Bedarf für bestimmte Arbeiten einsetzen kann. Zum Beispiel für das Beaufsichtigen der Leute oder das Überprüfen der Schiffsleinen. Da die Hafenarbeiter während meiner Wache immer zwei Stunden Pause haben, saß ich also mit den drei Männern oft herum, ohne wirklich etwas zu tun zu haben. Wir warteten. Irgendwann kam dann mal einer meiner Leute und wollte während der Wache an Land gehen. Eigentlich ist das verboten, aber da gerade wieder einmal zwei Stunden Pause vor uns lagen, erlaubte ich ihm den Landgang unter der Bedingung, dass er eine hal-

be Stunde vor Wiederaufnahme der Ladungsarbeiten zurück sein müsse. Er versprach, rechtzeitig wieder da zu sein, und verschwand. Und was passierte? Er kam natürlich nicht rechtzeitig zurück. Mit eineinhalb Stunden Verspätung tauchte er dann auf. Ich bestellte ihn also erst einmal allein ins Ladungsbüro. Ich wollte mit ihm reden. Doch was sollte ich tun? Er hatte eine Order ganz klar missachtet. Hinzu kam, dass er eindeutig nach Alkohol roch.

Ich hatte zwei Möglichkeiten. Zum einen einfach so zu tun, als wäre nichts passiert, oder aber ihn dem Kapitän zu melden, um ihn dann eventuell im nächsten Hafen nach Hause zu schicken. Wenn ich nichts machen, sein Verhalten also ignorieren würde, spräche sich das schnell herum, und mit meiner Autorität als Dritter Offizier wäre es auf einen Schlag vorbei. Aber andererseits wollte ich ihn auch nicht gleich dem Kapitän melden. Ich entschied mich also für einen Zwischenweg. Ich bat ihn ins Büro und ließ ihn die Tür schließen. Ich fragte ihn, warum er so spät zurück sei, und er antwortete nur, er habe die Zeit vergessen. Dabei lächelte er mich provozierend an. Ich sagte ihm, ich würde es dem Ersten Offizier melden. Er sagte nur »Okay« und grinste mich weiter an. Ich drohte mit dem Kapitän, doch er grinste weiter. Mir war klar, dass ich so nicht weiterkommen würde. Er nahm mich einfach nicht ernst. Also versuchte ich eine andere Taktik. Ich fragte ihn, ob er Alkohol getrunken hätte. Er verneinte. Ich wies ihn darauf hin, dass er eine starke Fahne habe. Er meinte nur spöttisch: »Na und?« Würde ich ihn so gehen lassen, hätte er gewonnen, und ich stünde als Depp des Schiffes da. Also blieb mir keine andere Wahl. Ich sagte ihm, dass ich sein Verhalten protokollieren und diesen Bericht über den Kapitän an seine Crewingfirma auf Kiribati Island schicken würde. Betrunken im Dienst zu erscheinen sei ein sofortiger Kündigungsgrund. Zusätzlich würde ich ihm auch noch den Lohn der letzten Stunden abziehen, da er schließlich nicht gearbeitet habe. Plötzlich verfinsterte sich seine Miene. Seine Augen waren auf einmal ganz hasserfüllt. Er fing an zu schreien, was das alles solle. Ich bat ihn, das Büro zu verlassen. Doch er schrie weiter und wollte nicht gehen. Ich glaube sogar, dass er kurz darüber nachgedacht hatte, mir eine zu knallen. Aber das tat er nicht. Er schlug die Tür hinter sich zu und rannte raus an Deck, um zu arbeiten.

Natürlich hatte ich nicht vor, ihn zu melden. Doch ich musste mir als sein Vorgesetzter Respekt verschaffen. Ich ließ ihn eine Weile schmoren, er sollte in Ruhe nachdenken. Jedes Mal, wenn ich an ihm vorbeilief, schaute er mich ganz feindselig an. Er ging davon aus, dass ich den Bericht schon längst verfasst und an den Kapitän weitergeleitet hatte. Seine Tage an Bord waren für ihn gezählt. Die anderen Besatzungsmitglieder warnten mich sogar vor ihm. Ich solle besser Abstand halten.

Nach etwa zwei Stunden ging ich zu ihm, um ihn aufzuklären. Zunächst wollte er mir gar nicht zuhören. Ich redete gegen eine Wand. Trotzdem fuhr ich fort. Ich teilte ihm mit, ich hätte den Kapitän nicht informiert und würde ihm auch seinen Lohn lassen. Als er verstand, was ich sagte, wollte er sich bedanken. Aber ich meinte nur, dass er sich das merken solle. Beim nächsten Mal würde ich keine Rücksicht mehr nehmen. Dann ging ich wieder.

Mittlerweile hat sich unser Verhältnis normalisiert. Wir sind zwar nicht die dicksten Freunde, aber er weiß jetzt, dass er mit mir nicht alles machen kann. Nach dem Motto, das ist ja nur der neue Dritte Offizier.

So, mein Engel. Ich höre jetzt langsam auf zu schreiben. Ich muss gleich auf Wache.

Aber vorher möchte ich noch etwas sagen: Danke, dass es dich gibt!

Ich liebe dich! Und ich vermisse dich ganz wahnsinnig. Danke, dass du für mich in Deutschland die Stellung hältst und alles für mich organisierst. Das ist für mich nicht selbstverständlich.

Morgen kommen wir übrigens wieder zurück nach Singapur. Da soll es endlich Schiffspost geben. Ich freue mich wahnsinnig auf deine Briefe!

Ich liebe und vermisse dich!

Dein Heribert

PS: Ich freue mich sogar darauf, dass wir bald zusammenziehen.

Ich werde wach und höre Stimmen. Ein kalter Wind weht durch das Schlafzimmer. Ein Blick auf mein Handy sagt mir, es ist 3 Uhr morgens. Was ist passiert? Ich mache das Licht an, stehe auf und laufe barfuß in den Flur. Die Wohnungstür steht offen, ein paar Herbstblätter wehen über den Parkettfußboden. Es zieht fürchterlich. Draußen im Hausflur stehen meine Nachbarn. Das junge Pärchen, das über uns wohnt, und der Familienvater aus dem Dachgeschoss stehen vor der offenen Tür und unterhalten sich. Sie verstummen, als sie mich sehen.

»Was ist los?«, frage ich erschrocken.

»Bei euch wurde eingebrochen«, antwortet der Nachbar aus dem Dachgeschoss. »Die Polizei ist schon unterwegs.«

Oh, nein, sie haben bestimmt den Fernseher mitgenommen, denke ich. Barfuß laufe ich ins Wohnzimmer. Alles ist verwüstet, alle Schranktüren stehen offen, alle Schubladen wurden durchwühlt. Und trotzdem bin ich erleichtert: Der Fernseher steht noch an seinem Platz.

»Der Fernseher war den Dieben wohl zu groß«, sagt der Polizist, der plötzlich neben mir steht. »Guten Morgen! Hauptkommissar Thieme mein Name.« Er streckt mir seine große Hand entgegen. Er und sein Kollege tragen Uniform, ich bin noch immer barfuß.

In meinem weißen Nachthemd sehe ich wahrscheinlich aus wie ein Gespenst, denke ich. Heribert hasst dieses Nachthemd. »Du siehst aus wie meine Oma«, sagt er immer, wenn ich es trage. Jetzt habe ich es nur noch an, wenn er nicht da ist. Meine Haare stehen wild vom Kopf ab. Mir ist kalt, ich überlege, ob ich mir nicht schnell etwas überziehen sollte. Dann klingelt es. Das Klingeln wird immer lauter. Hauptkommissar Thieme sagt etwas, aber ich kann ihn nicht verstehen. Warum hört dieses Klingeln nicht auf? Es ist mein Wecker. Aber es ist mitten in der Nacht, warum klingelt mein Wecker?

Dann werde ich wach. Zum zweiten Mal in dieser Nacht. Ich mache den Wecker aus und denke nach. Was war das gerade? Ich habe geträumt. Von einem Einbruch. Alles schien so real, aber es war nur ein Traum. War es das? Ich atme tief durch, mache das Licht an und stehe auf. Mein Herz klopft noch immer viel zu schnell. Ich schlüpfe in meine Hausschuhe, gehe zur Tür und sehe vorsichtig in den Flur. Die Wohnungstür ist geschlossen, ich sehe keine

Blätter, die über den Boden fliegen, ich höre auch keine Nachbarn reden. Es ist ganz still. Alles ist normal, beruhige dich, denke ich. Und trotzdem: Ich laufe ins Wohnzimmer. Auch hier ist alles in Ordnung. Ich muss lachen, als ich den Fernseher sehe. Warum hatte ich solche Angst um den Fernseher? Viel schlimmer wäre es doch, wenn der Computer weg wäre, mit all den Fotos der vergangenen Jahre. Einen Fernseher kann man ersetzen. Wir sind schließlich gut versichert. Aber die Fotos und Erinnerungen wären für immer verloren. Im Traum habe ich nicht eine Sekunde an den Computer gedacht. Und dann dieses Chaos. Ich wundere mich, dass ich im Traum so ruhig geblieben bin. Ich gehe zurück in den Flur. Beim Blick auf die Kommode wird mir klar, warum ich ausgerechnet von einem Einbruch geträumt habe. Auf der Kommode liegt die Post der vergangenen Tage. Gestern war ein Flugblatt im Briefkasten. Es war ein Hinweis der Polizei, die Haus- und Wohnungstüren gut abzuschließen, weil es in der vergangenen Zeit vermehrt zu Einbrüchen in unserer Straße gekommen ist. Besonders in Altbauwohnungen mit Flügeltüren wurde häufig eingebrochen, schrieb die Polizei und schlug eine Nachrüstung von Spezialschlössern vor. Unterzeichnet war das Flugblatt mit »Der Polizeipräsident«.

Unsere Wohnung verfügt sogar über ein solches Spezialschloss. Ein sogenanntes Stangenschloss, das die Flügeltüren sowohl nach oben als auch nach unten zusätzlich sichert. Aus purer Faulheit benutze ich dieses Zusatzschloss aber nie. Ich fand es übertrieben, die Wohnung mit zwei unterschiedlichen Schlössern zu sichern. Vielleicht ist es nun aber an der Zeit, das zu ändern. Ich gehe zur Tür und schließe auch das Stangenschloss. Ich zittere noch immer. Mir ist unglaublich kalt. Zum Glück ist

Sonntag, ich gehe zurück ins Schlafzimmer und lege mich wieder ins Bett. Nach ein paar Minuten greife ich zum Briefpapier auf dem Nachttisch und schreibe an Heribert. Ich schreibe ihm von meinem Traum und von meiner Angst um den Fernseher. Ich schreibe »DEINEN Fernseher«. Er wird sicher lachen, wenn er das liest, denn der Fernseher ist sein Baby. Ich glaube, wenn er sich entscheiden müsste, zwischen mir und dem Fernseher, hätte ich schon verloren.

Als vor ungefähr einem Jahr unser alter Röhrenfernseher kaputtging, musste Heribert unbedingt dieses große schwarze Flachbild-Monster kaufen. Der Fernseher war richtig teuer, dabei ist Heribert sonst sehr sparsam. Für unsere alte Wohnung war der neue Fernseher viel zu groß. Es war ein Ungetüm. Als Heribert ihn aufstellte, erschrak ich und hätte am liebsten geheult. Dieser Fernseher war so überdimensional groß, dass er alle Blicke auf sich zog. Ich hasste ihn. Heribert hingegen fand den Fernseher großartig. »Jetzt brauchen wir nicht mehr ins Kino gehen«, sagte er stolz. »Das ist doch wie Heimkino«, verkündete Heribert nach erfolgreichem Aufbau mit einem breiten Grinsen.

Als ich mit dem Briefschreiben fertig bin, merke ich, dass ich noch immer zittere. Ich fühle mich ganz schwach, mein Hals tut weh. Ich fürchte, ich werde krank. Ich hasse es, krank zu sein. Und noch mehr hasse ich es, krank zu sein, wenn niemand da ist, der mich bedauert, sich um mich kümmert und mir Tee kocht. Wenn es mir gutgeht und Heribert ist weg, dann ist das schon irgendwie in Ordnung. Ich kann ausgehen und mich ablenken. Wenn es mir allerdings schlechtgeht und er ist weg, geht es mir gleich doppelt so schlecht. Dann mache ich ihm Vorwürfe.

Dann bin ich böse zu ihm, sobald er anruft. Dabei wäre er mir zu Hause auch keine große Hilfe. Wenn ich krank bin und versuche, ihm einen Kuss aufzudrücken, sagt er höchstens: »Geh weg, du steckst mich noch an.« So etwas Gemeines würde ich nie sagen. Wenn Heribert krank ist, denke ich überhaupt nicht an mich und an meine Gesundheit. Ich bemuttere ihn und gehe in meiner Rolle als Krankenschwester auf.

Wo ist eigentlich Heriberts schöner dicker brauner Schal? Ich fange an, in seinem Schrank danach zu suchen. Er wird ihn doch nicht mitgenommen haben? Da, wo er im Moment unterwegs ist, sind es fast 30 Grad. Da braucht er keinen Schal. Ich muss vorsichtig sein, wenn ich Heriberts Schrank durchsuche. Sein Schrank ist nämlich Sperrgebiet. Der ist privat, und da darf ich nicht ran, das sagt er mir immer wieder. »Ich sehe es genau, wenn du an meinem Schrank warst und etwas fehlt«, droht er mir vor jeder Reise. Er hat große Angst davor, dass ich seine alten Sachen aussortieren und wegwerfen könnte. Sachen, die er sowieso nicht mehr trägt, alte T-Shirts mit Löchern und in undefinierbaren Farben. Ich stelle mich auf einen Stuhl, im obersten Fach werde ich fündig. Der Strickschal ist bestimmt zwei Meter lang. An den Enden hat er dicke braune Wollfransen. Ich rieche an dem Schal. Vielleicht riecht er noch nach Heribert? Leider ist meine Nase schon zu verstopft. Ich binde mir den Schal mehrfach um den Hals, mache mir einen Tee und gehe zurück ins Bett.

Ich kann nicht mehr schlafen, also hole ich mir den Laptop. Das Album für Eileens Hochzeit ist fast fertig. 32 Freunde und Bekannte haben mitgemacht und mir Fotos und Glückwünsche geschickt. Sogar Eileens erster Freund Michael hat sich gemeldet.

Es hat viele Stunden gedauert, die ganzen Seiten mit all den Bildern und Texten am Computer zu gestalten. Aber mittlerweile bin ich ganz zufrieden mit dem Ergebnis. Heute arbeite ich noch an dem Deckblatt. Dann kann das Fotobuch gedruckt werden.

Kapitel 4

LOGBUCH

Zweimal schon bin ich auf Heriberts Schiffen mitgereist. Ich wollte wissen, was so toll daran ist, monatelang unterwegs zu sein, umgeben von Wasser, weit weg von Familie und Freunden. Bei meiner ersten Reise fuhr Heriberts Schiff fast ausschließlich durch die Karibik. Von Jamaika in Richtung Dominikanische Republik, dann weiter nach Venezuela, Aruba, Panama, Trinidad, Puerto Rico und wieder zurück nach Jamaika. Fast täglich legten wir in einem neuen Hafen an. Drei Wochen lang war ich mit an Bord.

Heriberts Reederei hat vorab alles organisiert. Sie haben sogar die Flüge für mich gebucht und den Betrag anschließend von Heriberts Heuer abgezogen.

Heribert war zu der Zeit der Zweite Offizier. Er war verantwortlich für die Schiffssicherheit und die Verpflegung, und er war der Medizinische Offizier.

Als ich an Bord kam, war ich von allem so begeistert, dass ich anfing, eine Art Logbuch zu schreiben. Ich wollte alle Eindrücke und Erlebnisse festhalten. Mein Logbuch war eigentlich nur ein kleines blaues Notizbuch. Ich schrieb jeden Tag in dieses Notizbuch, manchmal auch mehrmals täglich. Inzwischen liegt das kleine Büchlein zusammen mit Heriberts Briefen in der Holztruhe unter unserem Bett. Hin und wieder hole ich es heraus und lese darin. Es ist, als würde ich die Reise noch einmal erleben.

Tag 1 – Kingston (Jamaika)

Vor drei Stunden bin ich auf dem Schiff und damit bei Heribert angekommen. Ich kann noch immer nicht glauben, dass ich tatsächlich hier bin. Alles ist sehr aufregend. Der Flug dauerte fast zwanzig Stunden. Berlin, Paris, Miami, Kingston. Jetzt bin ich müde, aber zum Schlafen viel zu aufgekratzt.

Als ich in Kingston ankam und mein Gepäck hatte, suchte ich erst einmal nach dem Agenten. Irgendjemand sollte mich doch abholen, dachte ich. Ich hielt überall nach einem Schild mit meinem Namen oder dem Namen des Schiffes Ausschau. Aber ich konnte niemanden finden. Ich lief aus dem Flughafengebäude. Etwa 20 jamaikanische Taxifahrer stürmten auf mich zu und boten mir ihre Dienste an. Manche von ihnen waren richtig aufdringlich und griffen auch gleich nach meinem Gepäck. Ich fand das unheimlich. Schnell lief ich wieder zurück ins Gebäude. Mein Handy funktionierte nicht, draußen wurde es langsam dunkel. Von Heribert wusste ich, dass auch der neue Erste Offizier, ein Russe, in meiner Maschine sitzen sollte. Also beschloss ich, nach ihm zu suchen. Aber woran würde ich einen russischen Offizier erkennen? Ich sprach so ziemlich jeden weißen Mann an, dem ich begegnete. Ich nannte den Namen des Schiffes und wartete die Reaktion ab. Nach ungefähr zwanzig Versuchen hatte ich Vladimir gefunden. Er war blond, mittelgroß und schlank, und er war mindestens ebenso nervös wie ich. Wenn er Englisch sprach, hatte er einen so starken russischen Akzent, dass ich ihn kaum verstehen konnte. Was ich verstanden habe, war, dass er 55 Jahre alt ist, aus Sankt Petersburg kommt und dies sein erster Einsatz für eine deutsche Reederei ist. Wir setzten uns auf eine Bank in der Nähe des Haupteinganges und ließen die Tür nicht aus den Augen.

Nach über einer Stunde kam endlich der Agent. Er war etwa 30 Jahre alt und ein wirklich bildhübscher Jamaikaner. Er war groß, schlank, braungebrannt und hatte ein jungenhaftes Gesicht. Seine perfekten schneeweißen Zähne leuchteten, wenn er sprach. Er entschuldigte sich für seine Verspätung. Er erzählte irgendetwas von Problemen im Büro, dann fuhren wir los zum Hafen. Der Agent redete die ganze Zeit, und weil Vladimir ihm nicht antwortete, musste ich mich mit ihm unterhalten. Die Fahrt dauerte noch einmal fast eine Stunde. Inzwischen war es dunkel. Irgendwann parkte der Agent sein Auto am Hafen vor einer Art Sicherheitsschleuse. Zu dritt gingen wir durch ein Tor zu einem Flachbau. In einem kleinen Büro kontrollierten zwei Sicherheitsmitarbeiter unsere Papiere und unser Gepäck. Ich musste meinen gesamten Rucksack ausräumen. Die Situation war mir unglaublich peinlich. Vladimir hatte nicht halb so viele Sachen dabei wie ich. Er sollte sechs Monate an Bord bleiben. Ich nur drei Wochen.

Der Agent verabschiedete sich schnell wieder. Vladimir und ich bekamen jeder eine gelbe Weste, dann setzten uns die Sicherheitsmänner in einen kleinen Bus voller Hafenarbeiter. Der Bus fuhr los, und alle paar Minuten rief einer der Arbeiter »Stopp« und sprang aus dem Fahrzeug. Das Hafengelände war riesig. Überall fuhren mit Containern beladene Lkw. Überall bewegten sich riesige Kräne. Ich versuchte, Heriberts Schiff in der Dunkelheit auszumachen, aber alle Schiffe sahen gleich aus. Ich versuchte, die Schiffsnamen zu lesen. Meistens gelang es mir nicht. Irgendwann waren alle Hafenarbeiter ausgestiegen. Ich sah hinüber zu Vladimir, aber der zuckte nur mit den Schultern. Der Bus fuhr immer weiter, irgendwann rief der Busfahrer uns zu, wir seien da. Wir waren erleichtert, bedankten uns und stiegen aus.

Inzwischen war es fast 23 Uhr, auf dem Hafengelände herrschte noch Hochbetrieb. Es war laut, und ich hatte Angst, von einem Kran oder Lkw überfahren zu werden. Das Schiff erschien mir riesig, dabei ist es eines der kleineren Modelle. 175 Meter ist es lang. Vladimir lief auf die Gangway zu, ich folgte ihm. Er stieg die Stufen hinauf, ich hinterher. Ich beneidete ihn um sein leichtes Gepäck. Ich hielt mich am Geländer fest, aber das hätte ich besser nicht tun sollen. An meinen Händen klebte schwarzes Schmieröl. Als wir oben ankamen, standen dort zwei weitere Sicherheitsleute. Eine Jamaikanerin und ein kiribatischer Matrose. Viele Seeleute in Heriberts Reederei sind Kiribatis. Sie stammen von den Kiribatischen Inseln, einer kleinen Inselgruppe im Südpazifik. Wir nannten unsere Namen, trugen uns in eine Liste ein, und die Jamaikanerin nahm uns die gelben Westen ab. Nun bekamen wir Sicherheitshelme. Der Matrose sprach in sein Funkgerät. Er sagte, der neue Erste Offizier sei da, und die Frau vom Zweiten Offizier. Er sagte tatsächlich »wife«. Gleich würde Heribert kommen, um mich zu begrüßen, dachte ich. Seit zwei Monaten hatte ich ihn nicht gesehen. Mein Herz klopfte vor Aufregung.

Dann kam er auch schon. Er trug blaue Jeans, ein braunes Polohemd und dazu braune Sneaker. Sein Funkgerät hatte er in der linken Hand. Er hatte schon wieder abgenommen. Er sah gut aus, braungebrannt und frisch rasiert. Er lächelte mich an, begrüßte aber zunächst den Ersten Offizier und danach erst mich. Er wirkte zurückhaltend und reserviert. Ich war enttäuscht. Unser Wiedersehen hatte ich mir eigentlich etwas euphorischer vorgestellt. Ich wäre ihm am liebsten um den Hals gefallen, traute mich aber nicht. Ein weiterer kiribatischer Matrose wollte mir den Rucksack abnehmen. Ich bedankte mich, behielt ihn aber auf dem Rücken. Wenn ich schon einen so schweren Rucksack packte, musste ich ihn auch selbst tragen können. Der Matrose zeigte Vladimir den Weg. Heribert sprach noch kurz mit den Sicherheitsleuten, dann machten auch wir uns auf den Weg. Wir gingen in das Schiffsinnere. Das Deck hieß Poop-Deck. Wir stiegen ein paar Treppen hinauf. Jedes Stockwerk oberhalb des Poop-Decks hatte einen Buchstaben. Los ging es mit A. Heribert wohnte auf dem D-Deck. Er lief voraus und trug meinen Rucksack. Ich konnte nicht widerstehen und kniff ihn in den Hintern. Er erschrak und zischte mir ein »Lass das« zu. Aber er musste dabei lachen. Als wir in seiner Kammer ankamen und die Tür hinter uns geschlossen hatten, bekam ich endlich einen richtigen Kuss und eine feste Umarmung. Am liebsten hätte ich Heribert nie wieder losgelassen. Ich dachte, wir würden nun unser Wiedersehen feiern, aber eine Stimme aus dem Funkgerät rief schon wieder nach ihm. Ich wunderte mich, dass Heribert überhaupt etwas von dem verstehen konnte, was am anderen Ende gesagt wurde. Ich verstand kein Wort. »Ich komme gleich zurück«, sagte er zu mir. Dann war er weg. Ich habe mich erst einmal in seiner Kammer umgesehen. Der Raum ist etwa 25 Quadratmeter groß, es gibt ein Bett, ein Sofa, zwei Sessel, einen Schreibtisch, einen Fernseher, einen Kühlschrank und ein kleines Badezimmer mit Dusche und WC. Alles ist sehr sauber und aufgeräumt. Die Wände sind aus Stahl, aber sie sehen aus, als wären sie mit hellem Holz vertäfelt. Über dem Bett hängen viele Fotos. Alles ist genau so, wie Heribert es in seinen Briefen immer beschrieben hatte. Überall im Raum sind diese Anti-Rutsch-Matten verteilt. Auf den Tischen, in den Regalen, auf den Schränken. Alle Schränke kann man abschließen. Sogar am Kühlschrank ist ein kleiner Sicherheitshaken. Auf dem Couchtisch lagen ein paar Käsebrote. Eines habe ich sofort gegessen, dann bin ich erst einmal unter die Dusche. Anschließend wartete ich auf Heribert. Kurz vor Mitternacht kam er endlich zurück. Aber er zog sich nur schnell seinen weißen Overall an, dazu eine Sicherheitsweste und setzte seinen Helm auf, dann musste er auch schon wieder los zur Ladungswache. Die Wache geht bis 6 Uhr morgens. Er entschuldigte sich dafür, dass er so wenig Zeit habe. Ich sagte, dass das doch kein Problem sei. Enttäuscht war ich trotzdem.

Ich fing damit an, meine Sachen auszupacken. Heribert hatte für mich ein paar Fächer im Schrank frei geräumt. Seine Geschenke und Süßigkeiten legte ich auf den Couchtisch. Dann sah ich nach draußen. Heriberts Kammer hat zwei Fenster. Eines zeigt nach vorne raus, eines zur Seite. Die ganze Zeit flogen Container an den Fenstern vorbei. Ich fand das faszinierend. Ich glaubte sogar, dass ich Heribert in seinem weißen Overall erkannt habe. Vielleicht war es aber auch jemand anderes.

Tag 2 – Auf dem Weg nach Rio Haina
6.20 Uhr

Heribert kam zurück in die Kammer, ging duschen und legte sich zu mir ins Bett. Nicht einmal eine Stunde später klingelte das Telefon, der Kapitän war dran, und Heribert musste schon wieder aufstehen. Er sollte die Brücke für das Ablegen vorbereiten. Ich fand das gemein. Er hatte sich doch gerade erst hingelegt. Konnte das nicht jemand anderes erledigen? Heribert erklärte mir, dass immer der Offizier die Brücke vorbereiten muss, der gerade frei hat. Ohne sich zu beschweren, zog er sich wieder an und ging. Ich schlief sofort wieder ein.

9.20 Uhr

Als Heribert zwei Stunden später zurückkam, sagte er, wir würden bereits fahren. Komisch, ich hatte das Ablegen gar nicht mitbekommen. Ich stand auf, sah kurz aus dem Fenster und legte mich wieder hin. Ich war noch müde, außerdem wollte ich es mir nicht entgehen lassen, endlich neben Heribert zu liegen.

Die Geräusche an Bord sind nicht so laut, wie ich gedacht hatte. Als vor ein paar Stunden die Container direkt vor dem Fenster geladen wurden, rumpelte es ganz schön. Beim Fahren aber entsteht nur ein gleichmäßiges, sonores Brummen, das schon fast eine beruhigende Wirkung auf mich hat.

10.00 Uhr

Als ich ins Bad ging, merkte ich, dass das Schiff schaukelte (»rollen« heißt das auf Seefahrerdeutsch). Beim Anziehen meiner Hose hatte ich immense Gleichgewichtsprobleme, erst hüpfte ich auf dem einen Bein herum, dann auf dem anderen. Vielleicht sollte ich meine Hose in Zukunft besser im Sitzen anziehen.

11.20 Uhr

Wir gingen hinunter zum Mittagessen. Die Messe befindet sich im Poop-Deck, also unterhalb des A-Decks. Wir gingen nach rechts in die Offiziersmesse, links befindet sich die Mannschaftsmesse. In der Mitte ist die Kombüse, da wird gekocht. In der Offiziersmesse war niemand außer uns. Wir setzten uns an einen der zwei großen Tische, und sofort kam der Steward zu uns. Der etwa 20-jährige Kiribati ist ziemlich klein, hat dunkle Haut und schwarze Haare. Er trug eine schwarze Hose und ein weißes Kellnerhemd. Er begrüßte uns freundlich und fragte, ob wir Lamm wollten. Dazu Reis oder Kartoffeln.

Auf dem Schiff reden alle Englisch. Die meisten Besatzungsmitglieder werden nicht mit Namen, sondern nur mit ihrem Dienstgrad beziehungsweise ihrer Berufsbezeichnung angesprochen. Der Steward heißt »Mr. Steward«, der Koch heißt »Cooky« (Verniedlichung von Koch), und Heribert heißt als Zweiter Offizier »Second« (Der Zweite) beziehungsweise »Second Mate«. Der Kapitän heißt für alle »Herr Kapitän« beziehungsweise »Captain«. Hinter seinem Rücken wird er auch »Der Alte« genannt.

Wir bekamen jeder einen großen Teller mit Lamm, Kartoffeln und grünen Bohnen. Ich wollte nicht unhöflich sein, also habe ich alles aufgegessen. Sogar das große Stück Lammfleisch. Es schmeckte überraschend gut. Zu trinken gab es Wasser und verschiedene Säfte, zum Nachtisch ein Stück Honigmelone. Während wir aßen, kam der Kapitän in die Messe. Beim Eintreten brummte er »Mahlzeit«, wir antworteten ebenfalls mit »Mahlzeit«. Er ging in die Küche, sprach mit dem Koch, dann setzte er sich an den zweiten, leeren Tisch. Es gibt in der Messe eine strenge Sitzordnung.

Der Kapitän ist etwa 60 Jahre alt, hat graue, fast weiße Haare und war ganz offensichtlich schlecht gelaunt. Er war sehr wortkarg. Aber Heribert hatte mich bereits vorgewarnt. Ich hatte also gar nicht erwartet, dass er mich begrüßen würde. Dass ich an Bord mitfahren darf, hat auch nicht er genehmigt, sondern der Kapitän vor ihm. Wahrscheinlich war das mein Glück.

Nach und nach kamen immer weitere Besatzungsmitglieder in die Messe. Alle wünschten »Mahlzeit« beim Eintreten. Beim Hinausgehen dann noch einmal. Ich fand das eigenartig. Heribert erzählte mir daraufhin eine lustige Anekdote. Auf einem seiner ersten Schiffe gab es einen Filipino, der den deutschen Brauch mit dem Wort »Mahlzeit« nicht kannte und anfing, beim Betreten der Messe immer »Inside« (drinnen) zu sagen, beim Rausgehen dann »Outside« (draußen). Ich musste sehr lachen.

Auf dem Schiff arbeiten insgesamt 27 Besatzungsmitglieder aus fünf verschiedenen Nationen. Deutsche, Russen, Ukrainer, Filipinos und Kiribatis. Ich bin die einzige Frau. Als wir mit dem Essen fertig waren, fragte Heribert den Kapitän, ob seine Verlobte mit auf die Brücke dürfe. »Von mir aus«, antwortete dieser knapp. Heribert bedankte sich, dann verließen wir mit einem lauten »Mahlzeit« die Messe.

11.55 Uhr
Von 12 bis 16 Uhr und von 0 bis 4 Uhr hat Heribert als Zweiter Offizier immer Seewache auf der Brücke. Die Brücke liegt auf dem G-Deck. Wir stiegen also sieben Decks hinauf. Dabei merkte ich wieder das Rollen des Schiffes. Das Treppensteigen war anstrengend. Als wir oben ankamen, war ich ziemlich erledigt, und mir war schlecht. Durch eine schwer zu öffnende Stahltür gingen wir auf die Brücke. Da oben ist alles sehr modern. Ich war beeindruckt von der riesigen Fensterfront und dem Blick auf das offene Meer. Die Sonne schien, das Wasser war türkisblau, und unter uns türmten sich Hunderte von Containern. Wir begrüßten den Dritten Offizier, ebenfalls ein Kiribati. Heribert stellte mich wieder einmal als seine Verlobte vor. Ich musste lachen.
Als Heribert seine Reederei vor ein paar Wochen fragte, ob ich auf dem Schiff mitfahren dürfe, gab er an, dass wir verlobt seien. Er rechnete sich damit größere Chancen aus, dass sie meinen Besuch genehmigen würden. Den Tipp gab ihm sein ehemaliger Kapitän. Es hat funktioniert. Als ich ihn aber fragte, ob wir nun eigentlich tatsächlich verlobt seien, verneinte er entschieden und sagte, dieser Beziehungsstatus gelte nur gegenüber seinem Arbeitgeber. Ich fand das ziemlich uncharmant.

Heribert und der Dritte Offizier machten eine Übergabe. Dann kam Heriberts Auszubildender Herr Luttkus auf die Brücke. Insgesamt sind vier Auszubildende an Bord. Alles Deutsche. Zwei arbeiten an Deck und zwei im Maschinenraum. Die Auszubildenden sind die Einzigen, die mit ihrem Namen angesprochen werden. Komisch finde ich, dass sich hier alle so förmlich siezen. Herr Luttkus ist 24 Jahre alt, Heribert ist 27. Herr Luttkus, ein schlaksiger Riese von zwei Metern, bekam von Heribert erst einmal die Order, mir die Brücke zu zeigen und mir die Aufgaben eines Offiziers während einer Seewache zu erklären. Heribert in der Rolle eines Vorgesetzten zu erleben war etwas eigenartig. Diese Seite kannte ich an ihm bisher noch nicht.

Herr Luttkus hat sofort getan, was ihm aufgetragen wurde, und zeigte mir alles. Die Radargeräte, die Seekarten, die Flaggen und ganz wichtig: die Kaffeeküche. Dann ging er mit mir auf die Nock, das ist der nicht überdachte Teil links und rechts neben der Brücke. Ich stützte mich mit den Händen auf der Reling ab und atmete tief ein. Mir war noch immer etwas übel. Ich versuchte, so viel wie möglich von der frischen salzigen Meeresluft in meine Lunge einzusaugen. Ich genoss es, mir vom Fahrtwind die Haare aus dem Gesicht blasen zu lassen. Ich beobachtete das langsame Auf und Ab des Schiffsrumpfes, die Wellen, die sich an der Bordwand brachen, und den Horizont, der sich ebenfalls zu bewegen schien. Draußen ging es mir deutlich besser. Ich blieb ein paar Minuten stehen und schloss die Augen.

13.00 Uhr
Herr Luttkus musste die Wetterbeobachtungen machen und ins Logbuch eintragen. Einmal pro Stunde muss das erledigt werden, erklärte er mir. Die Windstärke lag bei

etwa fünf, das erkannte er an der Höhe der Wellen und an der Gischt. Auf der Nock hängt ein kleines Thermometer. Die Temperatur betrug 28 Grad.

Herr Luttkus kochte mir einen Kaffee. Nach dem Kaffee war mir allerdings so übel, dass ich beschloss, mich besser hinzulegen. Ich verabschiedete mich und lief schnell die Treppen hinunter zum D-Deck. Im Treppenhaus wurde meine Übelkeit immer schlimmer. Mit zittrigen Fingern schloss ich die Tür zu Heriberts Kammer auf, stürzte ins Bad und musste mich übergeben. Das war es also mit dem Lammbraten.

Vielleicht war das mit der Seereise doch keine so gute Idee. Ich hatte schon geahnt, dass mir so etwas passieren würde. Zum Glück hatte ich mich vor der Reise in der Apotheke eingedeckt. Ich schluckte eine Tablette, kaute einen Reisekaugummi und zog mir die Akupressurbänder über die Handgelenke. Die Bänder sehen aus wie blaue Schweißbänder mit zwei eingearbeiteten Kugeln, die auf einen bestimmten Punkt am Unterarm drücken. Dann legte ich mich hin und schlief sofort ein.

16.50 Uhr

Als ich wieder wach wurde, stellte ich fest, dass ich leichte Sehstörungen hatte. Ich sah alles verschwommen. Wahrscheinlich war das eine Nebenwirkung der Tablette. Immerhin war mir nicht mehr übel. Kurze Zeit später kam Heribert in die Kammer. Ich erzählte ihm, was passiert war. Er lachte über meine Akupressurbänder und wunderte sich, warum ich in einer Apotheke war. Schließlich sei er doch der Medizinische Offizier. Und Tabletten gegen Übelkeit gebe es in der Bordapotheke reichlich.

»Aber so schöne Akupressurbänder habt ihr sicher nicht, oder?«, fragte ich.

18.00 Uhr

Ich habe mich doch dazu entschlossen, zum Abendessen mit in die Messe zu gehen. Es gab Chicken-Wings mit Mais und Pommes. Diese Mahlzeit wollte ich meinem gereizten Magen aber beim besten Willen nicht zumuten. Ich war erleichtert, als ich ein paar Scheiben Brot auf einem Büfett entdeckte. Daneben stand eine Käseplatte. Sogar einen Toaster gab es. Ich aß also eine getoastete Scheibe Brot mit Cream-Cheese und Schnittkäse. Es gab sogar geschnittene Tomaten, Paprika und Mohrrüben. Außerdem habe ich Heribert ein paar Pommes geklaut. Die waren wirklich gut.

Zum Abendessen waren dann auch etwas mehr Leute in der Messe als zur Mittagszeit. Auch Vladimir habe ich zum ersten Mal wiedergesehen. Er saß am Kapitänstisch. Er schien gut gelaunt zu sein. Er lächelte und nickte mir freundlich zu.

18.30 Uhr

Der Kapitän rief gerade in Heriberts Kammer an und verlangte nach meinem Impfausweis. Mein Seefahrtbuch hat er schon gestern bekommen, genau wie meinen Reisepass. Er bewahrt alle Ausweise von allen Besatzungsmitgliedern in seiner Kammer auf. Heribert bringt ihm gerade den Impfausweis. Der Kapitän hat übrigens noch kein einziges Wort mit mir gesprochen. Immer, wenn er etwas von mir wissen will, fragt er Heribert. Selbst wenn ich direkt daneben stehe. Komischer Kerl.

19.00 Uhr

Nach dem Essen bekam ich von Heribert einen kleinen Sicherheitslehrgang. Ich musste meinen Rettungs- und Überlebensanzug anprobieren. Das war gar nicht so einfach, und natürlich war ich auch viel zu langsam. Mit diesem Anzug, der jetzt bei uns in der Kammer liegt, kann ich im Notfall ins Meer springen. Angeblich gehe ich mit ihm nicht unter, und außerdem soll er warm halten. Aber das funktioniert natürlich nur, wenn ich ihn schnell genug anziehen kann.

Bei der Probe bin ich komplett in dem Anzug verschwunden. Auch meine Füße und Hände sind vollständig darin versunken. Ich kam mir vor wie in einem Riesen-Strampler. Der Anzug hat auch eine Kapuze. Lediglich meine Augen, die Nase und der Mund schauten noch heraus. Heribert musste sehr lachen und hat ein paar Fotos gemacht.

Gleich gehen wir ins Bett. Heribert hat in der vergangenen Nacht kaum geschlafen. Ganz im Gegensatz zu mir. Um Mitternacht beginnt seine nächste Seewache. Aber bis dahin wird die Uhr umgestellt. Das bedeutet, er bekommt sogar noch eine Stunde weniger Schlaf.

2.20 Uhr

Mitten in der Nacht wurde ich wach und war allein. Ich hatte gar nicht mitbekommen, dass Heribert aufgestanden war. Das Schiff schaukelte etwas, aber trotzdem hatte ich Lust, Heribert auf der Brücke zu besuchen. Ich war neugierig, wie es nachts dort oben aussieht. Ich zog mich an und machte mich auf den Weg. Oben angekommen, öffnete ich die schwere Stahltür und stand erst einmal im Dunkeln. Ich musste ein paar Sekunden warten, bis sich meine Augen an die Dunkelheit gewöhnt hatten. Dann sah ich Heribert, der gerade mit einem Fernglas nach draußen blickte. Das Meer war ganz ruhig. Man sah kaum andere Lichtquellen. Nur der Radarbildschirm leuchtete in einem schwachen Grün. Ich ging nach draußen auf die

Nock und starrte unverwandt in den Himmel. Es war unglaublich schön, weil so viele Sterne leuchteten.

Tag 3 – Rio Haina (Dominikanische Republik)
9.00 Uhr
Heribert hatte gerade mal vier Stunden geschlafen, als das Telefon klingelte. Er musste schon wieder los zum Festmachen. Er zog seinen Overall an, setzte seinen Helm auf, nahm das Funkgerät und ging. Ich finde es bewundernswert, wie er das macht. Zu Hause ist er ein richtiger Langschläfer. Hier schläft er nur wenige Stunden und steht auf, ohne sich auch nur einmal zu beschweren.

13.30 Uhr
Seit ein paar Stunden sind wir in Rio Haina. An Land darf ich leider nicht gehen, dazu sei es zu gefährlich, sagte Heribert. Ich bin aber trotzdem froh, hier zu sein. Solange wir im Hafen sind, schaukelt das Schiff nicht.
Zum Mittagessen gab es heute Schnitzel, Kartoffelbällchen und Erbsen. Es schmeckte richtig gut. Zum Nachtisch wurde Vanilleeis mit Früchten und Sahne serviert. Donnerstags und sonntags gibt es als Nachtisch immer Eis. Sonntags, weil Sonntag ist, und donnerstags, weil das der Seemannssonntag ist. Das sei so nautische Tradition, teilte mir Heribert mit. Eine bessere Erklärung hatte er leider nicht.
Ab 12 Uhr musste Heribert zur Ladungswache. Dazu zog er sich wieder seinen weißen Overall an. In der Messe darf übrigens niemand mit seiner Arbeitskleidung erscheinen. Ich bin überhaupt erstaunt, wie sauber, zivilisiert und kameradschaftlich es in dieser reinen Männergesellschaft zugeht.

18.30 Uhr

154 sogenannte Moves gab es heute. 13 Container wurden neu aufgenommen, 141 Container wurden gelöscht. Jetzt sind wir wieder unterwegs. Heribert musste vorhin auf seine Manöverstation zum Ablegen. Ich ging allein essen. Es gab Zunge. Ich lehnte dankend ab und machte mir ein Käsebrot. Mr. Steward brachte mir sofort neuen Cream-Cheese, als die alte Packung leer war. Überhaupt sind hier alle sehr nett. Alle grüßen mich freundlich, wenn sie mir begegnen. Ich habe auch das Gefühl, ich wäre schon viel länger hier als erst drei Tage. Beim Ablegen hat es übrigens fürchterlich geregnet. Der arme Heribert war komplett durchnässt, als er in die Kammer zurückkam.

21.30 Uhr

Heribert hat in der Messe noch ein übrig gebliebenes Schnitzel von heute Mittag ergattert. Danach waren wir im Mannschaftsraum und haben gemeinsam mit den Azubis Herrn Luttkus und Herrn Zink eine DVD angesehen. Heribert gab den beiden etwas von den Süßigkeiten ab, die ich ihm mitgebracht hatte. Er kann als Vorgesetzter also auch richtig nett sein. Gesiezt haben sich trotzdem alle. Ich finde das noch immer etwas befremdlich. Noch schlimmer ist es allerdings, dass ich Heribert mittlerweile auch schon mit »Second« anspreche. Noch ein paar Tage, dann sieze ich ihn.

Tag 4 – Kurz vor Puerto Cabello (Venezuela)
10.00 Uhr

Ich bin schon seit fünf Stunden wach. Heribert schläft noch. Als er heute Morgen um kurz vor 5 Uhr ins Bett kam, erzählte er mir, dass wir den ganzen Tag driften werden. Driften heißt, dass die Hauptmaschine heruntergefahren wird und wir im Meer treiben, um nicht zu früh im Hafen anzukommen. Unser Liegeplatz war nämlich noch nicht frei. Im ersten Moment freute ich mich über diese Nachricht, doch Heribert sagte mir dann, dass das Schiff beim Driften noch viel mehr rollen würde. Na wunderbar. Aber ich darf mich nicht beschweren. Mal abgesehen vom Lammbraten habe ich bisher alles bei mir behalten. Mir ist zwar noch immer etwas unwohl, aber es ist weit besser als befürchtet. Auch die Akupressurbänder habe ich mittlerweile wieder ausgezogen. Ich glaube, sie nützen nichts und sehen dazu auch noch ziemlich lächerlich aus.

Heute Abend ist ein großes Barbecue an Deck geplant. Zwei Filipinos sind schon dabei, ein Spanferkel zu grillen. Sie stehen an Deck vor einer riesigen, aufgeschnittenen Tonne, die als Grill dient, haben das Spanferkel aufgespießt und drehen es abwechselnd und ohne Pause über dem offenen Feuer. Die beiden Grillmeister wurden vom Kapitän heute extra von ihren sonstigen Aufgaben entbunden.

Als ich vorhin kurz draußen war, habe ich beobachtet, wie einer der Filipinos das Schwein rasiert hat. Das tote Schwein lag auf einem Tisch, und der Filipino schnitt ihm mit einem Einwegrasierer in aller Ruhe die noch vorhandenen Borsten ab. Es war ein wirklich skurriler Anblick. Heribert erklärte mir, Spanferkel sei auf den Philippinen ein echtes Festessen und dürfe deshalb bei keiner Familienfeier fehlen. Filipinos sind also echte Spanferkel-Profis.

22.30 Uhr
Der Grillabend war wirklich toll. Es gab Unmengen zu essen. Neben dem Spanferkel gab es auch noch Steaks, Chicken-Wings, Bratwürste, Garnelen am Spieß, mehrere Salate, Knoblauchbrote, Sauerkraut, Reis und so weiter.

Zu trinken gab es Bier und Fanta. Die Azubis haben Zigarren geraucht, und der Kapitän hat mehr als drei Worte am Stück gesagt. Ich glaube, ich habe ihn sogar einmal lachen gesehen. Aber nur ganz kurz. Die vier Azubis und der Kapitän saßen an einem Tisch, die Kiribatis und Filipinos an einem anderen. Am dritten Tisch saßen Heribert und ich und die drei Russen. Vladimir, der Elektriker und noch einer, bei dem ich aber immer vergesse, was er eigentlich macht.

Es war richtig gemütlich. Es gab sogar Musik und eine bunte Lichterkette. Die Auszubildenden haben ein Kabel verlegt und eine Musikanlage nach draußen gestellt. Die Filipinos haben bei jedem Lied laut mitgesungen. Irgendwann ging die Sonne unter, und es war ein wirklich traumhafter Anblick. Einer der Kiribatis machte ein Foto von Heribert und mir und brachte uns ein paar Minuten später einen Farbausdruck des Bildes. Ich war sehr gerührt.

Tag 5 – Kurz vor Puerto Cabello (Venezuela)
7.00 Uhr
Laut Fahrplan sollten wir eigentlich genau jetzt in Puerto Cabello einlaufen. Aber unser Liegeplatz war noch immer nicht frei, also haben wir den Anker geworfen. Laut Heribert kann es noch Stunden dauern. Ich glaube, er ist ganz froh, jetzt etwas schlafen zu können.

13.00 Uhr
Wir warten noch immer auf unseren Liegeplatz. Niemand weiß, wie lange das noch dauert. Heribert ist gerade unten in der Kühlkammer und macht gemeinsam mit Cooky und Mr. Steward bei minus 18 Grad eine Inventur der Essensvorräte. Ich war auch kurz unten, aber mir war es

eindeutig zu kalt. Auf der Brücke ist der Kapitän, solange Heribert die Inventur macht. Ich warte also lieber in der Kammer.

15.30 Uhr
Heribert kam gerade kurz vorbei. Der Ärmste. Er war total durchgefroren. Über zwei Stunden hat die Inventur gedauert. Jetzt ist er wieder auf der Brücke und wird mich anrufen, sobald der Kapitän gegangen ist. Dann gehe ich nach oben und setze mich zum Lesen auf die Nock. Das Wetter ist herrlich. 29 Grad, blauer Himmel, Sonnenschein, und es gibt so gut wie keine Wellen.

18.30 Uhr
Heribert hat mir gerade meinen Mannschaftsausweis ausgestellt. Der Ausweis sieht wirklich schick aus. Darauf ist mein Foto, ein paar Angaben zu Nationalität, Geburtsdatum, Größe, Gewicht, Haarfarbe und ein Stempel mit Unterschrift, dass ich zur Besatzung gehöre. Mit diesem Ausweis kann ich an Land gehen und komme auch wieder zurück auf das Hafengelände. Ich habe mir vorhin auf der Brücke einen Kaffee gekocht, ein paar Kekse gegessen und mich in die Sonne gesetzt. In dem Moment fühlte es sich fast an, als wäre ich auf einer Kreuzfahrt. Ein bisschen komisch ist es aber schon, hier Urlaub zu machen, während alle um einen herum arbeiten.
Auf der Nock trage ich immer einen Strohhut. Die Hüte hängen auf der Brücke. Damit schützen sich sonst die Besatzungsmitglieder und Lotsen beim Durchqueren des Panamakanals. Dort müssen sie oft stundenlang in der prallen Sonne stehen.
Vorhin hieß es, wir würden um 18 Uhr einlaufen. Noch sieht es aber nicht danach aus. Man kann auch zahlreiche

andere Containerschiffe sehen, die alle darauf warten, noch in den Hafen zu kommen.

20.30 Uhr
Der alte Erste Offizier hat heute erfahren, dass er doch noch nicht nach Hause fliegen darf. Vladimir ist wohl noch immer nicht gut genug eingearbeitet. Erst hieß es, der Erste wird von Rio Haina nach Hause fliegen, dann hieß es Puerto Cabello, und nun heißt es Manzanillo in Panama. Er tut mir sehr leid, er hatte sich schon so auf seinen Urlaub und auf seine Familie gefreut. Und die Familie tut mir auch leid. Ich weiß schließlich, wie es sich für die Wartenden zu Hause anfühlt, wenn sich das geplante Wiedersehen immer wieder nach hinten verschiebt.
Heute hat Heribert mir noch ein bisschen das Schiff gezeigt. Er war aber sehr müde, deshalb haben wir es bei den Aufbauten belassen. Aber auch das allein war schon sehr spannend. Vor allem den Behandlungsraum fand ich interessant. Heribert muss als Medizinischer Offizier alle Besatzungsmitglieder behandeln. Im Notfall und wenn das Schiff zu weit vom nächsten Hafen entfernt ist, muss er sogar operieren. Während seines Studiums hat er auch medizinische Vorlesungen besucht. Und er musste ein Praktikum im Operationssaal und eines auf der Rettungsstation eines Krankenhauses machen. Abgesehen von ein paar kleineren Wehwehchen ist auf dieser Reise aber zum Glück noch nichts passiert.

21.00 Uhr
Heribert wurde gerade angerufen. Er soll auf seine Manöverstation zum Anlegen. Ich werde heute mal mit nach vorn gehen und mir das Ganze ansehen. Dazu trage ich

meinen orangenfarbenen Overall. Ach endlich, wir fahren wieder.

22.30 Uhr
Von einem sicheren Platz aus konnte ich das Manöver beobachten. Ich habe gesehen, wie das Lotsenboot angefahren kam, wie der Lotse über die Lotsenleiter an Bord gelangte und von einem Matrosen auf die Brücke begleitet wurde. Auch zwei Schlepper kamen angefahren. Heribert kommunizierte über das Funkgerät mit dem Kapitän und dem Dritten Offizier, der das Manöver achtern leitete. Vier Matrosen und der Bootsmann waren mit vorn und kümmerten sich um die Leinen. Als wir an unserem Liegeplatz waren, warfen sie diese hinüber zu den Festmachern. Als diese die Leinen dann an den Pollern befestigt hatten, wurden mit Hilfe von Seilwinden die Taue festgezurrt. Schade, dass es schon dunkel war. Ich hätte zu gerne ein paar Fotos gemacht.
Als Nächstes wurde die Gangway heruntergelassen, der Lotse ging von Bord, und das Schiff wurde einklariert. Dazu kamen ein paar Leute vom Zoll an Bord.

Tag 6 – Puerto Cabello (Venezuela)
7.30 Uhr
Heribert hat seit 6 Uhr Feierabend, eine Stunde hat er geschlafen, und nun muss er mit seiner unternehmungslustigen Freundin einen Landgang machen. Ich glaube, im Moment bereut er es ein bisschen, dass ich hier bin. Das würde er natürlich nicht zugeben, aber er ist gerade ziemlich unleidlich. Ich musste sogar meinen Gürtel ablegen, weil dieser angeblich zu teuer aussieht und Heribert Angst hat, dass wir überfallen werden. Nicht einmal einen Rucksack darf ich mitnehmen.

11.15 Uhr

Der Landgang war super. Ich glaube, wir waren die einzigen Nicht-Einheimischen in ganz Puerto Cabello. Es war ein tolles Gefühl, mal wieder festen Boden unter den Füßen zu haben. Wir sind viel gelaufen, was richtig gutgetan hat. In den vergangenen Tagen hatte ich schließlich kaum Bewegung. Mal abgesehen vom Treppensteigen.

Wir waren sogar an einem einsamen Strand, und ich konnte etwas schwimmen. Trocken werden musste ich ohne Handtuch. Ich durfte ja schließlich nichts mitnehmen. Aber das war kein Problem. Die Sonne schien, und es war unglaublich heiß. Wir waren auch noch in einem Supermarkt, der aber eher an einen kleinen Tante-Emma-Laden erinnerte. Wir kauften Obst, Joghurt und ein paar Kartoffelchips. Schokolade gab es nicht. Dazu sei es zu heiß, erklärte uns der venezolanische Verkäufer. Heribert sprach Spanisch mit ihm. Englisch kann hier kaum jemand.

Heribert ist gerade noch unter der Dusche, gleich gehen wir etwas essen, und dann muss Heribert auch schon wieder zu seiner Ladungswache.

18.30 Uhr

Ich war tatsächlich im Internet. Und zwar richtig lange. Gemeinsam mit dem Azubi Herrn Zink saß ich auf dem D-Deck auf einer Bank. Als die Akkus unserer Rechner schwächer wurden, holte Herr Zink eine Kabeltrommel, und weiter ging es. Als Dankeschön brachte ich ihm ein paar Erdbeeren und Trauben, die wir in Venezuela gekauft hatten. Damit ist unser Obst auch schon wieder fast aufgebraucht. Nur eine Kokosnuss haben wir noch.

Herr Zink chattete mit seiner Freundin. Die beiden sind erst vier Wochen vor seiner Abreise zusammengekommen. Seit fünf Monaten ist er nun schon an Bord. Die arme Freundin.

Zum Abendessen stand auf jedem Platz eine Dose Fanta und eine Dose Bier. Ich wunderte mich, und Heribert erläuterte mir, dass einer der Kiribatis Geburtstag habe und deshalb eine Runde Getränke ausgebe. Das sei so Tradition. Da Heribert an Bord keinen Alkohol trinkt, tauschte er seine Bierdose mit dem russischen Elektriker gegen eine Dose Fanta. Der Elektriker freute sich sehr über dieses Tauschgeschäft.

22.00 Uhr

265 Container haben wir in Puerto Cabello neu aufgenommen, 82 wurden gelöscht. Nach 21 Stunden sind wir wieder losgefahren. Heribert sagte, dass wir in nur vier Stunden schon im nächsten Hafen wären. Vorausgesetzt, wir bekommen direkt einen Liegeplatz.

Tag 7 – Kurz vor La Guaira (Venezuela)
9.00 Uhr

Ich kann nicht mehr schlafen. Ich bin aufgestanden, habe geduscht und warte nun darauf, dass ich endlich nach draußen gehen kann. Ich glaube, der Kapitän steht genau vor unserer Tür und sortiert seine kleine Kantine. Direkt neben Heriberts Kammer ist nämlich der Raum, in dem die Zigaretten und der Alkohol gelagert werden. Außerdem Pflegeprodukte wie Zahncreme, Duschgel, Rasierklingen sowie Kaugummis, Postkarten und Schokolade. Jedes Besatzungsmitglied kann einen Bestellschein ausfüllen, diesen dem Kapitän geben, und der legt die gekaufte Ware dann vor die jeweilige Kammer. Das Geld wird dem Besatzungsmitglied direkt von der Heuer abgezogen. Toilettenpapier, Seife und Waschmittel sind kostenlos.

Ich habe gerade keine Lust, dem mürrischen Kapitän in die Arme zu laufen. Selbst wenn ich ihn grüße, grüßt er nie zurück. Am Anfang dachte ich, dass es vielleicht daran liegen könnte, dass ich nur »Guten Morgen« und nicht »Guten Morgen, Herr Kapitän« gewünscht habe. Mittlerweile habe ich es aber auch mit dem Zusatz versucht und trotzdem keine Antwort erhalten.

Heribert schläft noch. Und wir haben mal wieder den Anker geworfen. Heribert erklärte mir heute Morgen, dass es nicht der Anker an sich sei, der das Schiff an seinem Platz halte, sondern die Ankerkette, weil die so unglaublich schwer sei.

15.15 Uhr

Gerade ruckelt das Schiff. Das heißt, die Maschine wird hochgefahren und gleich geht es los in Richtung Hafen. Der Koch hat übrigens seine Bestellung fertiggemacht. Da Heribert auch für die Verpflegung zuständig ist, gibt der Koch die Bestellliste an ihn. So konnte ich einen Blick darauf werfen. Cooky bestellte unter anderem 200 Toastbrote, 1080 Eier, 50 Kilogramm Zucker, 100 Kilogramm Tomaten und 36 Gläser Nutella. Ich fand die Bestellung so lustig, dass ich mir diese Punkte notieren musste. Natürlich bestellte er auch Unmengen Fleisch und zwei ganze Spanferkel. Von Heribert weiß ich, dass die Bestellung erst einmal zum Kapitän geht. Der kann die Liste dann noch zusammenstreichen.

19.20 Uhr

Nun sind wir in La Guaira. Wir waren beim Abendessen in der Messe, als über die Lautsprecher die Aufforderung des Kapitäns kam, dass sich alle auf ihre Posten zu begeben haben. Ich begleitete Heribert wieder nach vorn.

Leider dämmerte es schon, deshalb wurde wieder nichts aus den Fotos. Egal, ein paar Versuche habe ich schließlich noch. Landgangspässe gibt es hier leider nicht. Eigentlich schade. Doch ich glaube, dass Heribert im Augenblick ganz froh darüber ist.

Nachher wollen wir noch eine Runde Tischtennis spielen. Es gibt nämlich einen Tischtennisraum an Bord. Und jetzt, wo wir im Hafen sind, schaukelt das Schiff nicht so.

Tag 8 – La Guaira (Venezuela)
10.50 Uhr

Heribert hat gerade den zweiten Teil der Schiffsführung mit mir gemacht. Wir waren in den Vorratskammern, und er hat mir gezeigt, wo die Ersatzteile gelagert werden. Dann sind wir ganz nach vorn gegangen. Wir kletterten in einen leeren Laderaum, wir waren in der Werkstatt und in dem Raum, in dem alle Farben gelagert werden. Dort stank es entsetzlich, und es war unfassbar heiß.

220 Container sollen in La Guaira gelöscht werden. Und das alles mit den kleinen, schiffseigenen Kränen. Das kann dauern.

Tag 9 – Auf dem Weg nach Aruba
9.45 Uhr

Seit ca. 2 Uhr morgens fahren wir wieder. Heribert hatte seine Ladungswache, dann half er beim Ablegen, und dann musste er auch schon wieder auf die Brücke. Er meinte, dass wir gegen 15 Uhr den Anker werfen würden, um dann mal wieder auf einen Liegeplatz zu warten. Irgendwie besteht dieser Job nur aus Warten.

12.00 Uhr

Heute Mittag war das Essen zum ersten Mal eine Katastrophe. Es gab total fettiges Schweinefleisch, dazu verkochte Kartoffeln und geschmacklosen Rotkohl. Der Kapitän hat die gesamte Bestellliste des Kochs gestrichen und von ihm verlangt, dass er sie komplett neu schreibt. Natürlich in abgespeckter Form. Der arme Cooky. Das furchtbare Essen heute war wahrscheinlich seine Art der Rache.

15.00 Uhr

Ich habe gerade eine Führung durch den Maschinenraum bekommen. Herr Zink, der Azubi, hat mir alles gezeigt und erklärt. Auch das war interessant. Ich trug meinen Overall und Ohrenschützer. Im Maschinenraum war es laut, heiß (38 Grad) und schmutzig. Es gibt drei Turbinen, sieben Zylinder, pro Tag werden durchschnittlich 55 Tonnen Treibstoff verbraucht. Mehr konnte ich mir leider nicht merken. Der Dritte Ingenieur, ein Filipino, war uns die ganze Zeit auf den Fersen. Er hat ganz aufmerksam zugehört, obwohl er natürlich kein Wort davon verstanden hat. Schließlich sprachen wir deutsch. Trotzdem hatte er ständig etwas Englisches hinzuzufügen. Das war sehr lustig.

Dass der Beruf eines Seemannes auf der Brücke ein Traumberuf ist, kann ich im Laufe dieser Reise mehr und mehr nachvollziehen. Aber die Arbeit im Maschinenraum? Dass das ein Traumberuf sein soll, ist mir ein Rätsel. Aber Herr Zink erklärte mir alles mit unglaublicher Begeisterung. Das war wirklich beeindruckend.

Dann waren wir noch vorn beim Bugstrahler. Und wir haben zugesehen, wie der kiribatische Bootsmann den Anker warf. Jetzt liegen wir vor Aruba und warten wieder einmal.

Tag 10 – Kurz vor Aruba

9.50 Uhr

Zwei Schiffe sind noch vor uns dran. Ich glaube, Aruba hat nur einen einzigen Liegeplatz für Containerschiffe. Heribert sagte, der Hafen sei eigentlich für Kreuzfahrtschiffe ausgelegt.

17.50 Uhr

Das Schiff ruckelt immer mal wieder. Das bedeutet, dass die Maschine kurz hochgefahren wird, um die Position zu halten. Der Anker ist nämlich schon wieder oben. Das heißt, dass es nun eigentlich nicht mehr lange dauern sollte.

Heute Mittag habe ich beim Essen zum ersten Mal komplett auf Fleisch verzichtet. Ich kann es einfach nicht mehr sehen. Mr. Steward reagierte erst etwas verständnislos, als ich nur Reis und Gemüse verlangte. »No meat?«, fragte er mich dreimal. Dann sah er hilfesuchend zu Heribert. Später brachte er mir dann aber einen wunderbar vegetarischen Teller.

Nach dem Abendessen ging ich kurz zu Cooky in die Kombüse und fragte ihn, ob ich ihm morgen etwas helfen dürfe. Ich möchte mich endlich einmal nützlich machen. Den ganzen Tag nur essen, lesen und schlafen ist auf Dauer doch etwas langweilig. Ich glaube, Cooky war zunächst etwas verwundert, er lächelte aber nett und sagte, wenn ich wolle, könne ich gern helfen. Um 9 Uhr morgen früh beginnt meine Arbeit als Küchenhilfe.

19.30 Uhr

Heribert wurde gerade zum Standby gerufen. Wir legen also bald an. Endlich! Jetzt soll ich für ihn ein paar Aruba-Florin aus seiner Gelddose zusammensuchen. Heribert ist so ein Chaot! Er hat einfach sämtliche Münzen und Scheine der verschiedensten Länder in eine Metalldose zusammengekippt. Die Aufgabe, bestimmte Münzen herauszusuchen, ist wirklich mühsam, hat aber andererseits auch etwas Gutes. Es bedeutet nämlich, dass wir heute Abend noch an Land gehen.

23.00 Uhr
Wir waren tatsächlich an Land. Wenn auch nur ganz kurz. Die Supermärkte waren schon geschlossen, deshalb waren wir nur an einer Tankstelle. Wir kauften Cola, Chips, Schokolade und eine kleine Schokoladentorte für Herrn Zink, denn der hat morgen Geburtstag. Dann liefen wir noch etwas durch die Gegend, machten ein paar Fotos, und um 21.20 Uhr waren wir wieder zurück auf dem Schiff.
Heribert schenkte jedem Kiribati, der arbeiten musste und somit nicht an Land konnte, einen Schokoriegel. Das fand ich sehr süß von ihm. Und bei der Torte für Herrn Zink soll ich behaupten, dass sie von mir sei und nicht vom Zweiten Offizier. Heribert hat wohl Angst, dass seine Autorität leiden könnte, wenn er zu nett zu den Auszubildenden ist.

Tag 11 – Auf dem Weg nach Manzanillo (Panama)
8.30 Uhr
So stark geruckelt und vibriert wie heute hat das Schiff noch nicht, seitdem ich hier bin. Heribert sagt, das liege daran, dass wir gerade sehr schnell fahren. 20,5 Knoten. Das sind knapp 40 Kilometer pro Stunde. Ich bin heute extra früh aufgestanden, schließlich habe ich etwas vor. Pünktlich um 9 Uhr will ich in der Kombüse sein.

13.00 Uhr

Meinen ersten Arbeitseinsatz habe ich gut überstanden. Der Koch ist wirklich sehr nett. Er ist auch ein Kiribati, sein richtiger Name ist Temauro Tebarino. Er ist 54 Jahre alt, ziemlich klein, ein bisschen rundlich, und er fährt schon seit seinem 18. Lebensjahr zur See. Ich habe ihn den ganzen Vormittag über ausgefragt. Er besuchte als einer der Ersten die Seefahrtschule, die Ende der 60er Jahre von deutschen Reedereien auf Kiribati eröffnet wurde. Erst war er Steward, er bediente die Offiziere und putzte deren Kammern. Dann machte er auf der Seefahrtschule eine Ausbildung zum Koch. Wegen des Geldes, sagte er. Er ist verheiratet und hat drei Söhne. 14, 17 und 19 Jahre alt. Er muss Geld verdienen, um seinen Kindern die Schule und das Studium zu finanzieren. Auch die Kinder seiner Schwester finanziert er mit. Familie ist auf Kiribati sehr wichtig. Die Mehrzahl der Kiribatis lebt vom Fischfang und von der Kokosnussernte. Das Land ist sehr arm. Tourismus gibt es kaum.

Cooky erzählte, dass auf Kiribati immer die Sonne scheint und dass dort nur etwa 90 000 Menschen leben. Kiribati besteht aus etwa 40 Inseln im Südpazifik, von denen nur etwa 20 bewohnt sind. Die meisten Einwohner leben in Stelzenhütten am Strand mit einem Dach aus Palmenblättern. Er aber hat ein richtiges Haus aus Stein. Ich glaube, auf Kiribati ist Cooky ein reicher Mann. Seit sechs Monaten ist er schon an Bord, weitere sechs Monate möchte er noch bleiben. Die jetzige Route findet er langweilig, weil es alle drei Wochen dieselben Häfen sind. Aber er hat sowieso keine Lust mehr auf Landgänge. Wenn er abends mit der Arbeit fertig ist, ist er meistens sehr müde, und die Füße tun ihm weh. Aber er hat schon viel gesehen in seinem Seemannsleben. Er ist schon in Europa, Asien, Amerika und sogar in Disney-world gewesen.

»Die Deutschen essen sehr viel Fleisch. Am liebsten hätten sie es morgens, mittags und abends«, sagte er. Ich musste lachen und erzählte ihm, dass ich Fleisch eigentlich gar nicht mag. Auf Kiribati essen die Leute Fisch. Den könnten sie schließlich selbst fangen. Hier an Bord essen aber alle Kiribatis das, was er ihnen koche. »Was bleibt ihnen auch anderes übrig?«, fragte er und lachte dabei.

In der Küche war es sehr heiß, fast 40 Grad. Ich bekam eine Schürze, wusch und schnitt den Salat, würzte den Fisch und durfte ihn danach sogar braten. Es hat richtig Spaß gemacht. Heribert lachte, als er in die Kombüse kam, um nach mir zu sehen. Zu Hause koche ich schließlich höchst ungern.

Heribert musste heute auch ohne mich zu Mittag essen. Ich half Cooky und Mr. Steward noch beim Tellerbefüllen, Bedienen und Abwaschen. Während Mr. Steward die Offiziere und Ingenieure bediente, stand ich hinter der Durchreiche zur Mannschaftsmesse und reichte den Matrosen und Auszubildenden das gewünschte Essen. Es hat mir richtig viel Spaß gemacht. Als alle anderen satt und wieder gegangen waren, aßen Cooky, Mr. Steward und ich gemeinsam in der Mannschaftsmesse.

Jetzt habe ich zwei Stunden Pause, um 15 Uhr gehe ich wieder nach unten und helfe bei der Vorbereitung des Abendessens. Zunächst werde ich aber zu Heribert auf die Brücke gehen. Hoffentlich ist der Kapitän nicht da.

21.00 Uhr

Auf der Brücke setzte ich mich zu Heribert, und wir sahen gemeinsam aus dem Fenster aufs Meer. Ab und zu nahm ich mir eines der herumliegenden Ferngläser und sah mir die anderen Schiffe an. Der Blick aufs Meer hat etwas sehr Beruhigendes. Ich hätte stundenlang dort sitzen und nach draußen sehen können.

Herr Luttkus zeigte mir noch das Peildeck, das oberhalb der Brücke liegt. Auf dem Peildeck stehen der Magnetkompass und die Fahnenmasten. An den Masten muss immer die jeweilige Flagge des Landes gehisst werden, in welches das Schiff einläuft.

Kurz vor 15 Uhr ging ich wieder hinunter zu Cooky. Zum Abendbrot gab es Frikassee. Ich schnitt das Fleisch, bereitete die Brühe zu, würzte, schmeckte ab, würzte nach. Cooky dachte wahrscheinlich, dass ich das können müsse, weil ich eine deutsche Frau bin. Er ließ mir komplett freie Hand. Als ich nach Kapern fragte, wusste er nicht, was ich meinte. Ich wiederum wusste nicht, wie Kapern auf Englisch heißen. Aber irgendwann verstand er mich doch. Er sah im Vorratsraum nach, und siehe da: Er brachte ein großes Glas »Capers«. Ich schüttete das halbe Glas in den Topf, doch dann bekam ich etwas Bedenken. Kapern sind schließlich nicht jedermanns Sache. Aber niemand beschwerte sich. Das Geburtstagskind Herr Zink war sogar richtig begeistert und bat um ein paar mehr Kapern in seinem Essen. Am Nachmittag bekam ich übrigens ein großes Stück Schokoladentorte von ihm. Er hat sich richtig gefreut über sein kalorienreiches Geburtstagsgeschenk.

Nachdem alle Seemänner wieder gegangen waren und wir abgewaschen und die Kombüse gereinigt hatten, setzten wir uns wieder in die Mannschaftsmesse und aßen gemeinsam. Cooky war zunächst sehr schweigsam, aber ich stellte ihm so viele Fragen, dass er irgendwann doch anfing zu plaudern. Er erzählte lauter lustige Geschichten aus seinen Anfangsjahren als Seemann.

Er erzählte, wie er 1971 zu seiner ersten Reise nach Hamburg aufgebrochen war. Es war kurz vor Weihnachten und bitterkalt. Er und die 13 anderen Kiribatis hatten weder Jacken noch Pullover dabei. So eine Kälte kennen sie aus ihrer Heimat nicht. Dann erzählte er, wie er und seine Landsleute in ein Kaufhaus gingen und die Türen sich automatisch öffneten und schlossen. Sie seien vor- und zurück-, vor- und zurückgegangen und hätten es kaum fassen können. Er erzählte auch, wie er das erste Mal in seinem Leben Berge gesehen habe und diese unbedingt anfassen wollte. Was er dann auch getan hätte.

Es war sehr lustig, ihm zuzuhören. Mr. Steward und ich lachten die ganze Zeit. Cooky erzählte auch, wie er früher, wenn er nach Hause kam, seiner ganzen Familie die lustigen Geschichten aus aller Welt erzählte und alle damit unterhielt. Er erzählte ihnen auch von der Hamburger Reeperbahn und von der Straße für Seemänner, wo halbnackte Frauen in Schaufenstern sitzen.

Cooky hat neun Geschwister. Vier Brüder und fünf Schwestern. Einer seiner Brüder fährt ebenfalls zur See. Und auch einer seiner Schwäger. Auf meine Nachfrage erzählte er auch, wie er einmal auf dem Weg von Spanien nach New York drei Tage lang nicht kochen konnte, weil der Seegang zu stark war. Und er erzählte, wie er selbst einmal schrecklich seekrank wurde und unbedingt nach Hause wollte.

Während wir in der Mannschaftsmesse saßen und uns unterhielten, kam einer der deutschen Schiffsmechaniker in die Kombüse und machte sich daran, Brot zu backen. Cooky erzählte mir, dass er das regelmäßig tat. Er backe aber nicht nur für sich selbst, sondern für die gesamte Besatzung. Ich fand das sehr lustig.

Cooky hatte auf seiner neuen Proviantliste übrigens vergessen, Kekse zu bestellen. Nun gibt es drei Wochen lang keine Kekse an Bord. Und das sei ein echtes Drama. Wahrscheinlich, um einen Keksersatz zu beschaffen, fragte er mich, ob ich nicht Lust hätte, am Sonntag für alle Kuchen zu backen. Leichtsinnigerweise habe ich zugesagt.

Tag 12 – Manzanillo (Panama)

8.45 Uhr

Um 6.30 Uhr klingelte das Telefon, und Heribert musste auf seine Manöverstation. Ich habe ihn wieder begleitet. Und diesmal hat es sich doppelt gelohnt. Endlich konnte ich ein paar Fotos machen. Das Manöver hat insgesamt fast zwei Stunden gedauert. Nun gehen wir schnell frühstücken, und dann heißt es Landgang. Heribert wollte seine Wache tauschen, damit er um 12 Uhr nicht schon wieder zurück sein muss. Der Kapitän hat die Wache von 12 bis 15 Uhr jetzt aber Vladimir übergeben. Der Ärmste. Aber das ist gut für uns. Jetzt können wir in aller Ruhe zum Panamakanal fahren.

15.30 Uhr

Um 14.35 Uhr waren wir wieder zurück. Wir waren komplett durchnässt, weil uns ein heftiger Regenguss erwischt hatte. Wir waren schon wieder zurück auf dem Hafengelände, als es losging. Der Regen war so heftig, dass von einigen der geparkten Autos die Alarmanlagen angesprungen sind. Auch der Hafenbus fuhr nicht mehr. Aber jetzt erst einmal zu unserem Ausflug:

Wir haben uns ein Taxi genommen, um zum Kanal zu gelangen. Herr Luttkus wollte uns begleiten. Der Taxifahrer schien zunächst ganz nett, letztlich hat er uns aber völlig übers Ohr gehauen. Erst sagte er, er nähme 15 Dollar bis zum Kanal und noch mal 15 für den Weg zurück in die

Stadt. Als wir dann in der Stadt ankamen, wollte er plötzlich 60 Dollar haben, also das Doppelte. Er behauptete, dass sei von Anfang an so abgesprochen gewesen. Er drohte uns sogar mit der Polizei. Aber darauf wollten wir es lieber nicht ankommen lassen und bezahlten.

Den Ausflug haben wir aber trotzdem genossen. Ein riesiges Schiff von Hapag Lloyd passierte gerade die Schleuse, an der wir auf der Aussichtsplattform standen. Es war ein echtes Spektakel und wahre Millimeterarbeit. Links und rechts dieses bestimmt 300 Meter langen Containerschiffes fuhren je zwei kleine Lokomotiven, die mit Stahlseilen mit dem Schiff verbunden waren und es exakt in der Mitte des Schleusenbeckens hielten. Es sah aus, als würden die kleinen Lokomotiven dieses riesige Schiff ziehen, aber Heribert erklärte mir, das Schiff fahre zumindest am Anfang sehr wohl aus eigenem Antrieb.

Später in der Stadt waren wir noch etwas einkaufen und essen. Dann fuhren wir wieder zurück zum Hafen.

Als der Regen einsetzte, standen wir von einer Minute zur nächsten bis zu den Knöcheln im Wasser. Zum Glück war es warm, und wir konnten darüber lachen. Heribert ist jetzt wieder bei seiner Ladungswache, und ich habe unsere nassen Sachen gewaschen und stecke sie gleich in den Trockner. Gleich neben Heriberts Kammer gibt es nämlich einen kleinen Wäscheraum. Das ist sehr praktisch.

Tag 13 – Auf dem Weg zurück nach Puerto Cabello
8.45 Uhr

Nun sind wir auf dem Weg zurück nach Puerto Cabello. Heribert hat direkt nach seiner Wache beim Ablegen geholfen. Jetzt schläft er. Ich werde mal hinunter in die Kombüse gehen und mich etwas nützlich machen. Heute ist Sonntag. Ich muss also Kuchen backen.

13.30 Uhr

Der Kuchen ist leider nichts geworden. Er ist einfach nicht aufgegangen. Eigentlich sollte es ein großes Blech mit Brownies werden, herausgekommen ist ein großer, flacher Schokoladenkeks. Egal. Es schmeckt trotzdem. Cooky will den Kuchen um 15 Uhr in die Messen stellen. Ein Teller kommt in die Mannschaftsmesse, ein Teller in die Offiziersmesse.

Ich gehe jetzt nach oben zu Heribert auf die Brücke. Über meine Keks-Geschichte wird er sicher herzlich lachen.

Tag 14 – Auf dem Weg nach Puerto Cabello
15.00 Uhr

Gerade habe ich wahnsinnig viele Delphine gesehen. Bestimmt 40 oder 50 Stück. Es war eine ganze Großfamilie, die minutenlang neben der Bordwand mitgeschwommen und immer wieder aus dem Wasser gesprungen ist. Herrlich. Jetzt muss ich mich schnell für die Feueralarmübung umziehen.

21.00 Uhr

Der Drill (so heißt diese Übung) war sehr aufregend. Es gab sogar einen Einsatz gegen ein angebliches Feuer. Und ein Verletzter musste auch geborgen werden. Herr Zink spielte den Verletzten, der von zwei Rettungskräften aus dem brennenden Schiffsinneren gerettet wurde. Einige Crewmitglieder mussten Feuerschutzanzüge anziehen. So richtig mit Atemmasken und Sauerstoffflaschen. Ein Feuerwehrschlauch wurde auch ausgerollt. Das Löschwasser spritzten sie allerdings ins Meer und nicht an Deck. Das vermeintliche Feuer konnte angeblich aber nicht gelöscht werden, und so mussten alle Besatzungsmitglieder ins Rettungsboot klettern. Auch ich saß irgendwann im Rettungsboot. Ich hatte große Angst davor, dass sie es noch hinunter ins Meer lassen würden. Aber das war diesmal nicht der Fall. Glück gehabt. Heribert hat die Übung geleitet. Und ich finde, er hat es richtig gut gemacht.

Nach der Übung bin ich wieder hinunter in die Kombüse gegangen. Dort habe ich dann fleißig Frikadellen geformt und gebraten. Danach habe ich gestunken wie eine Frittenbude.

Heute habe ich auch endlich meine 22 Postkarten geschrieben. Die meisten Postkarten haben Panama-Motive, manche waren aus Aruba und einige aus Venezuela. Erstaunlich, dass Heribert so viele Postkarten hat, wo er doch selbst kaum welche schreibt. Jetzt tut mir meine Hand weh. Ich kann kaum noch den Stift halten. Heute Nacht kommen wir übrigens wieder in Puerto Cabello an. Morgen früh heißt es wieder Landgang. Ich kann es kaum erwarten.

Tag 15 – Puerto Cabello (Venezuela)
8.00 Uhr
Um ca. 3 Uhr morgens sind wir zum zweiten Mal in Puerto Cabello eingelaufen. Kurz nach 6 Uhr ist Heribert ins Bett gekommen. Knapp zwei Stunden später hat schon wieder der Wecker geklingelt. Ich glaube, Heriberts Laune ist heute noch schlechter als beim letzten Mal. Ich habe mal gelesen, dass Schlafentzug eine sehr beliebte Foltermethode ist. Der Ärmste. Ich würde auch allein einen Landgang machen. Das möchte er aber partout nicht. Er sagt, das sei viel zu gefährlich.

12.15 Uhr
Wir sind zurück. Der Landgang war richtig schön. Und Heriberts Laune wurde auch immer besser. Wir waren wieder schwimmen, und wir waren auch wieder in dem

kleinen Supermarkt vom letzten Mal. Eine Post haben wir leider nicht gefunden. Dann werden meine 22 Postkarten eben noch ein bisschen mit uns reisen.

Heribert arbeitet schon wieder. Ach ja, heute durfte endlich der Chief Mate (also der Erste Offizier) nach Hause. Fast zwei Wochen später als geplant. Wir haben uns heute Morgen noch kurz von ihm verabschiedet. Während wir an Land waren, wurde er abgeholt. Mal sehen, wie Vladimir sich allein so macht.

Tag 16 – Puerto Cabello (Venezuela)

11.00 Uhr

Wir sind noch immer nicht ausgelaufen. In letzter Minute sind noch ein paar Container hinzugekommen, die geladen werden müssen. Heribert erklärte mir, dass es immer eine sogenannte Pre-List gäbe, die vorab feststünde, und dann noch eine Final-List. Somit kann sich an der Planung immer auch kurzfristig etwas ändern.

15.00 Uhr

Vor einer halben Stunde haben wir Puerto Cabello wieder verlassen. Diesmal war ich während des Ablegemanövers auf der Brücke. Es war wirklich spannend, das Ganze mal von oben zu beobachten. Um 13.20 Uhr kam der Lotse an Bord. Ganz schick erschien er in seiner khakifarbenen Lotsen-Uniform. Auf dem Schiff trägt sonst niemand Uniform. Der Kapitän hatte heute allerdings ein schneeweißes Hemd an. Das trage er immer beim Ein- und Auslaufen, erzählte mir Heribert. Der Lotse begrüßte den Kapitän, bekam einen Kaffee, und dann ging es auch schon los. Ich hielt mich ganz still im Hintergrund. Der Kapitän sprach immer abwechselnd mit dem Lotsen und mit seinen Offizieren über das Funkgerät. Ich konnte Heribert am anderen Ende auch etwas sagen hören. Richtig verstanden habe ich ihn aber nicht. Die Leinen wurden losgemacht, zwei kleine Schlepper namens »Sabine IV« und »Sabine V« schoben das riesige Schiff. Wir wendeten ganz langsam im Hafenbecken. Der Auszubildende Herr Braun übernahm das Ruder. Der Lotse gab die Kommandos, der Kapitän wiederholte sie, und Herr Braun führte sie aus. Bis wir den Hafen verlassen hatten und der Lotse über die Leiter in sein Schnellboot stieg, verging mehr als eine Stunde. Kurz danach kam Heribert frisch geduscht und in Jeans und T-Shirt auf die Brücke und begann mit seiner Seewache. Der Kapitän ist daraufhin ziemlich schnell wieder gegangen. Ich werde mich jetzt noch etwas auf die Nock setzen und mein letztes Buch zu Ende lesen. Acht Bücher in 16 Tagen. Das ist Rekord.

Heute sind auch meine Flugdaten gekommen. In einer Woche fliege ich von Kingston zurück nach Hause. Ich fliege diesmal wieder über Miami, weiter nach Frankfurt und dann nach Berlin. Aber ich möchte noch gar nicht an meine Abreise denken. Ich möchte meine letzten Tage an Bord und vor allem die Zeit mit Heribert genießen. Es geht mir gerade richtig gut. Die Reise mit dem Schiff war eine wirklich tolle Idee. Alles ist so spannend. Und es ist toll, Heribert bei der Arbeit zu beobachten. Ich habe das Gefühl, ihn ganz neu kennengelernt zu haben. Ich bin sehr stolz auf ihn. Und mein Verständnis für seinen Beruf ist auf jeden Fall deutlich gewachsen. Ich glaube, wenn ich ein Mann wäre, würde ich umschulen und auch zur See fahren. Zumindest für ein paar Jahre.

20.30 Uhr
Zum Abendessen gab es wieder Zunge. Auch Heribert verzichtete dankend. Der Dritte Ingenieur, ein netter Fi-

lipino, saß bei uns am Tisch und unterhielt sich lange mit uns. Er ist schon seit sechs Monaten an Bord und will noch einmal so lange bleiben. Er hat zwei kleine Kinder. Zwei Mädchen, das eine ist zwei, das andere fünf Jahre alt. Von seiner Seefahrtzeit sprach er ganz negativ. Fast wie von einer Zeit im Gefängnis. Auch er macht den Job nur des Geldes wegen. Er verdiene sehr gut, sagte er. So viel Geld würde er auf den Philippinen niemals verdienen. Auch er unterstützt eine ganze Großfamilie. Seine Eltern, seine Geschwister und auch deren Kinder.

Tag 17 – Auf dem Weg nach Point Lisas (Trinidad)
9.00 Uhr

Heute Nacht habe ich spontan entschieden, mit Heribert auf die Brücke zu gehen. Ich beobachtete das Radargerät und stellte fest, dass ich mit Hilfe des Fernglases ständig kleine Boote sehen konnte, die das Radargerät gar nicht wahrnahm. Ich fand das unheimlich. Heribert erklärte mir, dass das wahrscheinlich kleine Fischerboote aus Holz seien, die das Gerät nicht erkennen würde. Alle paar Minuten leuchtete ein Alarmknopf. Den musste Heribert schnell drücken, sonst wird ein richtiger Alarm ausgelöst. Dieser Alarmknopf soll sicherstellen, dass der wachhabende Offizier nachts nicht einschläft. Und falls doch, bleibt es wenigstens nicht unbemerkt. Das finde ich sehr beruhigend.

Heute Nachmittag kommen wir übrigens in Point Lisas an. Ich bin schon ganz gespannt. Ich habe eine sehr romantische Vorstellung von Trinidad, aber Heribert meinte, dort gäbe es nur Industrie. Und ein Landgang sei auch nicht möglich. Schade.

22.00 Uhr

Heute Nachmittag haben wir den Anker geworfen, und dann hieß es wieder einmal warten. Um 20 Uhr sind wir dann aber eingelaufen. Heribert ist gerade zurückgekommen, hat geduscht und wollte sich hinlegen, als das Telefon klingelte. Der Azubi Herr Zink hat eine Verbrennung an der Hand und braucht medizinische Behandlung. Heribert hat sich also wieder angezogen und sich auf den Weg zum Krankenzimmer gemacht. Herr Zink ist aber auch ein richtiger Pechvogel. In seiner ersten Woche fiel ihm im Maschinenraum ein Kolben auf den Kopf, in der zweiten Woche wurde ihm in Puerto Cabello die Brieftasche gestohlen, und kurz bevor ich an Bord gekommen bin, hat er sich beim Schweißen die Augen verblitzt.

Tag 18 – Point Lisas (Trinidad)

10.00 Uhr

Mir ist kalt. Draußen sind es 30 Grad und Sonne pur. Aber hier drinnen läuft die Klimaanlage auf Hochtouren. Im Inneren des Schiffes bräuchte man fast einen Pullover. Durch das Fenster sehe ich die schönsten Strände. Von wegen nur Industriegebiet. Das Schiff verlassen darf ich trotzdem nicht. Aber ich werde etwas nach draußen an Deck gehen, um mir die Beine zu vertreten. Und um mich aufzuwärmen.

12.00 Uhr

Es war wirklich schön draußen. Ich traf den Auszubildenden Herrn Stabler, der die Rettungsringe neu beschriften musste. Auf Anweisung von Heribert. Ich hielt ihn etwas von seiner Arbeit ab, und wir plauderten ein wenig miteinander. Er scheint wirklich ganz nett zu sein. Er ist ziemlich ruhig, aber ich habe ihn die ganze Zeit ausgefragt. Sein Vater ist auch Kapitän, genau wie bei Heribert. Sein Vater fährt noch aktiv zur See. Vater und Sohn haben sich schon seit über einem Jahr nicht mehr gesehen. In einem Monat darf er aber nach insgesamt sieben Monaten Fahrtzeit wieder nach Hause.

Herr Stabler besucht eine Seefahrtschule in Cuxhaven. Nach der Ausbildung ist er Schiffsbetriebstechnischer Assistent. Im Anschluss an die Ausbildung möchte er noch Nautik studieren. Die Arbeit unten im Maschinenraum gefällt ihm nämlich doch nicht so gut, wie er dachte. Er hat gesagt, er würde lieber auf der Brücke stehen. Das habe er auf dieser Reise festgestellt. Es war seine erste Schiffsreise, und an seinem ersten Tag an Bord ging es ihm ähnlich schlecht wie mir. Das macht einen angehenden Seemann natürlich etwas nervös, aber ab dem zweiten Tag war alles wieder in Ordnung.

14.00 Uhr

Heribert rief mich vorhin an und meinte, ich solle schnell nach unten kommen. Sie hätten ein riesiges Bienennest an einem der Container gefunden. Bienen habe ich dann zwar nicht gesehen, dafür aber die Auszubildenden Luttkus und Stabler in Chemie-Schutzanzügen, mit Atemmaske und bewaffnet mit Spraydosen. Sie kamen gerade von ihrem erfolgreichen Einsatz gegen die blinden Passagiere zurück. Die beiden waren komplett am Ende. In den Anzügen muss es unerträglich heiß gewesen sein.

Ich setzte mich anschließend noch mit den beiden in die Messe. Allein der Riese Luttkus verschlang nahezu eine halbe Packung Toastbrot und fast ein komplettes Glas Nutella. Kein Wunder, dass es an Bord ständig einen Schokocreme-Engpass gibt.

Apropos Essen. Heute Mittag gab es Lachs. Und der war

wirklich sehr gut. Aber anscheinend mögen Seemänner, mal ganz abgesehen von den Kiribatis, keinen Fisch. Heribert mag keinen Fisch, und auch die Herren Luttkus und Stabler erzählten mir heute, sie würden keinen Fisch essen. Heribert nennt Fische immer »Außenbordkameraden«. Und die könne man schließlich schlecht essen. Diesen Spruch hat er von seinem Vater. Und die Auszubildenden nennen Fische jetzt auch schon so.

Tag 19 – Auf dem Weg nach San Juan (Puerto Rico)
14.00 Uhr
Ich habe heute Kuchen Nummer zwei gebacken. Und siehe da: Der sah am Ende tatsächlich aus wie ein richtiger Kuchen. Zwar ist erst morgen Sonntag, aber morgen sind wir eventuell in San Juan auf Landgang.

16.00 Uhr
Im Moment heißt es, dass wir um 20 Uhr ankommen. Ich hoffe aber, dass wir noch etwas warten müssen, damit wir nicht gleich morgen früh wieder ablegen. Ich möchte doch so gern noch mit Heribert an Land.

22.30 Uhr
Schade. Wir sind tatsächlich schon in Puerto Rico angekommen. Morgen früh um 6 Uhr legen wir schon wieder ab. Es wird wohl nichts aus unserem Landgang. Dabei wollte ich doch so gern noch ein paar Mitbringsel kaufen und endlich meine Postkarten abschicken. Jetzt hat Heribert die Auszubildenden gefragt, ob sie mich mitnehmen könnten. Wahrscheinlich hat er gar nicht gefragt, sondern ihnen eine Order gegeben. Und wahrscheinlich haben die Auszubildenden sich nicht getraut, nein zu sagen, und nun hängt ihnen die Freundin vom Zweiten Offizier an

den Hacken. Die werden sich bedanken. Und wenn sie ganz viel Pech haben, kommt der Kapitän auch noch mit.

22.40 Uhr
Herr Luttkus rief gerade an. Der Kapitän geht doch nicht mit an Land. Glück gehabt. Dafür gehen wir aber gleich los. Und Heribert muss in einer Stunde schon wieder arbeiten.

4.30 Uhr
Puerto Rico ist wirklich schön. Zu gern hätte ich die Insel bei Tageslicht gesehen. Puerto Rico gehört übrigens zu den USA, und weil wir mit dem Schiff eingereist sind, brauchte ich ein US-Visum. Mit einem Taxi sind drei der Auszubildenden und ich in die Stadt gefahren. Dann haben wir uns auf die Suche nach einer netten Bar mit Livemusik gemacht. Irgendwann landeten wir in einer ziemlich belebten Gasse. Volltreffer. Hier fanden wir eine Bar, in der eine Salsa-Band spielte. Wir haben Bier getrunken, übrigens das erste Bier meiner Reise. Da Heribert auf dem Schiff nie etwas trinkt, habe auch ich bisher darauf verzichtet. In der Bar beobachteten wir die Einheimischen und hatten wirklich Spaß. Es wurde ausgelassen getanzt. Wir Deutschen standen aber nur steif neben der Tanzfläche und staunten über die großartigen Tänzerinnen und Tänzer.
Später zogen wir noch weiter, sahen uns San Juan bei Nacht an und waren auch noch Billard spielen. Dann fuhren wir mit einem Taxi zurück zum Hafen. Um kurz vor 4 Uhr morgens waren wir an Bord. Jetzt bin ich ganz schön müde.

Tag 20 – Auf dem Weg zurück nach Kingston (Jamaika)

12.00 Uhr

Ganz früh am Morgen haben wir wieder abgelegt. Ich schlief so fest, dass ich gar nichts davon mitbekam. Das Schlimme aber ist, dass ein Besatzungsmitglied vermisst wird. Einer der Kiribatis, ein Schweißer, kam nicht rechtzeitig von seinem Landgang zurück. Jeder, der von Bord geht, wird von der bordeigenen Security in einem Buch vermerkt. Wenn man zurückkommt, muss man neben seinem Namen unterschreiben. Er, der Vermisste, war der Einzige, der außer uns noch von Bord gegangen war. Er war offensichtlich allein unterwegs. Heribert glaubt, dass ihm etwas zugestoßen sein könnte. Wenn er wieder auftaucht, muss der Agent dafür sorgen, dass er zum nächsten Hafen kommt. Wenn der Kiribati Pech hat, muss er nach Hause fliegen. Auf eigene Kosten. Und ist seinen Job los.

Heribert sagte, dass wir nur einen Tag bis nach Kingston bräuchten. Wenn dem tatsächlich so ist, muss ich früher von Bord und noch für eine Nacht ins Hotel.

18.00 Uhr

Um 15 Uhr habe ich den Kuchen angeschnitten und jeweils einen Teller in jede Messe gestellt. Ein Stück habe ich Heribert auf die Brücke gebracht. Er fand ihn ganz gut.

Dann saß ich zum Lesen noch etwas auf der Nock. Das Angebot der Bordbibliothek war übrigens noch schlimmer als befürchtet. Jetzt lese ich doch tatsächlich eines von Heriberts Büchern.

0.30 Uhr

Heribert ist vor einer halben Stunde hinauf zu seiner Seewache gegangen. Er hat sich gewünscht, dass ich ihn heute noch einmal begleite. Weil es seine letzte Nachtwache vor meiner Abreise in Kingston ist. Ich habe eigentlich keine Lust. Zumal der Seegang, zumindest für mein Gefühl, ziemlich heftig ist. Aber ich möchte ihn nicht enttäuschen. Also werde ich mich jetzt so langsam auf die Brücke schleppen. Schlafen kann ich sowieso nicht mehr. Ständig fällt wegen des starken Schaukelns irgendetwas herunter. Sogar die Kühlschranktür stand vorhin schon offen.

Heute Nacht fahren wir wieder einmal in eine andere Zeitzone, das heißt, dass auch die Uhr wieder einmal umgestellt wird. Heribert muss also auch länger arbeiten.

Tag 21 – Kurz vor Kingston
11.00 Uhr
Um kurz nach 6 Uhr morgens sind wir dann endlich ins Bett gegangen. Komisch, dieses Bordleben. Man hat überhaupt keinen geregelten Schlafrhythmus. Aber wenigstens rollt das Schiff jetzt nicht mehr so stark. Heute Nacht war es kaum zu ertragen.

Ach ja, zum Vermissten: Der Agent hat sich gemeldet. Der Kiribati ist tatsächlich wieder aufgetaucht. Was passiert ist, wissen wir trotzdem nicht. Er wird jetzt nach Jamaika geflogen. Allerdings über Miami. Das wird teuer.

12.30 Uhr
Beim Essen in der Messe gab es ein paar Neuigkeiten. Der Kapitän war heute richtig gesprächig. Als Erstes wird sich Heriberts Heimkehr wahrscheinlich um ein paar Wochen nach hinten verschieben. Seine Ablösung, beziehungsweise die Frau des anderen Zweiten Offiziers, erwartet in ein paar Wochen ein Kind. Und der werdende Vater möchte gern bei der Geburt dabei sein. Der Geburtstermin liegt wohl kurze Zeit nach dem geplanten Ablösetermin. Heribert reagierte etwas mürrisch, aber ich stieß

ihn in die Seite und sagte dem Kapitän, dass der Zweite, so nenne ich ihn noch immer, sehr großes Verständnis für diese Situation habe. Und sollte er selbst einmal in diese Situation kommen, würde er sich schließlich auch über ein derartiges Verständnis seiner Kollegen freuen.

Die nächste Neuigkeit war die, dass der Kapitän selbst demnächst abgelöst wird. Er muss operiert werden. Was ihm genau fehlt, hat er nicht gesagt. Und die dritte Neuigkeit war, dass wir – wie befürchtet – früher in Kingston ankommen und ich deshalb noch für eine Nacht ins Hotel muss. Schade. Somit ist heute also nicht mein vorletzter, sondern bereits mein letzter Tag an Bord. Aber ich habe noch die leise Hoffnung, dass wir keinen Liegeplatz bekommen, den Anker werfen, driften oder sonst was tun müssen und erst einen Tag später einlaufen.

15.00 Uhr

Mist, wir laufen tatsächlich gleich ein. Ich gehe ein letztes Mal mit vor zur Manöverstation. Und dann packe ich meine Sachen.

19.00 Uhr

Ich war gerade das letzte Mal in der Messe essen. Es gab Bratwurst mit Sauerkraut und Kartoffelpüree. Ich habe sogar die Wurst gegessen. Mr. Steward half uns, die Kokosnuss, die wir bei unserem Besuch in Puerto Cabello gekauft hatten, zu öffnen. Auf Kiribati sind sie schließlich Kokosnuss-Profis. Die halbe Kokosnuss schenkten wir ihm und Cooky. Ich verabschiedete mich von den beiden. Und ich wurde richtig traurig. Ich habe Cooky noch gefragt, ob er etwas dagegen habe, wenn ich in der Zeitung einen Artikel über ihn veröffentlichte. Er lachte und meinte, ich solle aber nur nette Sachen schreiben.

Der Dritte Offizier brachte mir noch eine selbstgebrannte DVD mit allen Filmen, die er in den vergangenen Monaten über das Leben an Bord gedreht hat. Unter anderem sind darauf Filme von den Feueralarmübungen. Ich war sehr gerührt. Auch die Auszubildenden hatten noch eine gebrannte CD mit Fotos für mich, auf der auch Bilder von unserem Ausflug ins Nachtleben von Puerto Rico waren. Dann ging ich zum Kapitän. Ich wollte meine Ausweise abholen und mich für die schöne Zeit auf seinem Schiff bedanken. Mir war ganz mulmig, als ich an seine Kammer klopfte. Aber er war auf einmal richtig nett zu mir. Er meinte sogar, er freue sich, dass ich mit dem Wetter so viel Glück gehabt hätte. Schließlich hätte es überhaupt keine Wellen gegeben. Ich nickte nur und widersprach ihm nicht.

Heribert brachte mich noch die Gangway hinunter. Er trug meinen Rucksack. Ich hatte wieder eine gelbe Weste an. Der Bus kam angefahren. Wir umarmten uns. Wir küssten uns ein letztes Mal. Dann stieg ich ein. Als ich im Bus saß, habe ich Heribert noch lange zugewinkt. Ich konnte es nicht glauben, dass drei Wochen vergangen waren. Mir war, als wäre ich gerade erst angekommen. Dieser Krach. Dieser Geruch. All die Lkw und Kräne. Während der Bus zum Ausgang fuhr, wurden Heribert und das Schiff immer kleiner. Ich winkte noch, als ich ihn kaum mehr sehen konnte. Dicke Tränen liefen mir über die Wangen.

Kapitel 5

AUSTRALIEN

Ich bin ein angenehmer Fluggast. Nie beschwere ich mich. Weder bei Verspätungen noch über das Essen. Selbst wenn kurz vor dem Ende eines spannenden Spielfilms meine Bord-Kopfhörer versagen, nehme ich mir lieber ein Buch und lese, statt mich bei der Stewardess zu melden und funktionierende Kopfhörer zu verlangen.

Die Fluggesellschaften haben meine ausgeprägte Genügsamkeit längst registriert, anders ist es nicht zu erklären, warum ich jedes Mal – aber wirklich jedes Mal – neben, vor und hinter schreienden Babys und Kleinkindern sitze. So ist es auch heute. Es ist Mitte November. Seit fünf Tagen regnet es ununterbrochen, und es ist kalt. Ich bin auf dem Weg nach Australien. Ich bin schon in London, gleich fliege ich weiter nach Hongkong, und von dort geht es nach Sydney. Das Boarding ist noch nicht beendet, aber schon jetzt haben sich insgesamt acht chinesische Babys und Kleinkinder mit ihren chinesischen Eltern um mich herum versammelt. Acht, das ist Rekord. Das Baby, das auf dem Schoß der jungen Frau direkt neben mir liegt, ist so klein, dass ich gar nicht erkennen kann, ob es ein Mädchen oder ein Junge ist. Die chinesische Mutter lächelt mich entschuldigend an und massiert mit kreisenden Bewegungen den Bauch ihres schreienden Kindes. Ich lächle zurück und setze mich. Als sie nicht zu mir sieht, stopfe ich mir Ohropax in die Gehörgänge und ziehe schnell die Bord-Kopfhörer darüber. Immerhin funktionieren die Kopfhörer. Die Lautstärke stelle ich so hoch ein, wie es nur geht. Das schreiende Kind höre ich aber noch immer. Insgesamt 28 Stunden werde ich unterwegs sein. Warum tue ich mir das an? Ich habe gar keine Lust auf diese Reise. Warum fliege ich 28 Stunden zu einer Hochzeit ans andere Ende der Welt, anstatt mich in ein Flugzeug zu setzen und Heribert auf seinem Schiff zu besuchen? Seit zwei Monaten habe ich ihn nicht gesehen. Gestern hat er mich kurz von der karibischen Insel Curaçao angerufen, um mir eine gute Reise zu wünschen. Ich war schlecht gelaunt während des Telefonats. Ich habe ihm Vorwürfe gemacht. Vor allem, weil ich wieder einmal allein auf eine Hochzeit muss. Heribert ist auf meine Vorwürfe gar nicht eingegangen. Das war auch besser so. Er kennt mich, er weiß genau, wann es sich zu streiten lohnt und wann ich mich von ganz allein wieder beruhige.

Ich will mich etwas ablenken, hole ein Buch aus dem Rucksack und schlage es auf. Als Lesezeichen benutze ich ein Foto von Heribert und mir. Auf dem Bild haben wir Strohhüte auf, wir stehen nebeneinander auf der Nock seines Schiffes und strahlen gut gelaunt in die Kamera. Im Hintergrund sieht man Container, blaues Wasser und einen leuchtend blauen Himmel. Beim Betrachten des Bildes werde ich ganz sentimental. Das Foto ist schon über ein Jahr alt. Entstanden ist das Bild auf meiner zweiten Schiffsreise.

Im vergangenen Sommer bin ich neun Tage von Malta über Großbritannien nach Hamburg mitgereist. Die Zeit an Bord war noch aufregender als bei meiner ersten Reise. Was aber hauptsächlich daran lag, dass ich Angst hatte, zu spät zu einer Hochzeit zu kommen. Und zwar ausgerechnet zur Hochzeit meiner besten Freundin Meike. Ich war die Trauzeugin, zu spät zu kommen war also nicht drin.

Fünf Tage habe ich in Malta auf Heribert und sein Schiff gewartet. Erst wurde das Schiff im Hafen von Damietta in Ägypten aufgehalten, dann mussten sie auch noch auf einen Liegeplatz in Malta selbst warten. Ich saß also auf dieser Insel fest und wurde zunehmend nervöser. Jeden Tag rief mich der maltesische Agent an, um mir mitzuteilen, dass sich die Ankunft des Schiffes noch weiter verzögern würde. Nach zwei Tagen sagte er mir, dass ich in ein anderes Zimmer umziehen müsse, weil mein Hotelzimmer bereits reserviert sei. Am dritten Tag musste ich sogar in ein anderes Hotel, weil meines komplett ausgebucht war. Ich war also andauernd damit beschäftigt, meine Sachen ein- und dann wieder auszupacken. Der schlimmste Moment aber war der, als ich zufällig vom Dach meines zweiten Hotels Heriberts Schiff sehen konnte. Ich lag auf einem Liegestuhl auf dem Hoteldach. Ich genoss die letzten Sonnenstrahlen des Tages und las ein Buch. Meine Tasche stand bereits gepackt im Zimmer. Ich war geduscht und bereit zur Abreise. Jeden Moment sollte der Agent mich abholen und zum Schiff bringen. Doch dann rief Heribert mich an und sagte, sie hätten keinen Liegeplatz und deshalb soeben den Anker geworfen. Nun müssten sie warten. Ich drehte mich um, blickte aufs Meer und fing an, im Kopf die noch verbleibenden Tage bis zur Hochzeit zu zählen. Plötzlich fiel mir ein Schiff auf. Ich fragte Heribert, ob es tatsächlich sein Schiff sei, das ich da sah. Fast hätten wir uns zuwinken können. Aber es war zu weit weg. Das war ein schrecklicher Moment. Ich konnte sein Schiff sehen, aber ich konnte nicht zu ihm.

Noch an diesem Abend auf der Dachterrasse hatte ich mich dazu entschlossen, Heribert nur kurz an Bord zu besuchen und dann von Malta wieder zurück nach Berlin zu fliegen. Ich wollte auf keinen Fall riskieren, zu spät zur Hochzeit zu kommen. Meike schrieb mir per SMS, dass sie vor lauter Nervosität schon eine Magenschleimhautentzündung habe. Dabei wusste sie noch gar nichts von meiner Verspätung. Und von der sollte sie auch nichts erfahren.

Als ich am fünften Tag meines unfreiwilligen Malta-Urlaubes endlich an Bord ankam, war Heribert enttäuscht, weil ich partout nicht bleiben wollte. Er rechnete mir vor, dass ich es noch immer pünktlich nach Hamburg schaffen könnte. Und sollte es doch zu knapp werden, könnte ich auch immer noch von Großbritannien zurückfliegen. Er versprach mir, alles Notwendige in die Wege zu leiten. Nach einigem Hin und Her ließ ich mich überreden und blieb.

Als wir sieben Tage später in der britischen Hafenstadt Felixstowe ankamen, sah es tatsächlich so aus, als würden wir es auch rechtzeitig nach Hamburg schaffen. Also blieb ich auch diesmal. Im schlimmsten Fall, so dachte ich, würde ich eben mit einem Taxi direkt vom Hamburger Hafen zum Standesamt fahren. Mein Kleid für die Trauung hatte ich bereits dabei. Sicherheitshalber. Nur zum Friseur würde ich es dann wahrscheinlich nicht mehr schaffen. Genau so kam es dann auch.

Um 5 Uhr morgens legten wir im Hamburger Hafen an. Um 10 Uhr war die Trauung im Standesamt Hamburg-Nord. Heribert durfte mich nicht begleiten. Ich war enttäuscht. In gewisser Weise hatte ich bis zum Schluss gehofft, dass er doch mitkommen könnte. Aber als Erster Offizier war er für die Ladung verantwortlich. Ein Landgang während der Löscharbeiten war ausgeschlossen.

Direkt nach dem Festmachen zog ich mein Kleid an. Ich versuchte, meine Haare mit viel Geduld und noch mehr Pflegeprodukten hochzeitstauglich zu frisieren. Dann ging ich von Bord. Heribert hatte mir untersagt, in meinen hohen Schuhen die Gangway hinunterzulaufen. Also trug ich Turnschuhe zu meinem Kleid. Außerdem musste ich einen Helm und eine Sicherheitsweste tragen. Der Kapitän lachte, als er mich so sah. Ich verabschiedete mich von der

Besatzung. Heribert brachte mich zum Hafenausgang, dann fuhr ich los. Im Taxi zog ich meine hochhackigen Schuhe an. Ich war die Erste am Standesamt. Ich konnte mein Glück kaum fassen.

Die eigentliche Überraschung passierte aber erst ein paar Stunden später. Die kleine Kirche, in der Meike und Laurent sich am Nachmittag das Jawort gaben, lag nur ein paar hundert Meter von der Elbe entfernt. Ich hatte gehofft, dass Heriberts Schiff nach dem Auslaufen noch zu sehen war. Dass er Meike und Laurent wenigstens noch einmal zuwinken konnte, wenn er schon nicht mit ihnen feiert. Doch als wir nach der Zeremonie von der Kirche in Richtung Restaurant aufbrachen, hatte Heriberts Schiff seinen Liegeplatz gerade erst verlassen. Ich stieg zu Meike und Laurent ins blumengeschmückte Hochzeitsauto. Ich hoffte noch immer, dass wir das Schiff sehen, mit dem Auto rechts ranfahren und Heribert zuwinken konnten. Wir fuhren die Elbchaussee hinunter zum Fischmarkt. Die ganze Zeit behielt ich die Elbe im Auge. Manchmal entfernten wir uns auch ein Stück vom Wasser. Dann wurde ich nervös. Immer wieder rief ich Heribert an, um zu fragen, wo sein Schiff gerade war. Ich hoffte, dass wir es noch rechtzeitig zum Restaurant schafften. Auch vom Restaurant konnte man auf die Elbe sehen. Doch in dem Moment, als wir am Fischmarkt vorbeifuhren, tauchte plötzlich das Schiff auf. Ich werde diesen Moment nie vergessen. Dieses riesige Schiff, das noch viel größer war als die Häuser am Ufer, schob sich ganz langsam durch den Fluss. Das Schiff schien fast zu schweben. Die gesamte Szenerie wirkte surreal. Laurent lenkte das Auto mit quietschenden Reifen auf den Bürgersteig und hielt an. Wir drei sprangen aus dem Auto und rannten über das

Kopfsteinpflaster zum Ufer. Meike hatte in ihrem wunderschönen bodenlangen Brautkleid Mühe, uns zu folgen. Fast wäre sie gestolpert. Ich hatte Heribert am Telefon.

»Kannst du uns sehen?«, rief ich aufgeregt und winkte in Richtung Brücke.

»Ja, ich sehe euch. Und vor allem sehe ich die schöne Braut«, antwortete er.

Wir drei standen am Ufer und winkten diesem 250 Meter langen Schiff. Heribert winkte zurück. Wir konnten ihn kaum erkennen. Er war nur ein kleiner Punkt ganz oben auf der Nock. Doch dann passierte etwas, das uns allen eine Gänsehaut bescherte. Heribert bediente das Schiffshorn. Dreimal erklang dieses tiefe, beeindruckende Schiffstyphon.

»Alles Gute zur Hochzeit«, rief er ins Telefon. Ich hatte den Lautsprecher angemacht, und wir drei hatten die Köpfe zusammengesteckt. Meike und Laurent umarmten sich, winkten dem Schiff und fingen an zu weinen. Auch ich musste weinen. Um uns herum waren Passanten stehen geblieben. Sie sahen uns verwundert an, aber auch sie winkten dem Schiff. Erst dann bemerkte ich, dass auf der Nock nicht nur Heribert stand und winkte, sondern auch der Kapitän und die Lotsen. Einer der Lotsen hielt eine weiße Fahne in der Hand. Die Lotsen hatten Heribert erlaubt, das Schiffstyphon zu bedienen. Eigentlich ist das nicht gestattet. Auch etwas unterhalb, an Deck, winkten uns ein paar der Besatzungsmitglieder zu. Ich konnte nicht erkennen, wer es war, aber viele der Crewmitglieder hatten in den vergangenen Tagen von meiner Sorge erfahren, nicht rechtzeitig zur Hochzeit meiner besten Freundin in Hamburg zu sein. Nun sahen sie, dass alles gutgegangen war. Ganz langsam entfernte sich das Schiff. Meike und Laurent umarmten mich.

»Das war das schönste Hochzeitsgeschenk«, sagte Meike mit tränenerstickter Stimme.

»Das werde ich nie vergessen«, verkündete Laurent.

Die beiden waren glücklich. Und ich war es auch.

In einem Film hätte ich eine solche Szene als unrealistisch und extrem kitschig empfunden. Wenn Heribert und ich diesen Moment so geplant hätten, hätte es niemals funktioniert. Aber so, wie es sich hier abgespielt hatte, war es ein kleines Wunder. Vielleicht sollte es so sein, dachte ich. Das lange Warten auf Malta, dann die Unruhe und die Sorge auf der gesamten Reise. Vielleicht sollte es so sein, für dieses phänomenale Erlebnis.

Nachdem wir drei uns wieder beruhigt hatten, gingen wir zurück zur Straße. Die anderen Hochzeitsgäste hatten in einem langen Autokorso hinter dem Hochzeitsauto gehalten. Verwundert sahen sie uns an, dann fuhren wir weiter zum Restaurant.

Wir feierten an diesem Abend ein wunderschönes Hochzeitsfest. Und obwohl Heribert bei dieser Feier nicht dabei war, spielte er doch eine große Rolle. Alle redeten von ihm.

»Das vorhin war tatsächlich dein Freund?«, fragten mich viele der Gäste.

»Ja«, antwortete ich strahlend und war unendlich stolz auf meinen Seemann.

Die Stewardess steht im Gang und bittet die junge Mutter neben mir, ihr Kind jetzt auf den Schoß zu nehmen und es ebenfalls anzuschnallen. Zur Sicherheit, denn gleich würden wir starten. Das Baby, das sich gerade erst beruhigt hatte, scheint die Worte der Stewardess zu verstehen und fängt jetzt wieder an zu schreien. Wie in einem Chor setzt nun auch das Weinen der anderen Kinder ein. Ich versuche, mich auf mein Buch zu konzentrieren. Über meine Kopfhörer läuft der Klassikkanal. Ich habe ihn eingestellt, weil ich dachte, klassische Musik wäre das Beste zur Beruhigung. Doch jetzt macht mich diese Musik aggressiv. Ich reguliere die Lautstärke ganz nach unten, atme tief ein und schwöre mir, dass ich, falls ich irgendwann kleine Kinder haben sollte, unter keinen Umständen mit ihnen in den Urlaub fliegen werde. Niemals. Oder ich tue es doch, denke ich ein paar Sekunden später. Aus Rache.

Große Australische Bucht, 04. 03. 2006

Liebe Nancy,

erst einmal möchte ich dir sagen, dass du natürlich recht hast. Ich schreibe dir zu selten. Ich finde es selbst immer wunderschön, wenn ich einen Brief von dir in den Händen halte und lesen darf, wie es dir geht, was du machst und was zu Hause los ist. Es gibt mir das Gefühl, ein richtiges Zuhause zu haben, in das ich so schnell wie möglich zurückkommen möchte. Und deshalb schreibe ich dir heute auch endlich mal wieder. Ich habe zwar immer das Gefühl, dass hier alles so langweilig ist und ich gar nichts zu erzählen habe. Hier ist schließlich jeder Tag gleich, und somit verliere ich schnell die Motivation, etwas anderes zu tun, als zu arbeiten, zu essen und zu schlafen.

Seit eineinhalb Monaten bin ich nun schon an Bord. Am Anfang der Reise war ich nicht gerade begeistert von meinem Kapitän. Er kam mir ziemlich alt, mürrisch und manchmal auch extrem pedantisch vor. Er hatte auf der Brücke für alles einen festen Platz. Auf dem ersten Navigationstisch mussten immer genau ein roter Kugelschreiber, ein schwarzer Kugelschreiber und sein Lieblingsbleistift liegen. Du weißt ja, wie sehr ich eine solche Art Ordnung liebe. Immer wieder kam es vor, dass ich im Laufe einer Wache das eine oder andere Utensil versehentlich woanders plaziert hatte. Auf dem zweiten Navigationstisch war es ähnlich. Es passierte also, dass ich stundenlang irgendwelche blöden Stifte suchte, die ich in der Eile irgendwo anders hingelegt hatte. Und ich wusste, wenn am Ende der Wache nicht wieder alles an seinem Platz liegen würde, gäbe es Ärger mit dem Kapitän. Nach einer Weile hatte ich mich aber an dieses Ordnungssystem gewöhnt. Du wirst es nicht glauben, aber auch ich entwickelte eine gewisse Routine, wie, wann und wo ich jeden einzelnen Stift hinlegte. Ich erschrak vor mir selbst, als ich merkte, wie pedantisch ich sein kann. Aber freu dich nicht zu früh. Wenn ich erst einmal zu Hause bin, werde ich dich mit meiner Unordnung (oder sagen wir, mit meiner Art von Ordnung) wieder in den Wahnsinn treiben.

Mit der Zeit verstand ich mich mit dem Kapitän immer besser. Jeden Tag auf meiner Abendwache (20 bis 24 Uhr) brühte ich etwas Kaffee auf, und er kam auf die Brücke. Wir unterhielten uns lange. Manchmal erzählte er mir drei Stunden lang aus seinem Seemannsleben. Gerade als wir dabei waren, ein schon fast persönliches Verhältnis zueinander aufzubauen, wurde er abgelöst und fuhr nach Hause. Ich bedauerte das sehr.

Den neuen Kapitän kann ich noch nicht so richtig einschätzen. Er kommt aus der Nähe von Berlin, ist verheiratet und hat einen Sohn. Auf der einen Seite finde ich es gut, dass er mir die Freiheit lässt, meinen Verantwortungsbereich so zu bearbeiten, wie ich es für richtig halte. Aber auf der anderen Seite kommen von ihm immer wieder Bemerkungen und Fragen, die meine Arbeit in Zweifel ziehen. Wahrscheinlich ist es nur eine andere Art der Schiffsführung, an die ich mich erst noch gewöhnen muss.

Jetzt aber mal zu einem anderen Thema: meine Kammer. Das Tollste an meiner Kammer sind die zwei großen Fenster, die man auch tatsächlich Fenster nennen kann. Sie gehen beide nach vorne raus, und da wir im Moment kaum Container geladen haben, habe ich einen tollen Ausblick und werde jeden Morgen von der Sonne geweckt. Das Wetter war bis auf die vergangenen Tage übrigens wundervoll. Blauer Himmel, etwa 28 Grad und kaum Wind. Ich bin abends nach meiner Wache oft noch an Deck gewesen und habe mir den Sternenhimmel angeschaut. Diese Momente würde ich so gern mit dir teilen. Einfach nur dasitzen, in die Sterne sehen und den Augenblick genießen. Manchmal denke ich, ich sollte härter sein. Ich bin doch ein Seemann. Und ein richtiger Seemann liebt nur die weite Welt und das Meer. Aber das kann ich nicht. Habe ich doch mein Herz bei dir in Berlin gelassen.

Zu meinen wenigen Highlights gehört übrigens die fast tägliche Runde Schach mit dem Zweiten Offizier. Er ist Russe und schlägt mich eigentlich immer. Bis jetzt habe ich nur dreimal gewonnen. Beim Tischtennis habe ich ihn aber, ohne mich jetzt besonders loben zu wollen, im wahrsten Sinne des Wortes an die Wand gespielt. Beim ersten Spiel habe ich mir zunächst einmal angeschaut, wie gut er ist. Ich wollte es ein bisschen gemütlich angehen lassen. Doch als er dann anfing zu schmettern, kannte ich keine Gnade mehr. Natürlich spiele ich viel lieber mit dir Tischtennis, und ich glaube, ohne unsere regelmäßigen Partien im Park wäre ich jetzt auch nicht halb so gut.

Ansonsten ist der Koch für mich so etwas wie der wichtigste Mann an Bord. Was der auf den Tisch zaubert, ist wirklich außergewöhnlich. Das Beste sind seine Bratkartoffeln. Und wenn es samstags Eintopf gibt, serviert er eine unglaubliche Knoblauchbutter zum frisch gebackenen Baguette. Er trinkt vielleicht ab und zu einen zu viel, aber das scheint seinen Kochkünsten eher zu nutzen als zu schaden.

Weißt du, worauf ich mich freue? Endlich mal wieder selbst kochen zu können. Auch wenn es nur eine Lasagne ist. Und am Schönsten wäre es, wenn wir zwei mal wieder zusammen kochen könnten. Wenn du willst, machen wir auch eine Spinatlasagne ganz ohne Fleisch. Na ja, vielleicht überleg ich mir das auch noch mal.

In zwei Tagen kommen wir übrigens in Sydney an. Ich freue mich schon richtig darauf, mich mit Eileen zu treffen. Endlich ein normaler Mensch. Einer, der nichts mit der Seefahrt zu tun hat. Ich habe mir heute mal die Hafenkarte von Sydney angeschaut. Wenn wir den Liegeplatz bekommen, der uns vorab mitgeteilt wurde, dann sind wir mitten in der Stadt. Zum Zentrum wäre es von dort nur ein Katzensprung. Ich werde natürlich auch versuchen, dich aus Sydney anzurufen. Jetzt muss ich aber erst einmal schnell auf die Brücke. Meine Wache beginnt gleich.

Ich liebe dich! Und ich vermisse dich. Danke, dass du so geduldig auf deinen Seemann wartest. Grüße doch bitte deine ganze Familie. Und natürlich alle Menschen, die sich freuen, von mir zu hören.
Pass auf dich auf! Bis hoffentlich ganz bald mal wieder!

Dein dich vermissender Heribert

Ich kann mich noch genau an den Tag erinnern, als Heribert und Eileen sich in Sydney trafen. Über vier Jahre ist das nun schon her. Ich war in Berlin, ich fühlte mich allein und war wahnsinnig neidisch. Wie gern wäre ich dabei gewesen. Es war Anfang März, in Deutschland war Winter, in Australien Sommer. Es gibt ein Foto von den beiden. Eileen hat es mir nach ihrem Treffen zugemailt. Die beiden stehen auf einer Wiese, im Hintergrund ist auf der linken Seite die berühmte Oper zu sehen, rechts die Harbour Bridge. Eileen trägt einen Sommerrock, ein ärmelloses T-Shirt und hat eine Sonnenbrille im Haar. Heribert trägt Jeans und ein weißes Polo-Shirt. Beide lachen in die Kamera. Einen Tag nach ihrem Treffen telefonierte ich mit Eileen. Ich wollte alles ganz genau wissen.

»Wie sah er aus?«, fragte ich. »Was hatte er an?« Eileen fand meine Fragen eigenartig.

»Ganz normal«, antwortete sie. »Jeans und T-Shirt.« Dann schickte sie mir das Foto von ihnen. Als ich es mir angesehen habe, musste ich weinen.

Einen Monat nachdem Heribert und Eileen sich in Sydney getroffen haben, hat Eileen ihren australischen Freund Vito kennengelernt. Vier Jahre später sitze ich im Flugzeug und fliege zu ihrer Hochzeit.

Zwölf mir endlos lang erscheinende Stunden später bin ich endlich in Hongkong gelandet. Ich schicke Heribert eine SMS. Ich schreibe, es gehe mir gut und ich hätte den Großteil des Fluges nun hinter mir. Ich entschuldige mich auch dafür, dass ich bei unserem letzten Telefonat so zickig war. Heribert hat mir erzählt, dass sein Kapitän demnächst abgelöst werden soll und dass er gegenüber der Reederei eine Empfehlung für Heribert als seinen Nachfolger abgegeben habe. Das könnte bedeuten, dass Heribert schon bald zum Kapitän befördert wird. Jetzt ärgere ich mich darüber, nicht genauer nachgefragt zu haben. Wie wahrscheinlich ist das Ganze denn überhaupt? Ich entschuldige mich für mein Desinteresse und wünsche ihm viel Glück. Es wird eine lange SMS.

In Hongkong ist es schon spät am Abend. Der Terminal ist fast menschenleer, die meisten Geschäfte haben geschlossen. Vielleicht wird auch mein Flugzeug leer bleiben, so hoffe ich zumindest. Eine Stunde lang laufe ich schnellen Schrittes auf und ab. Während die anderen Passagiere auf Laufbändern durch den Terminal gleiten, gehe ich neben diesen Bändern her. Ich muss mir die Beine vertreten. Bei Langstreckenflügen befürchte ich immer einen Blutstau in den Adern. Aus diesem Grund trage ich auch Thrombose-Strümpfe. Vor meinem Abflug in Berlin habe ich außerdem eine Aspirin genommen, während des Fluges dann noch eine. Die Tabletten verdünnen das Blut, den Tipp gab mir irgendwann einmal ein Apotheker. Heribert hat mich ausgelacht, als wir im vergangenen Jahr gemeinsam nach Australien flogen und ich ihm ebenfalls eine Tablette angeboten habe.

Beim Abflug in Hongkong habe ich dann tatsächlich zwei Sitze für mich allein. Im ganzen Flugzeug gibt es keine Kinder. Ich bin erleichtert und schlafe nach dem Abendessen sofort ein. Bei der Landung in Sydney ist es 8 Uhr morgens. Ich hatte Eileen gesagt, sie müsse mich nicht abholen. Aber sie hatte darauf bestanden. Ich wollte ihr keine Umstände bereiten, aber natürlich fand ich es schön, abgeholt zu werden. In Berlin werde ich fast nie abgeholt. Ich bin immer ganz traurig, wenn ich durch die Zollkontrolle komme, in all die erwartungsvollen Gesichter blicke, die auf ihre Liebsten warten, und ich wieder einmal allein nach Hause fahre.

Heute in Sydney ist es anders. Ich komme aus dem Sicherheitsbereich und sehe als Erstes Eileen und Vito in der Ankunftshalle stehen. Als Eileen mich sieht, fängt sie an zu weinen. Sie läuft auf mich zu. Wir umarmen uns. Jetzt muss auch ich weinen. Noch während der Umarmung sagt sie, wie sehr sie sich freue, dass ich tatsächlich da sei. In diesem Moment weiß ich, dass es richtig war, zu ihr zu fliegen.

Durch eine große Glastür verlassen wir das Flughafengebäude. Es ist heiß. Die Sonne scheint, und keine Wolke ist am Himmel. Die Wärme fühlt sich gut an. Wir steigen ins Auto, ich setze mich nach hinten und bin wieder einmal irritiert, dass sich das Lenkrad auf der rechten Seite befindet und alle Autos links fahren. Nach nur 15 Minuten kommen wir vor dem Haus an, in das Eileen und Vito erst vor ein paar Monaten eingezogen sind. Sie wohnen hier zur Miete, das Haus gehört Vitos Eltern. Es ist riesig, am Eingang stehen alte Säulen, drinnen gibt es hohe Decken, Stuck und herrlich alte Kronleuchter. Der Fußboden besteht aus neu abgeschliffenen Dielen, die etwas knarren, als ich über sie laufe.

Eileens Familie ist schon vor ein paar Tagen angereist. Ihre Eltern und ihre Schwester mit Freund sitzen in der Küche. Ich werde herzlich empfangen. Wir setzen uns zu ihnen an den großen Tisch und frühstücken. Eileen hat für ihren Besuch aus Deutschland extra dunkles Brot und dunkle Brötchen in der German Bakery gekauft. Auf dem Tisch stehen Marmelade, Honig und Nutella. Für mich gibt es Cream-Cheese, Gouda, Salat und Tomaten. Eileen kennt meine Frühstücksmarotten. Wir reden über die Hochzeit. Über den geplanten Tagesablauf, die Kirche, das Essen, den Fotografen und die Tischordnung.

»Wir haben übrigens einen sehr charmanten Tischnachbarn für dich organisiert«, sagt Eileen ganz nebenbei. »Du wirst ihn mögen. Er heißt Jack, er ist ein Freund von Vito und ein echter Weiberheld.« Vito kann kaum Deutsch. Was Eileen jetzt sagt, versteht er trotzdem. Er sieht mich an und grinst.

»Das ist ja super«, sage ich mit vollem Mund. Fast hätte ich mich an meinem Käsebrot verschluckt. Ich zwinge mich zu einem Lächeln. Von Heriberts und meinem Jahrestag habe ich Eileen nichts erzählt.

»Warum bist du eigentlich noch nicht verheiratet?«, fragt mich Eileens Mutter plötzlich. »Du und dein Freund, ihr seid doch auch schon seit ein paar Jahren zusammen, oder?«

Was soll ich auf diese Frage antworten? Soll ich sagen, dass zum Heiraten immer zwei gehören? Dass es schwierig ist, einen Termin zu finden, weil er immer unterwegs ist? Dass Heribert mich mit der Organisation eines solchen Festes nicht allein lassen möchte?

»Wenn man mal seine Seefahrtzeit abzieht, sind wir eigentlich gerade erst zusammengekommen. Er ist schließlich nie da«, antworte ich knapp, lächle dabei und lasse es wie einen Witz klingen. Es hat funktioniert. Jetzt lachen alle. Sogar Vito lacht.

Nach dem Frühstück zeigt Eileen mir mein Zimmer. Ich freue mich auf eine Dusche und darauf, endlich meine Thrombose-Strümpfe loszuwerden. Eileen und ihre Familie wollen ein bisschen shoppen gehen, aber darauf habe ich keine Lust. Ich möchte in die Stadt und mir noch etwas die Beine vertreten. Eigentlich bin ich müde und würde mich am liebsten hinlegen. Aber ich habe mir fest vorgenommen, den Tag durchzuhalten, damit ich nicht so schlimm unter den zehn Stunden Zeitverschiebung leide.

Ich fahre mit dem Bus in die Stadt und gehe spazieren. Als ich am Circular Quay ankomme, dem Verkehrsknotenpunkt am Fährhafen von Sydney, habe ich das Gefühl, als wäre ich erst vor ein paar Tagen hier gewesen. Ich erkenne alles auf Anhieb wieder. Ich weiß sofort, wo ich bin und wo sich was befindet. Das ist keineswegs selbstverständlich. Mein Orientierungssinn ist nämlich eine Katastrophe.

Ich laufe durch die angrenzenden Straßen. Ich genieße die Wärme, die Sonne und die ganze Atmosphäre. Ich atme tief ein und versuche, mich zu entspannen. Schließlich habe ich Urlaub. Doch auf einmal werde ich ganz sentimental. Ich erinnere mich daran, wie ich vor ein paar Monaten genau hier mit Heribert entlanggegangen bin. Ich richte meinen Blick nach oben, von hier kann ich die Terrasse von Eileens Firma sehen. Dort haben wir Silvester gefeiert. Ich bleibe stehen, merke dann aber, wie ich immer trauriger werde. Schnell gehe ich weiter. Ich laufe vorbei an dem Eisgeschäft, in dem Heribert und ich öfter Eiscreme kauften und Eileen einen Becher ins Büro brachten. Ich laufe vorbei an den

Touristen-Shops, in denen Heribert und ich nach kleinen Mitbringseln für unsere Familien und Freunde suchten. Und plötzlich stehe ich vor dem kleinen asiatischen Restaurant, in dem wir an unserem letzten Abend zum Dinner waren. Von einem Moment auf den anderen bin ich wütend auf Heribert. Warum musste er ausgerechnet Seemann werden? Dieser verdammte Egoist. Im gleichen Moment tun mir meine Gedanken auch schon wieder leid. Wahrscheinlich bin ich nur müde und deshalb so schlecht gelaunt, denke ich. Ich beschließe, in den Botanischen Garten zu gehen und mich etwas auszuruhen. Ich laufe am Ufer entlang zur Oper. Dann bleibe ich stehen. Ich sehe hinunter auf die Pflastersteine. Genau an dieser Stelle habe ich ein Foto von uns gemacht. Genau hier haben wir gestanden. Hinter uns die Oper und die Hafenbucht. Vor uns die Cafés mit ihren ganzen Sonnenschirmen. Wir haben die Köpfe zusammengesteckt, ich habe meinen rechten Arm ganz lang ausgestreckt und bei drei auf den Auslöser gedrückt. Solche Selbstporträts gelingen eigentlich nie. Meistens ist auf den Bildern der Arm zu sehen, mit dem man das Foto gemacht hat und der merkwürdig aus dem Bildrand ragt. Auch die Proportionen der Köpfe stimmen für gewöhnlich nicht, weil man die Kamera zu nah am Körper hält. Und dennoch, seit es Digitalkameras gibt, macht man ständig solche Bilder. Zu zweit ist es allerdings weniger peinlich, als sich allein zu fotografieren. Aber auch das habe ich schon geschafft.

Als ich vor ein paar Monaten genau an dieser Stelle das Foto auf dem Display überprüfte, sah ich, dass Heribert in dem Moment, als ich auf den Auslöser drückte, eine Grimasse geschnitten hat. Er sah aus wie ein Kugelfisch. Seine Augen hat er weit aufgerissen, seine Backen mit ganz viel Luft gefüllt, und dann hat er in die Kamera geschielt. Als ich das Foto sah, musste ich lachen. Auch jetzt muss ich lachen, weil ich an dieses Bild denke. Heribert wollte mich ärgern. Er ist immer schnell genervt, wenn ich zu viele Fotos mache. Vor allem ist er genervt, wenn ich zu viele Fotos von ihm mache. Er versteht nicht, warum ich immer alles fotografisch festhalten muss. Und ich verstehe nicht, wie man das nicht verstehen kann. Ich liebe es, mich hinzusetzen und mir alte Fotos anzusehen. Wenn Heribert weg ist, sehe ich mir oft Bilder aus der Zeit an, als er da war. Es müssen nicht immer Unternehmungen sein, manchmal fotografiere ich ihn auch, wenn er kocht, wenn er auf dem Sofa liegt und fernsieht. Manchmal fotografiere ich ihn sogar, wenn er schläft. Ich genieße es, wenn in mir beim Ansehen der Bilder die Erinnerungen und sogar die alten Gefühle wieder hochkommen.

Ich gehe weiter zum Botanischen Garten und beschließe, Heribert ein Fotoalbum unseres Australien-Urlaubs zu gestalten und es ihm als Weihnachtsgeschenk an Bord zu schicken. Ich überlege schon seit Wochen, was ich ihm schenken könnte. Geschenke auf sein Schiff zu schicken ist nämlich immer ein kleines Problem. Ich darf ihm keine Pakete senden. Die Reederei würde sie umgehend an mich zurückschicken. Wegen des Zolls. Das haben sie mir gesagt, als Heribert das erste Mal Weihnachten an Bord verbrachte. Damals war ich sogar ein bisschen erleichtert über diese Aussage, weil ich dachte, dass sich das Thema Geschenk damit zunächst einmal erledigt hätte. Aber Heribert protestierte heftig. »Kannst du mir nicht wenigstens ein kleines Geschenk schicken? Eines, das in einen Briefumschlag passt? Bitte!«, flehte er mich an. Ich versprach ihm, mir etwas zu überlegen. Und seitdem gibt es immer flache briefumschlaggroße Weihnachts- und Geburtstagsgeschenke.

So ein Album passt auf jeden Fall in einen Umschlag, denke ich. Es ist perfekt. Ich werde gleich heute noch mit dem Erstellen des Albums beginnen. Meinen Laptop mit all den Fotos und der Software habe ich dabei. Mit diesem Plan im Kopf geht es mir schon wieder etwas besser. Ich gehe durch das große gusseiserne Tor in den Botanischen Garten. Ich laufe auf die Liegewiese zu. Alles hier ist herrlich grün und ruhig. Ich erkenne auch den Baum wieder, unter dem ich vor ein paar Monaten mit Heribert lag. Ohne nachzudenken, laufe ich zu diesem Baum. Dort angekommen, lasse ich mich in seinem Schatten nieder und beobachte die Leute um mich herum. Niemand außer mir scheint allein hier zu sein. Überall sehe ich Familien und Paare. Viele von ihnen picknicken, andere liegen einfach nur auf der Wiese und bewegen sich kaum. Ich hole mein Buch aus der Tasche und fange an zu lesen. Ich muss noch einmal zurückblättern, weil ich mich kaum daran erinnern kann, was bisher passiert ist. Ich lese ein paar Seiten, dann schlafe ich ein.

Nordatlantik, 29. 04. 2006

Liebe Nancy,
erst einmal möchte ich mich dafür entschuldigen, dass du jetzt schon wieder so lange keinen Brief mehr von mir erhalten hast! Ich weiß, dass es dafür eigentlich keine Entschuldigung gibt, aber es ist irgendwie ein bisschen schwierig, die richtige Zeit zum Schreiben zu finden. Und noch viel schlimmer ist es, dass mein schlechtes Gewissen tagtäglich wächst, weil ich doch weiß, wie viel du mir immer schreibst und wie sehr du dich über Post von mir freuen würdest. Doch

glaube mir, hier passiert eigentlich gar nicht viel. Und wenn ich wie du jeden Tag ein bisschen schreiben würde, würde ich mich ständig nur wiederholen. Schließlich besteht das Bordleben doch hauptsächlich aus Routine, und ich habe ein wenig Sorge, dass ich dich mit meinen Geschichten langweilen könnte. Ich möchte dir doch nur wundervolle und interessante Briefe schreiben. Und ich möchte, dass du auch weiterhin denkst, dass das Leben eines Seemannes aufregend und abenteuerlich sei.

Nun aber genug davon. Ich erzähle dir lieber mal, was es tatsächlich Neues von hier zu berichten gibt.

Vor ein paar Tagen ist mein Schachpartner, der Zweite Offizier, abgelöst worden. Das ist für mich natürlich eine Katastrophe. Aber ich möchte mal nicht so sein. Er war immerhin sieben Monate an Bord. Es wurde also langsam Zeit, dass er nach Hause kam. Und zum Glück habe ich noch den Schiffsmechaniker. Mit dem gehe ich nun jeden Abend Tischtennis spielen. Ich verliere zwar meistens, aber es macht trotzdem Spaß. Er versucht mich auch immer zum Krafttraining zu überreden, aber dazu habe ich keine Lust. Außerdem habe ich ein bisschen Angst davor, dass ich, wenn ich erst einmal damit anfange, einen derart breiten Rücken und so riesige Oberarme bekomme, dass du mich nicht mehr wiedererkennst und womöglich auch nicht mehr attraktiv finden könntest.

Ich möchte dir auch noch ein wenig vom Kapitän schreiben. Mittlerweile verstehen wir uns nämlich sehr gut. Er erzählt mir viel von seiner Familie, und ich erzähle fast nur von dir. Na gut, ab und zu erzähle ich auch von meinen Eltern und meiner Schwester,

aber wie gesagt, hauptsächlich rede ich von dir. Er
scheint glücklich verheiratet zu sein, und wenn wir
so miteinander reden, denke ich oft daran, wie es
wohl mit uns beiden weitergehen wird. Ich glaube
nämlich, dass wir beide es gar nicht so schlecht ge-
troffen haben. Ich meine jetzt dich und mich. Ich
liebe dich nämlich so wahnsinnig, dass mir die See-
fahrt manchmal gar keinen Spaß mehr macht. Dann
sitze ich hier, höre traurige Musik und frage mich,
warum ich jetzt nicht einfach bei dir bin. Ich würde
gerade wahnsinnig gern mit dir einen Spaziergang
machen. Ja, du hast richtig gelesen, ich hätte gerade
wahnsinnig Lust darauf, mit dir durch Berlin zu lau-
fen. Heute ist der 29. April, einen Monat noch, dann
ist es endlich so weit, und ich darf nach Hause. Meine
Güte, ich freue mich schon so sehr auf unser Wieder-
sehen.
Aber ich muss dir ehrlicherweise auch sagen, dass die
Seefahrt noch immer mein Traum ist. Es ist zwar
nicht ganz so, wie ich es mir immer vorgestellt habe,
aber es gibt viele Tage, an denen mir mein Beruf
richtig viel Spaß macht. Aber keine Angst, ich träu-
me auch schon von unserer Hochzeit, unseren vielen
Kindern und meinem schönen Landjob, irgendwo da,
wo du bist. Ich glaube, ich muss noch mal kurz etwas
klarstellen: Als du mich in Singapur am Telefon ge-
fragt hast, ob ich dich heiraten möchte, habe ich auch
nur aus Spaß »Nein« gesagt. Denn damit du eines
weißt: Du bist meine Nummer eins! Ich liebe dich,
ich brauche dich und ich möchte mit dir zusammen
alt werden. Danke, dass du immer für mich da bist,
dass du so viele Briefe schreibst und so oft an mich
denkst. Ich schreibe dir vielleicht nicht ganz so oft,

*aber es gibt keine Sekunde, in der du nicht in meinen
Gedanken bist. Ich liebe dich, und ich vermisse dich
wahnsinnig doll.*

Bis ganz bald. Dein Heribert

Es klingelt an der Tür. Ich werde wach und lausche, was
passiert. Ich muss kurz überlegen, wo ich bin. Ach ja,
bei Eileen in Australien. Jemand läuft schnellen Schrittes
durch den Flur. Ich höre Frauen miteinander reden. Die
Stimmen sind sehr hoch. Jetzt wird gelacht. Ich höre Eileen, sie spricht englisch. Ich kann aber nicht verstehen,
was sie sagt. Ich höre, wie mehrere Leute an meinem Zimmer vorbei zum Wohnzimmer laufen. Jemand zieht einen
Rollkoffer hinter sich her, die Dielen knarren bei jedem
Schritt. Wahrscheinlich sind das die Friseurin und die
Frau für das Make-up, denke ich. Heute ist Eileens Hochzeit.

Mit noch geschlossenen Augen taste ich neben dem Bett
nach meinem Handy. Ich öffne mein rechtes Auge einen
Spalt und sehe auf das Display. Es ist 7.25 Uhr. Am liebsten würde ich mich wieder umdrehen und noch ein bisschen weiterschlafen. Aber dann sehe ich diesen kleinen
gelben Briefumschlag auf dem Display meines Telefons.
Ich habe eine SMS bekommen. Mit einem Schlag bin ich
hellwach.

*»Liebste Nancy, bei mir ist es zwar noch nicht Mitter-
nacht, aber bei dir ist jetzt schon der 20. November.
Und deshalb möchte ich dir danke sagen. Danke,
dass ich seit zehn Jahren mit dem wundervollsten
Menschen der Welt zusammen sein darf. Danke für
deine Geduld und dein Verständnis. Danke für die*

schönste Zeit in meinem Leben! Ich liebe dich! PS:
Wir werden auch bald heiraten. Versprochen.«

Die SMS ist von Heribert. Ich halte das Telefon in meiner
Hand und schließe die Augen. Ich hatte unser Jubiläum
schon fast verdrängt. Natürlich wollte ich ihm heute auch
noch eine SMS schreiben, aber ich hatte nicht damit gerechnet, dass er das vor mir tun würde. Eigentlich gehören
wir nicht zu den Paaren, die ihren Jahrestag feiern. Meistens war Heribert gar nicht zu Hause. Oder wir vergaßen
ihn einfach.

In diesem Jahr aber ist es etwas anderes. Zum einen sind
wir seit zehn Jahren zusammen. Zum anderen war das
Datum wegen Eileens Hochzeit sehr präsent. Wahrscheinlich habe ich Heribert in den vergangenen Wochen und
Monaten so sehr damit genervt, dass er gar nicht anders
konnte, als es sich zu merken. »Eigentlich müssten wir
doch an diesem Tag heiraten«, habe ich immer wieder zu
ihm gesagt. Ich lese die SMS noch einmal. Nach einem tiefen Seufzer stehe ich auf.

Eileen dreht ihren Kopf über die Schulter und betrachtet
sich mit skeptischem Blick im Spiegel. Sie sieht wunderschön aus. Ihr Brautkleid ist schneeweiß und besteht aus
unglaublich vielen Lagen weißen Tülls. Eileens Kleid ist
bodenlang, schulterfrei und hat keine Ärmel. Am Oberkörper liegt das Kleid ganz eng an. Unterhalb der Hüfte
wird es weit. Eileen sieht aus wie eine Prinzessin. In diesem Kleid wirkt sie ganz zart und zerbrechlich. Fast eine
Stunde hat es gedauert, bis Eileen ihr Kleid endlich an-
hatte. Ihre Mutter, ihre Schwester und ich haben ihr geholfen, in das Kleid zu steigen und all die kleinen Knöpfe
am Rücken zu schließen.

Vito hat die Nacht bei seinen Eltern verbracht. Eileen, ihre Familie und ich waren im Haus. Eileen überrascht mich. Dafür, dass sie in wenigen Stunden heiratet, ist sie erstaunlich entspannt. Auch der Rest der Familie ist sehr ruhig. Erst als das Hochzeitsauto, ein alter silberfarbener Rolls-Royce mit Chauffeur, vor dem Haus hält, sind alle etwas nervös.

Eileens Schwester Carolin, ihr Freund Simon, das Blumenmädchen, eine Großcousine von Vito, und ich setzen uns als Erstes in den Wagen. Eileen und ihre Eltern kommen nach.

Vor der Kirche treffe ich Martin. Auch er ist mit Eileen und mir zur Schule gegangen. Martin und ich waren sogar schon zusammen im Kindergarten, unsere Eltern wohnten in einem Haus. Martin ist mein ältester Freund. Wir kennen uns schon fast unser ganzes Leben. Unsere Begrüßung fällt überschwenglich aus. Nicola, seine Freundin, steht neben ihm. Die beiden sehen richtig gut aus, sie sind braun gebrannt und wirken sehr erholt. Sie machen gerade eine vierwöchige Tour durch Australien. Ihren Ausflug nach Sydney haben sie extra auf die Hochzeit abgestimmt. Ich bin froh, dass sie da sind. Gemeinsam gehen wir in die Kirche. Vito wartet bereits am Altar auf seine Braut. Alle paar Sekunden sieht er nervös zum Eingang. Ich winke ihm fröhlich zu. Seine Miene ist wie versteinert. Er sieht mich gar nicht.

Die Orgel beginnt zu spielen. Eileen läuft am Arm ihres Vaters langsam in die Kirche. Ich muss weinen. Ich wusste, dass das passieren würde. Ich bin auch nicht die Einzige. Überall werden Taschentücher gezückt. Auch so mancher Mann bekommt feuchte Augen. Aber bei ihnen fällt es weniger auf. Sie schluchzen nicht. Und sie müssen sich auch nicht ständig schneuzen.

Die Zeremonie in der Kirche ist sehr schön, aber kurz. Und das ist auch gut so. Hätte es noch ein paar Minuten länger gedauert, wäre wohl gar nichts mehr von meinem Make-up übrig geblieben.

Als wir uns außerhalb der Kirche in die Warteschlange einreihen, um dem Brautpaar zu gratulieren, sehe ich mich um und versuche, unter den australischen Gästen meinen Tischnachbarn auszumachen. Aber woran soll ich erkennen, wer von den Männern der charmante Weiberheld Jack ist? Vor der Kirche stehen mehrere Gruppen junger Männer. Die Frauen stehen etwas abseits in eigenen Gruppen. Ich kann also nicht einmal erkennen, wer von den Männern ohne Begleitung hier ist. Jack könnte so ziemlich jeder sein. Ich gebe auf.

Als wir ins Restaurant kommen, werden wir direkt am Eingang mit einem Glas Sekt empfangen. Martin, Nicola und ich sehen uns im Raum um. Alles hier ist sehr modern, die Wände und Möbel sind weiß, an der Decke hängen riesige Kronleuchter. Es gibt festlich gedeckte Tische, eine Bühne und eine Tanzfläche. Das Brautpaar und deren Familien sind noch beim Fotoshooting. Wir stellen uns an die Bar und nippen gutgelaunt an unseren Gläsern. Ich habe seit Stunden nichts gegessen. Ich war einfach zu nervös. Der Alkohol steigt mir sofort zu Kopf. Kaum haben wir unsere Gläser geleert, stellt uns der Kellner neue, volle Gläser auf den Tresen.

»Auf das Brautpaar!«, ruft Martin feierlich.

»Auf das Brautpaar!«, antworten Nicola und ich. Wieder prosten wir uns fröhlich zu.

Der Raum füllt sich langsam. Grüppchenweise treten die Gäste ein und fangen an, auf den Tischen nach ihren

Namensschildern zu suchen. Auch wir wollen wissen, wo wir sitzen. Auf jedem Schild stehen zwei Namen. Meinen Namen habe ich schnell gefunden. Und dennoch laufe ich erst einmal daran vorbei. Im ersten Moment denke ich, dass dieses Schild zu jemand anderem gehören muss. »Nancy & Jack« steht auf dem Schild geschrieben. Die beiden Namen sehen so fremd nebeneinander aus. Gleich daneben steht das Schild »Nicola & Martin«. Dieses Schild wiederum wirkt ganz vertraut. Also war ich doch richtig. Ich denke an Heribert. Warum steht da nicht »Nancy & Heribert«?

Wir setzen uns und beobachten, wie sich immer mehr Gäste an ihren Plätzen einfinden. Plötzlich steht ein großer, dunkelblonder Mann neben mir.

»Hallo, ich bin Jack«, sagt er und reicht mir höflich die Hand. Er lächelt mich an, ich lächle zurück. Es dauert ein paar Sekunden, bis ich registriert habe, dass er gerade deutsch mit mir gesprochen hat.

»Hallo, ich bin Nancy. Nett, dich kennenzulernen«, antworte ich schnell, als ich merke, dass die Pause etwas zu lang geworden ist. Jack sieht gut aus, er lächelt noch immer. Seine Zähne sind weiß und groß. Um die Augen hat er viele kleine Lachfältchen. Die kommen sicher von der australischen Sonne, denke ich. Jack begrüßt nun auch Martin und Nicola. Dann setzt er sich neben mich.

»Warum sprichst du so gut Deutsch, Jack?« Das ist mal wieder typisch. Ich kann die Stille einfach nicht ertragen, also stelle ich Fragen. Andererseits bin ich auch neugierig. Warum hat mir Eileen nicht erzählt, dass er Deutsch spricht?

»Mein Vater kommt aus Österreich. Und ich habe vor ein paar Jahren in München studiert.«

»Das ist ja toll. Dann können wir heute Abend ja deutsch

reden. Perfekt.« Ich freue mich. Mein Tischnachbar scheint tatsächlich nett zu sein. Ich bin erleichtert.

»Und warum bist du heute alleine hier?« Kaum, dass ich diese Frage gestellt habe, erschrecke ich wieder einmal über mich selbst. Wie hört sich diese Frage denn an? Jetzt denkt er sicher, dass ich ihn anmachen möchte. Ich habe wohl wieder schneller geredet als gedacht. Das passiert mir häufig. Aber besonders oft passiert es mir, wenn ich etwas getrunken habe.

»Ich bin erst seit ein paar Wochen mit meiner Freundin zusammen. Ich dachte, es wäre noch zu früh, sie direkt mit zu einer Hochzeit zu nehmen. Ich möchte lieber erst einmal abwarten, wie sich die Sache entwickelt«, antwortet er lächelnd.

Er ist also frisch verliebt, denke ich. Wunderbar. Jetzt erzähle ich ihm, dass auch ich einen Freund habe. Dass mein Freund Seemann ist und ich deshalb heute allein hier bin.

»Gut, dass wir das geklärt haben. Dann können wir doch jetzt anstoßen. Auf einen entspannten Abend«, sage ich und hebe mein Sektglas. Hilfe, ich kenne diesen Typen noch keine fünf Minuten, und schon benehme ich mich völlig daneben. Aber Jack lacht, und wir stoßen an.

Dann kommt endlich auch das Brautpaar ins Restaurant und mit ihnen die Familien. Der DJ, ein Cousin des Bräutigams, stellt alle paarweise vor. Mit viel Applaus nehmen sie auf ihren Stühlen Platz. Erst kommen Eileen und Vito, dann ihre Eltern, seine Eltern, dann die Geschwister mit Partnern. Der DJ sagt alles auf Englisch und dann noch einmal auf Deutsch. Die deutschen Sätze liest er von einem Zettel ab. Seine Aussprache klingt lustig. Wenn ich seine Erklärungen im Englischen nicht verstehen würde, hätte ich bei seinem Deutsch keine Chance.

Der Familientisch, an dem das Brautpaar und die Eltern

Platz genommen haben, steht leicht erhöht auf einer Art Podest. Ich finde das ungewöhnlich. Sie sitzen dort oben sozusagen auf dem Präsentierteller. Säße ich da oben, würde ich wahrscheinlich keinen Bissen herunterbekommen. Ich hätte die ganze Zeit das Gefühl, alle beobachten mich beim Essen.

Es ist eine schöne Feier. Wir essen gut, trinken viel, es gibt unterhaltsame und anrührende Reden. Als Eileens Vater seine Rede hält, muss ich weinen. Er kann kaum Englisch, wollte es sich aber dennoch nicht nehmen lassen, als Brautvater eine Rede zu halten, die jeder im Saal verstehen kann. Er hat die Rede auf Deutsch geschrieben, Eileens Schwester Carolin hat sie für ihn übersetzt und sie ihm dann in Lautschrift aufgeschrieben. Zu Hause in Falkenberg haben sie immer wieder geübt. Als er am Mikrofon steht und eine wirklich perfekte Rede hält, bin ich sehr gerührt.

Ich unterhalte mich auch sehr gut mit meinem Tischnachbarn. Wir reden über Australien, über Deutschland, über unsere Partner, die Familien und unsere Jobs. Jack ist Anwalt, gemeinsam mit zwei Freunden hat er seine eigene Kanzlei hier in Sydney. Hin und wieder tanzen wir sogar. Jack ist ein sehr guter Tänzer. Ich habe einen schönen Abend und denke kaum an Heribert. Zwischendurch muss ich dann aber doch an ihn denken. Auf der Tanzfläche bin ich für einen kurzen Moment sogar froh, dass er nicht da ist. Heribert ist ein richtiger Tanzmuffel. Noch während mir dieser Gedanke durch den Kopf geht, schäme ich mich dafür.
Irgendwann am späteren Abend kommen Eileen und Vito mit einem Fotografen an unseren Tisch. Wir sollen uns für

ein Gruppenfoto aufstellen. Das Brautpaar steht in der Mitte, Martin und Nicola stellen sich nach links, Jack und ich nach rechts. Jack legt seinen Arm um meine Schultern. Wir lächeln fröhlich in die Kamera.

Nach dem Foto entschuldige ich mich und gehe auf die Terrasse. Ich schäme mich, weil ich mich so selbstverständlich neben einen fremden Mann gestellt und in die Kamera gelächelt habe. Ich hatte nicht einmal ein komisches Gefühl dabei. Wie kann ich an unserem zehnten Jahrestag ohne Heribert auf einer Hochzeit sein, Spaß haben und mich dann auch noch wie selbstverständlich neben einen fremden Mann stellen? Es hat so ausgesehen, als wären wir zwei ein Paar. Was würde Heribert wohl zu diesem Foto sagen? Und wie würde ich reagieren, wenn Heribert sich ebenso verhalten hätte? Wahrscheinlich würde ich vor Eifersucht platzen. Schon allein der Gedanke daran erhöht meinen Pulsschlag. Ich hole mein Handy aus der Handtasche und schreibe Heribert eine SMS. Es ist schon die dritte SMS an diesem Tag. Ich schreibe ihm, dass ich wünschte, er wäre hier. Ich schreibe ihm, dass es eine sehr schöne Feier sei, ich sie aber gar nicht richtig genießen könne, weil er mir so fehle. Ich schreibe ihm, dass ich ihn liebe. Und dass ich es kaum erwarten könne, ihn endlich wiederzusehen.

Nachdem ich diese Nachricht abgeschickt habe, fühle ich mich etwas besser. Ich stehe auf und gehe zurück ins Restaurant. Als ich den Saal betrete, sehe ich, dass gleich der Brautstrauß geworfen wird. Eileen bittet mich schnell auf die Tanzfläche.

»Wir haben dich schon vermisst«, ruft sie und zwinkert mir zu. Ungefähr zwanzig junge Frauen sind auf der Tanzfläche, am Rand stehen die ledigen Männer und die verheirateten Paare. Ich weiß, dass Eileen es toll fände, wenn ich ihren Brautstrauß fangen würde. Aber bei dem Gedanken daran wird mir ganz übel. Diejenige, die den Strauß fängt, muss beim nächsten Lied mit ihrem Partner tanzen. Aber mein Partner ist doch gar nicht hier. Ich will den Strauß nicht. Und ich will auch nicht tanzen. Eileen wird von ihrer Schwiegermutter fünfmal um sich selbst gedreht, dann bleibt sie mit dem Rücken zu uns stehen. Eileen zählt langsam von fünf rückwärts. Während alle Frauen um mich herum einen Schritt nach vorn gehen, gehe ich einen Schritt zurück. Der Strauß fliegt durch die Luft. Ein Raunen geht durch den Saal. Alle Frauen reißen ihre Arme nach oben. Nur ich behalte meine Arme unten. Ich bewege mich erst, als ich sehen kann, dass der Strauß ein ganzes Stück links von mir landen wird. Als eine der Australierinnen den Strauß fängt, klatsche ich erleichtert in die Hände. Alle anderen klatschen auch. Dann müssen wir schnell die Tanzfläche verlassen. Die glückliche Fängerin dreht jetzt mit ihrem Freund ein paar Runden. Ihre rechte und seine linke Hand halten den Brautstrauß.

Eileen kommt auf mich zu. »Ich wollte so gern, dass du ihn fängst«, sagt sie und sieht unglücklich auf das tanzende Paar. »Dann hättest du Bertl sagen können, dass er dich bald heiraten muss.«

»Aber du hast den Strauß doch gar nicht in meine Richtung geworfen«, werfe ich ihr lachend vor. »Ja, tut mir leid. Aber durch die blöde Drehung wusste ich gar nicht mehr, wo vorne und wo hinten ist. Dabei hatte ich mir genau gemerkt, wo du stehst.«

»Schade«, sage ich.

»Ja, wirklich schade.« Eileen dreht sich um und geht zurück zu ihrem Ehemann, der sich gerade wieder zu seinen Eltern und Schwiegereltern an den erhöhten Tisch gesetzt hat.

Plötzlich steht Jack neben mir. »Ich hatte den Eindruck, dass du den Strauß gar nicht fangen willst«, sagt er leise und lächelt mich verschwörerisch an.

»Natürlich wollte ich das«, antworte ich empört und lächle zurück.

Kurz vor Gioia Tauro (Italien), 21. 09. 2006

Meine liebe Nancy,

es ist kurz nach 23 Uhr, in einer Stunde muss ich auf der Brücke sein, aber vorher möchte ich dir noch schnell einen Brief schreiben. Vor mir liegt eine Liste mit Stichpunkten zu besonderen Vorkommnissen, doch eigentlich brauche ich diese Liste gar nicht. Alles, was auf dieser Liste steht, habe ich sowieso im Kopf. Deshalb lege ich sie jetzt zur Seite und schreibe einfach auf, was mir gerade einfällt.

Mein jetziges Schiff ist ziemlich baugleich zu meinem letzten Schiff. Das ist sehr angenehm, weil ich mich nicht umgewöhnen musste. Eine Sache aber ist gravierend anders: Die Crewmesse und die Offiziersmesse sind seitenverkehrt. Das heißt, immer wenn ich zum Essen gehe, biege ich erst einmal in die falsche Richtung ab. Nachdem ich nun schon fast zwei Monate an Bord bin und mir das noch immer fast täglich passiert, fange ich so langsam an, an mir zu zweifeln. Jeden Abend nehme ich mir vor, dass mir das am nächsten Tag nicht passieren wird. Aber dann vergesse ich es doch wieder. Meistens stellt sich schon der Steward in den Gang und lächelt mich breit an, wenn ich mal wieder falsch abgebogen bin. Ich will nicht wissen, was der mittlerweile von mir denkt.

Aber nach vier Monaten ist es eben schwer, sich komplett umzugewöhnen. Vielleicht werde ich ja auch einfach nur alt.

Die Besatzung hier ist übrigens sehr nett. Die Offiziere sind meistens gut gelaunt. Und die Besatzung sowieso. Ich glaube, ich habe noch nie einen schlechtgelaunten Kiribati gesehen. Na ja, ab und zu, wenn sie etwas trinken, zum Beispiel beim Barbecue, werden sie gelegentlich etwas melancholisch. Sonst sind sie aber immer außerordentlich nett und lustig.

Der Einzige, der mir hier an Bord ein bisschen auf den Geist geht, ist der Schiffsmechaniker-Azubi. Er war vor seiner Ausbildung bei der Freiwilligen Feuerwehr. Irgendwo in einem Dorf in Niedersachsen. Ständig kommt er mir mit irgendwelchen Vorschlägen, wie man die Schiffssicherheit an Bord verbessern könnte oder wie man bei einem eventuellen Brandunglück vorgehen müsste. Ich versuche ihm dann immer zu erklären, dass er die Situation hier nicht mit der Situation an Land vergleichen kann. Dass an Bord nicht annähernd so viele Ressourcen da sind, um ein Unglück, egal welcher Art, genau wie an Land zu bekämpfen. Bis jetzt hat er es allerdings noch nicht so richtig verstanden. Na ja, aber irgendwie bin ich ihm auch dankbar. Er hält mich auf Trab und zeigt mir, was man hier an Bord noch verbessern sollte. So, jetzt muss ich aber mal schnell auf die Brücke. Ich melde mich später noch mal ...

Hallo, liebe Nancy, hier bin ich wieder. Was könnte ich dir als Nächstes erzählen? Ich war doch vorhin beim Thema Azubi. Wir haben an Bord übrigens auch eine Technische Offiziers-Assistentin, und die verdreht vor allem den Kiribatis ganz schön den Kopf. Das eigentlich Kuriose aber ist, dass sie die ihr aufgetragenen Arbeiten nicht selbst verrichtet, sondern ständig andere für sich arbeiten lässt. Vor ein paar Tagen kam der Feuerwehr-Azubi ganz aufgeregt zu mir und erzählte, dass er in den Maschinenraum kam, als sie sich gerade von einem Kiribati den Nacken massieren ließ, während ein anderer wieder einmal ihre Arbeit erledigte. Der Feuerwehrmann war ganz schön sauer. Ich musste lachen. Du weißt ja, was ich von Frauen an Bord halte. Sie bringen nur Unruhe rein. Was damit mal wieder bewiesen wäre. Aber du musst dir keine Sorgen machen, ich massiere ihr weder den Nacken, noch verrichte ich ihre Aufgaben. Auch wenn ich zwölf Monate von dir getrennt wäre, andere Frauen interessieren mich einfach nicht.

Der Kapitän ist übrigens derselbe wie auf meinem letzten Schiff. Wir verstehen uns sehr gut. Wir leihen uns auch immer gegenseitig Filme aus. Und wir spielen hin und wieder Monopoly zusammen. Na ja, eigentlich schaut der Kapitän immer nur zu. Vor kurzem saßen wir mal wieder mit ein paar Leuten in der Offiziersmesse zusammen und haben gespielt. Die Azubis, der Chief Engineer und ich. Der Kapitän kam nach unten und sah uns zu. Ständig gab er irgendwelche klugen Kommentare ab. Ich glaube, er hätte eigentlich gern mitgespielt. Aber es ziemt sich wohl nicht für einen Kapitän, mit den Auszubildenden Monopoly zu spielen.

Mit Landgängen sieht es diesmal leider nicht so gut aus. Ich habe es bis jetzt noch kein einziges Mal geschafft, an Land zu gehen. Aber morgen kommen wir in Gioia Tauro (Italien) an. Dann werden zwar wieder viele Leute an Bord kommen, die irgendetwas von mir wollen, und ich habe auch noch zwölf Stunden Ladungswache, aber anschließend können die mich alle mal. Dann gehe ich von Bord, kaufe mir eine Telefonkarte und rufe dich an. Ich freue mich schon so darauf, endlich mal wieder ausgiebig und ungestört mit dir zu telefonieren.

Und jetzt komme ich zum wirklich krassesten Vorkommnis hier an Bord. Ich habe es dir schon vor ein paar Tagen kurz am Telefon erzählt. Und ich werde es dir morgen sicher noch einmal ausführlich erzählen. Aber aufschreiben möchte ich es dir trotzdem gern:
Es ist mittlerweile schon zehn Tage her. Aber mir ist, als wäre es erst gestern passiert. Es war kurz vor 16 Uhr nachmittags, ich stand auf der Brücke und war gerade dabei, meine Wetterbeobachtungen zu machen, um sie dann ins Logbuch einzutragen. Ich sah also aufs Meer, um die Windstärke zu ermitteln, da fiel mir auf, dass backbord von uns ein Fischkutter trieb. Ich wunderte mich, weil das Boot auf dem Radargerät gar nicht zu sehen war. Da wir Windstärke sieben und relativ hohe Wellen hatten, verschwand das Boot immer wieder hinter den Wellenbergen. Wir waren mitten auf dem Indischen Ozean, die Südspitze Indiens lag etwa 100 nautische Meilen von hier entfernt. Ich wurde neugierig und wollte gern wissen, wer so verrückt war, sich bei diesem Wetter so weit aufs Meer hinauszuwagen. Und dann auch noch in einer solchen Nussschale. Während ich

versuchte, das Boot mit dem Fernglas zu beobachten, fiel mir auf, dass ich gar keine Aufbauten erkennen konnte. Alles, was ich sah, war ein dünner Mast mit einem Stück Stoff daran. Und als ich dann glaubte, eine Schiffsschraube und vier Menschen auf diesem Boot zu erkennen, das anscheinend kieloben umhertrieb, wollte ich sofort den Kapitän darüber informieren. Doch der war nicht gleich zu finden. Als er dann etwa eine halbe Stunde später endlich auf der Brücke war, waren wir schon so weit von dem Fischkutter entfernt, dass man das Boot kaum noch sehen konnte. Es dauerte ein Weilchen, bis ich den Kapitän davon überzeugt hatte, umzukehren. Du musst wissen, dass das mit einem so riesigen Containerschiff gar nicht so einfach geht. Zumal wir auch einen Fahrplan einzuhalten haben. Jede Verzögerung kostet Geld und bedarf eines guten Grundes. Der Kapitän glaubte mir aber, und wir drehten um. Es dauerte fast zwei Stunden, bis wir endlich wieder an der Stelle waren, von der aus ich das Boot gesehen hatte. Bis kurz vor dem Moment, als wir das Boot endlich erreicht hatten, glaubte der Kapitän noch, dass ich mich sicher geirrt hätte und es sich lediglich um ein ganz normales Fischerboot handelte. Doch als dann auch er die Schiffsschraube sehen konnte, löste er sofort Generalalarm aus. Die Rettungsaktion an sich verlief zum Glück reibungslos. Wir sind so nah wie möglich an das Fischerboot herangefahren, haben die Lotsenleiter ausgebracht und das Boot mit Hilfe von Leinen längsseits geholt. Wir waren froh, dass die Schiffbrüchigen noch in der Lage waren, allein hochzuklettern. Sonst wäre alles noch viel gefährlicher und komplizierter geworden. An Bord habe ich die vier *dann erst einmal medizinisch versorgt. Der Steward brachte ihnen etwas zu trinken und zu essen und trockene Kleidung. Die vier erzählten, dass sie sich schon seit drei Tagen an ihrem Boot festgeklammert hätten. Viele andere Schiffe seien in der Zeit schon an ihnen vorbeigefahren, ohne ihnen zu helfen. Sie hätten die Hoffnung auf Rettung schon fast aufgegeben. Sie kamen übrigens aus Sri Lanka, ihr Fischerboot war bei schlechtem Wetter und einem Ausfall der Maschine gekentert. Der Kapitän des Fischerbootes war über Bord gegangen. Für all das, was sie durchgemacht hatten, waren sie in einem erstaunlich guten gesundheitlichen Zustand.*

Der Kapitän meldete dem Büro in Hamburg die Rettungsaktion. Die kümmerten sich dann um alles Weitere. Wir nahmen die vier mit bis nach Suez (Ägypten), wo sie dann von Vertretern ihrer Botschaft abgeholt wurden.

So, meine liebe Nancy, es ist jetzt 6 Uhr morgens und ich muss dringend ins Bett.

Ich liebe und vermisse dich ganz wahnsinnig! Pass auf dich auf!

Dein Heribert

Die Dame im Flugzeug neben mir ist soeben aufgestanden und hat sich ein paar Reihen nach hinten gesetzt. Da hätte sie zwei Plätze für sich allein, erklärte sie mir lächelnd. Ich konnte mein Glück kaum fassen. Ich war gerade dabei, mir auch ihr Kopfkissen hinter meinen Rücken zu klemmen, als die Stewardess mit einem älteren Herrn ankommt und ihn ausgerechnet auf den leeren Platz neben mir setzt. Pech gehabt. Schuldbewusst ziehe ich das zweite Kissen wieder hinter meinem Rücken hervor und reiche es dem Herrn. Er lächelt mich an und erklärt mir in kaum zu verstehendem Englisch, dass das Baby, das zwei Reihen vor uns sitze, sein Enkelsohn sei. Er wolle gern in seiner Nähe sitzen. Na super, denke ich. Dann ist es nur eine Frage der Zeit, bis dieses schreiende Würmchen auf Opas Schoß sitzt. Ich nicke verständnisvoll, dann fange ich an, in meinem Rucksack nach den Ohropax zu suchen. Vorsichtshalber.

Ich muss noch mein Handy ausschalten, denke ich. Als ich es in der Hand halte, sehe ich, dass ich eine SMS von Eileen bekommen habe.

»Es war so schön, dass du da warst. Vielen Dank noch einmal für alles! Und vor allem für dein großartiges Geschenk! Ich werde dich hier vermissen! Guten Heimflug und eine dicke Umarmung! Deine Eileen«

Ich freue mich über die SMS. Und ich bin froh, dass ich zu ihr geflogen bin. Ich habe es nicht eine Minute bereut. Die Hochzeit war toll, das Wetter war großartig, aber der beste Moment war der, als Eileen das Album ausgepackt hat. Sie hat sich so gefreut, sie konnte es kaum fassen, und bei jedem Umblättern hat sie gestaunt, wer noch so alles in dem Buch vertreten war. Viele der Leute hat sie seit Jahren weder gesehen noch gehört. Es war schön, sie dabei zu beobachten, wie sie Seite für Seite die Bilder und die Glückwünsche betrachtete.

Ich schalte das Telefon aus und hole mein Buch aus dem Rucksack. Es ist dasselbe Buch, das ich schon auf dem Hinflug gelesen habe. Mein Foto-Lesezeichen hat es noch nicht einmal in die Mitte des Buches geschafft. Während meiner Zeit in Sydney kam ich kaum zum Lesen. Jede freie Minute habe ich dazu genutzt, das Fotoalbum für Heribert zu gestalten. Ich bin fast fertig geworden. Sobald ich zu Hause bin, werde ich es zum Drucken schicken und ihm so schnell wie möglich seinen Weihnachtsbrief zusenden. Hoffentlich kommt der Brief noch vor Heiligabend bei ihm an.

Singapur, 23. 10. 2006

Hallo, meine liebe Nancy,
erst einmal schöne Grüße aus Pelepas! Genauer gesagt, aus Tanjung Pelepas. Ich weiß schon gar nicht mehr, wie oft ich schon in diesem Hafen war. Aber eine gute Sache hat dieser Hafen: Noch höchstens einmal muss ich hierherfahren, dann kann ich mich endlich wieder in ein Flugzeug setzen und mich zu meiner Nancy auf den Weg machen. Wenn du diesen Brief in den Händen hältst, sind es wohl weniger als dreißig Tage, bis ich wieder nach Hause komme.
Wie war Australien? Ich habe fast jeden Tag versucht, dich auf deiner australischen Nummer anzurufen, aber das hat leider nicht geklappt. Du warst immer »not available«. Und das Schlimmste war, dass jeder Versuch Geld gekostet hat. Aber morgen kommen wir in Pelepas an. Da versuche ich es noch einmal über das malaysische Festnetz. Ich würde mich so freuen, deine Stimme zu hören. Leider habe ich in Pelepas aber wieder ganz schön viel zu tun. Es ist sozusagen unser Ausrüstungshafen. Es kommen mal wieder Tausende Techniker an Bord, um zum Beispiel die automatischen Feuerlöschanlagen zu überprüfen, andere checken die Rettungsinseln, und was

schon fast wie Weihnachten ist: Meine Bestellung für das Schiffssicherheits-Equipment, mit der ich mich am Anfang meiner Reise herumgeschlagen habe, soll geliefert werden. Endlich neue Feuerwehrhelme aus Stahl, neue Feuerwehrschläuche und so weiter.

Ich will dich nicht mit dieser Materie langweilen, aber ich bin die Kataloge rauf und runter durchgegangen, um die vielen Sachen zu bestellen, die wir so brauchen. Und das Beste ist, dass die Reederei meine Bestellung eins zu eins übernommen hat, ohne etwas wegzustreichen. Normalerweise wird nämlich immer das gestrichen, was ihrer Meinung nach zum Beispiel zu teuer ist. Aber sogar ein Gasspürgerät, mit dem man die Atmosphäre in Tanks messen kann, wird nun geliefert. Ich hatte am Anfang etwas Sorge, dass ich das mit der Bestellung nicht so hinbekomme, wie man es von mir erwartet. Immerhin habe ich das zum ersten Mal gemacht. Außerdem kostet das ganze Zeug unglaublich viel Geld. Aber es hat wohl alles gepasst, zumindest hat sich niemand beschwert.

Sonst gibt es, wie fast immer, nicht so wirklich viel zu berichten. Wobei, in meiner Eigenschaft als Medizinischer Offizier hatte ich in der letzten Woche so einiges zu tun. Am Anfang der Reise war diesbezüglich alles ziemlich ruhig gewesen. Außer ein paar Kopfschmerzen hatte ich nichts zu behandeln. Doch dann ging es los: Als Erstes hatte sich der Dritte Ingenieur bei der Arbeit an einem Hilfsdiesel mit einem riesigen Hammer auf das Bein geschlagen. Fußgelenkfraktur. Dann kam der Nächste mit riesigen Eitergeschwüren unter den Achseln. Hilfe, sah das eklig aus. Und dann die Krönung: Einer hatte sich beim Schweißen die Augen verblitzt, und ich musste seine Augen behandeln, weil er nichts mehr sah und unter starken Schmerzen litt. In den vergangenen Tagen ist dann erst einmal wieder Ruhe eingekehrt. Ich hoffe, das bleibt auch so. Ich bin nämlich kein großer Fan davon, anderen Leuten in den Augen oder in den Eitergeschwüren rumzustochern.

Was ich in letzter Zeit auch sehr interessant fand, war die Lieferung für unsere Apotheke. Ich bin hier nämlich auch der Apotheker an Bord, und was da alles kam, kann man sich kaum vorstellen. Tabletten, Spritzen, Katheter und noch vieles mehr. Ich hatte in Bremen zwar auch Vorlesungen in Medizin, aber nun Krankenschwester für knapp dreißig Leute zu sein ist dann doch etwas anderes.

So, meine liebe Nancy, ich werde jetzt mal langsam zum Schluss kommen. Leider habe ich nicht mehr viel Zeit. Ich hoffe, du bist mir deswegen nicht böse.

Ach ja, noch kurz eine lustige Geschichte: In Japan war ich mit dem Kapitän und zwei Azubis an Land zum Essen. Erst waren wir einkaufen, dann haben wir uns ein Restaurant gesucht. Es hat aber ganz schön gedauert, bis wir uns für eines entschieden hatten. Der Kapitän tat zwar ganz weltmännisch, aber er wusste wohl auch nicht so recht, wie und wo wir essen sollten. Als wir dann endlich in einem Restaurant saßen, sprach natürlich kein Mensch Englisch. Mein Gott, war ich froh, als die Bedienung mit Speisekarten kam, in denen Bilder vom Essen abgebildet waren. Auch der Kapitän atmete auf, er wollte sich doch nicht vor den Azubis blamieren. Jedenfalls bekamen wir dann auch tatsächlich etwas zu essen. Einer aß sogar Sushi, wobei ich dann alles erzählen konnte, was ich von dir über die Sushi-Kultur gelernt

*habe. Danke, dass du mich ab und zu dazu bringst,
etwas Neues auszuprobieren. Oh, Gott, habe ich das
jetzt wirklich geschrieben?*
*Ich liebe und vermisse dich so wahnsinnig, pass bitte
gut auf dich auf! Ich brauche dich nämlich noch. Bis
bald hoffentlich!*

Dein Heribert

Ich werde wach. Mein Nacken schmerzt. Mein rechtes
Bein ist eingeschlafen. Ich ziehe die Schlafbrille von
meinem Kopf. Es ist sehr hell im Flugzeug. Ich muss
etwas blinzeln, nur langsam gewöhne ich mich an das
Licht. Der ältere Herr neben mir schläft, auf seinem Schoß
sitzt sein Enkelsohn, auch er scheint zu schlafen. Der Junge ist vielleicht ein Jahr alt, er sieht niedlich aus. Er hat
blonde Haare und lange dunkle Wimpern. Ich sehe ihn
mir ganz genau an. Zwischen seinen Händen und seinen
Unterarmen hat er zwei riesige Speckfalten. Er sieht so
friedlich aus. Schlafende Kinder sind entzückend, finde
ich.
Meine größte Sorge auf Langstreckenflügen ist die, eine
Mahlzeit zu verpassen. Ich sehe auf die Uhr, in anderthalb
Stunden landen wir in London. Die Stewardessen sind gerade dabei, das Frühstück vorzubereiten. Der Geruch von
Kaffee liegt in der Luft. Ich bin erleichtert.
Eigentlich würde ich jetzt gern mal auf die Toilette gehen,
aber dazu müsste ich über meine beiden Sitznachbarn
klettern. Ich halte es sicher noch ein bisschen aus, sage ich
mir. Ganz vorsichtig schiebe ich den Sichtschutz am Fenster nach oben. Draußen haben sich kleine Eiskristalle an
der Scheibe gebildet und sich zu hübschen Formationen
zusammengeschlossen. Ich sehe mir die Eiskristalle an

und beginne darüber nachzudenken, was ich heute noch alles erledigen muss.

Wenn ich in ein paar Stunden in Berlin ankomme, muss ich mich erst einmal bei allen möglichen Leuten zurückmelden. Bei meinen Eltern, Großeltern, bei Peter, bei Meike und bei meinem Kollegen Marcus. Allen anderen schreibe ich in den nächsten Tagen eine SMS oder eine E-Mail. Eileen muss ich auch schreiben. Ich bin abergläubisch. Ich bin noch in der Luft, aber im Kopf formuliere ich schon die Textnachrichten, dass ich gut gelandet bin. Das kann doch nicht gutgehen. Ich suche nach Holz, um darauf zu klopfen. Es gibt hier kein Holz. Also klopfe ich mir dreimal gegen die Stirn. Das muss reichen, denke ich. Wenn ich in Berlin lande, wird alles weiß sein. Es hat geschneit, das habe ich im Internet gelesen. Außerdem ist bereits Advent. Ich komme gerade aus dem australischen Frühling. Und mir ist weder nach Schnee noch nach Weihnachten. Außerdem frage ich mich, wie ich wohl den Temperatursturz von fast 25 Grad verkraften soll. Am liebsten würde ich sofort wieder umkehren.

Dann denke ich an Heribert. Ich bin traurig, dass er mich auch diesmal nicht vom Flughafen abholen wird. Ich hole ihn immer ab, wenn er nach Hause kommt. Ich bin gerade kurz davor, wieder einmal wütend auf ihn zu werden, ohne dass er etwas dafürkönnte. Das ist nicht fair. Ich habe Urlaub gemacht, während er Tag und Nacht arbeiten musste. Sieben Tage die Woche, und das nun schon seit fast drei Monaten.

Bei Heribert muss ich mich heute natürlich auch noch melden. Fast drei Wochen habe ich nur per SMS mit ihm kommuniziert. Ich freue mich darauf, endlich wieder seine Stimme zu hören.

Am liebsten würde ich mir jetzt eine Liste schreiben. Ich

liebe Listen. Ich liebe es, Aufgaben durchzustreichen, sobald sie erledigt sind. Manchmal führe ich mehrere Listen parallel und schreibe sie zusammen, sobald ich mehrere Dinge auf den einzelnen Listen durchgestrichen habe. Ach ja, das Fotoalbum muss ich heute unbedingt noch zum Drucken schicken. Dann muss ich meine Klamotten waschen, einkaufen gehen, meine E-Mails lesen, meine Post durchsehen und so weiter. Morgen ist nämlich bereits mein erster Arbeitstag. Ich bin immer sehr geizig mit meinem Urlaub. Eigentlich hebe ich meinen Urlaub für die Zeit auf, in der Heribert zu Hause ist. Das führt dann oft zu dem Problem, dass ich in meinem Urlaub unbedingt verreisen möchte und er wiederum froh ist, endlich zu Hause zu sein. Meistens sieht der Kompromiss dann so aus, dass wir jemanden aus seiner Familie oder seinem Freundeskreis besuchen und es für ihn ein Besuch ist und für mich unter Urlaub verbucht werden kann.

Der ältere Herr neben mir ist nun wach, sein Enkelsohn auch. Der Kleine hat geweint und wurde von seiner Mama zum Frühstück nach vorne geholt. Das Frühstück war eigentlich ganz okay. Nur der Kaffee war scheußlich. Getrunken habe ich ihn trotzdem. Gleich landen wir in London. Von Meikes Ehemann Laurent weiß ich, dass die Landung immer die gefährlichste Phase eines Fluges ist. Noch gefährlicher als der Start. Kerzengerade sitze ich in meinem Sitz und versuche, mich auf mein Buch zu konzentrieren. Ich lese ganz langsam, Zeile für Zeile. Dabei bewege ich meine Lippen. Wahrscheinlich sehe ich gerade aus wie eine Analphabetin, die Lesen lernt. Es ruckelt, die Fahrwerke werden ausgefahren. Ich lese weiter. Wir verlieren an Höhe. Ich spüre, wie meine Ohren zuploppen. Ein paar Kinder beginnen zu weinen. Noch immer lese ich. Dann spüre ich das unsanfte Aufsetzen der Räder, alles in der Maschine ist in Bewegung. Die Schreie der Kinder haben etwas Hysterisches. Wir werden langsamer. Ich bin erleichtert. Jetzt noch die Strecke nach Berlin, und dann reicht es mir erst einmal für eine Weile mit der Fliegerei. Heribert wird sich sicher freuen, wenn ich ihm erzähle, dass ich so schnell nicht wieder wegfliegen möchte.

Ich suche meine Sachen zusammen, packe alles in meinen Rucksack und hole mein Handy aus der vordersten Tasche. Eigentlich dürfen die Handys jetzt noch gar nicht eingeschaltet werden. Aber die anderen Passagiere tun es auch, und außerdem bin ich neugierig, ob ich in den vergangenen Stunden eine SMS bekommen habe. Ich mache das Telefon an, gebe meine PIN-Nummer ein und warte. Mittlerweile haben wir unsere endgültige Parkposition erreicht. Bis zum Aussteigen kann es aber trotzdem noch dauern, das weiß ich aus Erfahrung. Viele der Fluggäste stehen bereits im Gang, sie haben ihre Jacken an und ihr Gepäck in den Händen. Ich gehörte noch nie zu diesen Zuerstaussteigern. Ich bleibe immer bis zur letzten Minute sitzen. Auch im Zug, in der U-Bahn und im Kino. Heribert ist da ganz anders. Er springt immer sofort auf, ganz so, als würde er sonst etwas verpassen. Meistens verlangt er auch von mir, dass ich aufstehen solle. Manchmal streiten wir uns nur deshalb, weil ich noch sitzen bleibe. Das wiederum führt natürlich nur dazu, dass ich noch weniger gern aufstehe.

Mein Telefon vibriert in meiner Hand. Ich habe eine SMS erhalten. Sie ist von Heribert. Aufgeregt lese ich die Nachricht. Ich lese sie immer wieder. Und beim Lesen bin ich froh, dass ich gerade nicht umfallen kann.

»Willkommen in Europa, meine kleine Weltenbumm-
lerin! Ich hoffe, du hattest einen angenehmen Flug!
Ich freue mich darauf, bald wieder mit dir zu telefonieren. Es gibt viel zu erzählen ... Ich liebe dich!
Dein Kapitän Riesenhuber«

Kapitel 6

WEIHNACHTEN UND SILVESTER

Aus dem Urlaub zurückzukommen ist gar nicht so schlimm wie befürchtet. Noch in der Luft stelle ich fest, dass Berlin unter einer weißen Schneedecke viel schöner aussieht als unter dem sonst üblichen Grauschleier. Auch den Temperatursturz verkrafte ich weit besser als gedacht. Ich will trotzdem schnell nach Hause, schließlich muss ich die ganze Welt darüber informieren, dass Heribert zum Kapitän befördert wurde. Doch zuallererst muss ich natürlich mit ihm selbst sprechen. Ich muss es von ihm selbst hören, sonst kann ich es nicht glauben. Schon aus London habe ich ihm zahlreiche SMS geschrieben. Im Bus schreibe ich ihm noch einmal. Ich schreibe ihm, dass ich in ein paar Minuten zu Hause bin.

Ich sehe aus dem Bus und sehe überall leuchtende Schwibbögen in den Fenstern und Lichterketten in den Bäumen. In ein paar Wochen ist Weihnachten, dann ist Silvester, und dann ist Heribert auch schon fast zu Hause. Ich habe das Gefühl, die schlimmste Zeit überstanden zu haben, und spüre bereits Wiedersehens-Vorfreude in mir aufsteigen.

Ich drehe den Schlüssel um, öffne die Wohnungstür, da klingelt auch schon das Telefon. Mit Schuhen und dem schweren Rucksack auf meinem Rücken renne ich ins Wohnzimmer.

»Hallo?« Ich bin ganz außer Atem.

»Willkommen zu Hause!«, sagt Heribert, und seine Stimme hört sich leicht distanziert an.

»Oh, nein, es geht schon los. Du veränderst dich. Deine Stimme klingt schon ganz nach Chef.«

»Ich rufe mit dem Satellitentelefon an. Die Stimme wird nur ein bisschen verzerrt.«

»Aber das Satellitentelefon ist doch wahnsinnig teuer.

Dann lass uns nicht so lange telefonieren. Los, erzähl schnell, wie geht es dir? Stimmt es tatsächlich? Bist du Kapitän?«

»Ja. Seit gestern.«

»Oh, mein Gott. Ich kann es gar nicht glauben. Als ich deine SMS gelesen habe, wäre ich fast vom Sitz gefallen. Wie fühlt es sich an?«

»Ich weiß nicht. Ich glaube, ich habe es noch nicht realisiert. Wenn mich jemand mit Kapitän anspricht, zucke ich jedes Mal zusammen.«

»Und der andere Kapitän. Ist der schon weg?«

»Nein, er fährt noch bis zum nächsten Hafen mit. Übermorgen geht er von Bord.«

»Aber wohnst du trotzdem schon in der Kapitänskammer?«

»Ja.«

»Und? Wie ist das so?«

»Da drin ist es wahnsinnig kalt. In der Kammer sind es maximal 16 Grad. Dem alten Kapitän war immer so warm, dass er die Klimaanlage auf dem gesamten Schiff ganz kalt einstellen ließ. Die armen Kiribatis laufen hier drinnen nur noch mit Wattejacken rum. Der Kapitän selbst trägt kurze Hosen.«

»Aber jetzt bist du der Kapitän. Mach es doch einfach wärmer.«

»Nein, das geht doch nicht. Ich muss schon warten, bis er weg ist.«

»Soll ich eigentlich alle informieren, oder willst du das selber machen?«

»Wenn du möchtest, kannst du gern etwas rumtelefonieren. Ich selbst werde erst mal nicht dazu kommen. Ich habe gerade wahnsinnig viel zu tun. Allein heute musste ich fast 40 Formulare ausfüllen, unterschreiben und weiterleiten. Meine Güte, als Kapitän muss man so viel Papierkram erledigen. Ich hatte ja keine Ahnung. Es tut mir leid, Nancy, ich muss jetzt auch schon wieder los.«

»Ach, schade. Habe ich eigentlich schon gesagt, dass ich wahnsinnig stolz auf dich bin? Ach ja, noch etwas: Ich will, dass wir bald heiraten! Ich meine das ernst! Ich will Frau Kapitän sein. Das klingt doch super. Das lasse ich mir dann auf meine Visitenkarten drucken. Wie findest du das?«

»Ach, ich weiß nicht. Als Kapitän steigen nun sicher auch meine Chancen bei anderen Frauen. Ich muss da noch mal drüber nachdenken.«

»Du Schuft! Unverschämtheit! Aber du weißt doch, dass du mich so schnell nicht loswirst.«

»Das hoffe ich. Ich muss jetzt weiter.«

»Ich liebe dich, Herr Kapitän. Pass auf dich auf!«

»Ich liebe dich, Frau Kapitän! Und grüß doch bitte alle von mir!«

»Wird gemacht! Ich liebe dich!«

»Ich liebe dich!«

Dann legt er auf. Ich sitze auf dem Sofa. Ich habe noch immer meine Schuhe an und den Rucksack auf dem Rücken. Ich streife den Rucksack ab, gehe ins Bad und werfe einen Blick in den Spiegel. Ich sehe in ein grinsendes Gesicht. »Er ist tatsächlich Kapitän«, sage ich zu meinem Spiegelbild. »Wahnsinn!«

Als Erstes rufe ich Boje an. Boje heißt eigentlich Björn und hat mit Heribert zusammen Nautik studiert. Die beiden waren wie siamesische Zwillinge. Nie sah man den einen ohne den anderen. Boje ist auch Seemann, im Moment hat er Urlaub. Das weiß ich so genau, weil er vor ein paar Tagen versucht hat, mich anzurufen. Auch die anderen Seemänner Kelly und Etienne müssen informiert werden. Und natürlich Paddy, der zwar kein Seemann ist, aber irgendwie immer zur Bremer Seemanns-Clique dazugehört hat. Ich telefoniere mit Heriberts Eltern, seiner Schwester Maria und mit all seinen Freunden. Ich rufe auch meine Eltern an, meine Großeltern und natürlich meinen Bruder Peter. Die Telefonrunde macht mir richtig viel Spaß. Es ist auch lustig, weil die meisten Leute mir zur Beförderung gratulieren. Und ein bisschen fühlt es sich tatsächlich auch so an, als wäre ich befördert worden. Nur Heriberts Vater reagiert ganz anders als alle anderen. »Und, wann heiratet ihr nun? Heribert hat doch immer gesagt, dass er dich heiratet, wenn er Kapitän ist?«

Was soll ich auf diese Frage antworten? »Das musst du schon deinen Sohn fragen«, sage ich schließlich und lenke vom Thema ab.

Am Abend ist dann irgendwann der Akku des Telefons leer. Ich war weder einkaufen, noch habe ich meine Wäsche gewaschen. Der Rucksack steht noch immer vollgepackt neben dem Sofa. Jetzt habe ich auch keine Lust mehr, ihn auszupacken. Erschöpft, aber glücklich gehe ich ins Bett.

Singapur, 06. 12. 2007

Hallo, meine liebe Nancy,
heute ist Nikolaustag. Hier an Bord ist es ein Tag wie jeder andere, doch ich hoffe, dass du wenigstens ein paar Kleinigkeiten in deinem Stiefel gefunden hast.
In knapp zwölf Stunden kommen wir in Singapur an. Dort, so hoffe ich zumindest, kann dieser Brief dann die lange Reise zu dir nach Berlin antreten. Ich ver-

misse dich ganz schön. Nicht, dass das neu wäre. Aber dieses Mal ist es sogar noch ein bisschen schlimmer als sonst. Ich glaube, es liegt daran, dass du beim letzten Mal zu mir an Bord gekommen bist. Diesmal kommst du leider nicht, und somit kommt mir die Zeit, die ich hier noch ohne dich verbringen muss, so unendlich lang vor.

Leider klappt es hier auch nicht so richtig mit dem Internet. Jetzt können wir also noch nicht einmal skypen. Aber genug von der Sehnsucht. Ich möchte dir jetzt ein bisschen von hier erzählen.

Der Flug hierher war leider nicht ganz so entspannend. Ich saß eingequetscht zwischen zwei etwas korpulenteren Herren. An Schlaf war also beim besten Willen nicht zu denken. In Singapur angekommen, wartete direkt an der Flugzeugtür eine Agentin auf mich. Sie half mir durch die Zoll- und Passkontrolle. Und dann ging es auch schon ins Hotel. Mein Zimmer dort war sehr gemütlich, ich legte mich noch ein letztes Mal für die nächsten Monate in die Badewanne und entspannte mich etwas. Dann ging ich abendessen und schlief ein paar Stunden. Am nächsten Morgen wurde ich abgeholt.

Im Auto saß schon eine Kiribatin, sie war die neue Stewardess. Sie sollte die alte Stewardess ablösen, weil diese schwanger war. Aber keine Sorge, keine der Damen könnte dir auch nur im Entferntesten gefährlich werden. Wir fuhren zum Schiff, und dort wurde ich gleich wärmstens vom Kapitän empfangen. Wir kannten uns schon von einer anderen Reise. Nach einem kurzen Gespräch machte ich mich auf, um die Übergabe mit dem alten Zweiten Offizier zu beginnen. Der wollte auch so schnell wie möglich nach

Hause. Nach nur einer knappen Stunde war alles gesagt, und er verabschiedete sich. Ich packte dann erst einmal meine Sachen aus und las noch etwas im Übergabeprotokoll. Um 15 Uhr übernahm ich dann zum ersten Mal die Wache.

Die Häfen, die wir in den letzten Wochen angelaufen sind, sind bis auf Shanghai und Singapur eher klein. Das ist ganz praktisch, weil wir so öfter an Land konnten. Aber wie gesagt, es gab leider nirgends im Hafen Internet.
Die Besatzung ist eher gewöhnungsbedürftig. Aber vielleicht liegt das auch nur daran, dass ich noch nicht lange hier bin. Derjenige, der am meisten nervt, ist der Erste Offizier. Er hat wohl etwas gegen »Schnellgetickte«, so nennt er jedenfalls meinen bisherigen Werdegang. Egal, wir müssen ja keine Freunde werden.
Meine Kammer ist kleiner als die auf dem letzten Schiff. Und auch nicht mehr ganz so gut in Schuss. Ich bin so froh, dass es beim letzten Mal geklappt hat und du an Bord mitgefahren bist. Mein jetziges Schiff und das Fahrtgebiet sind nämlich um einiges unattraktiver.
Oh, entschuldige bitte. Ich wurde gerade angerufen. Die neue Stewardess hat Probleme mit einem Weisheitszahn. Ich habe ihr zwar schon etwas zum Spülen und etwas gegen die Schmerzen gegeben, aber ich werde es mir besser noch einmal ansehen. Natürlich rein medizinisch. Ja, ja, ich bin hier auch der Zahnarzt vom Dienst.
Ich vermisse dich ganz wahnsinnig!

Ich liebe dich! Dein Heribert

»Er hat gesagt, er will dich im August heiraten.« Die Verbindung nach Brasilien ist schlecht, deshalb bin ich nicht sicher, ob ich sie richtig verstanden habe.

»Mona, könntest du das bitte noch einmal wiederholen? Ich verstehe dich kaum.«

Heriberts Mutter kichert am anderen Ende der Leitung. Wie ferngesteuert gehe ich mit dem Telefon zum Fenster. Ich hoffe auf besseren Empfang, aber das bringt natürlich nichts, schließlich telefoniere ich über das Festnetz. In der Leitung knackt es immer wieder, manchmal scheint die Verbindung auch ganz tot zu sein. Es ist der 20. Dezember, Heriberts Mutter hat heute Geburtstag.

»Er hat mich vorhin angerufen. Und er hat gesagt, wir sollen im August nach Deutschland kommen, weil er dich im August heiraten möchte. Er hat gesagt, dass ich es dir nicht erzählen soll. Es soll eine Überraschung werden.« Jetzt kichert sie wieder. »Das ist doch eine gute Nachricht so kurz vor Weihnachten, oder?« Ihre Worte überschlagen sich. Mona hat fast dreißig Jahre in Deutschland gelebt, nach der Trennung von Heriberts Vater ging sie wieder zurück in ihre Heimat Brasilien. Sie spricht sehr gut Deutsch, allerdings spricht sie oft so schnell, dass ich manchmal selbst bei einer guten Verbindung so meine Probleme habe, sie zu verstehen.

»Ja, das ist eine gute Nachricht. Aber warum erzählst du es mir, wenn es doch eine Überraschung werden sollte?«

»Weil eine Hochzeit doch organisiert werden muss, deshalb. Man kann doch niemanden mit einer Hochzeit überraschen. Das geht doch nicht.« Jetzt muss auch ich lachen.

»Und er hat wirklich gesagt, dass er mich heiraten will?«

»Ja, er hat gesagt: ›Mama, jetzt gibt es keine Ausreden mehr. Jetzt bin ich Kapitän. Jetzt muss ich Nancy heiraten.‹ Da habe ich ihn gefragt, ob er heiraten muss oder ob er heiraten will. Und da hat er gelacht und gesagt, dass er dich liebt und dich natürlich heiraten will.«

»Okay, Mona, ich sage ihm aber nicht, dass du es mir erzählt hast. Sonst wird er noch böse auf dich. Und auf mich auch. Und dann überlegt er es sich vielleicht noch einmal anders.« Jetzt lachen wir beide.

Nachdem ich aufgelegt habe, rechne ich noch einmal nach. Wenn Heribert im Februar und März zu Hause ist, dann fährt er von April bis Juli wieder weg und wäre im August zu Hause. Das würde passen. Aber im August zu heiraten widerspräche doch seinem Plan, erst dann zu heiraten, wenn er mit der Seefahrt aufhört. Will er etwa schon aufhören? So kurz nach seiner Beförderung? Nein, das halte ich für ausgeschlossen. Aber dann wäre die Hochzeit ja während seines Urlaubs. Das wollte er doch nie.

Eigentlich habe ich mir fest vorgenommen, es niemandem zu erzählen, aber das halte ich dann doch nicht aus. Ich rufe Meike an. Komischerweise ist sie von der Neuigkeit weniger überrascht als ich.

»Das wurde ja auch mal Zeit«, sagt sie.

»Erst mal abwarten. Vielleicht passiert es ja auch gar nicht.«

»Aber wenn er es doch schon seiner Mutter erzählt hat. Doch, doch, Nancy. Wenn er zurückkommt, macht er dir einen Heiratsantrag. Ganz sicher.«

Am liebsten würde ich Heribert sofort anrufen und ihn fragen, ob das, was seine Mutter gesagt hat, tatsächlich stimmt. Aber das geht natürlich nicht. Erstens würde ich seine Mutter verraten, und außerdem würde ich seine Planung kaputtmachen. Ach, hätte sie mal lieber nichts gesagt. Ich mag solche Ungewissheiten nicht. Ich bin eine Planerin. Falls wir tatsächlich im August heiraten sollten,

würde ich am liebsten schon mit der Organisation anfangen. Wir müssen uns auf ein Datum festlegen, wir
müssen eine Location finden. Dann müssen Einladungen
verschickt, Hotelzimmer gebucht werden und, und, und.
Ich fahre meinen Rechner hoch und fange an, eine Gästeliste zu schreiben. Nach ein paar Minuten frage ich mich,
was ich da eigentlich tue. Ich habe noch nicht einmal einen
Antrag bekommen, schreibe aber schon die Einladungs-
liste. Das ist doch verrückt. Ich lösche die Liste wieder
und mache den Computer aus.

Im Flugzeug, 30. 08. 2008

Meine liebe Nancy,
da du mir gesagt hast, ich dürfe nicht nach Hause
kommen, ohne dir vorher wenigstens einen Brief
geschrieben zu haben, muss ich mich jetzt ganz schön
beeilen. Das Flugzeug zurück nach Berlin ist gerade
gestartet, und ich habe knapp drei Stunden Zeit, um
dir einen wunderbaren Brief zu schreiben.
Entschuldige bitte die Schrift, aber hier ruckelt es ein
bisschen. Außerdem bin ich unglaublich müde. Ich
glaube, es ist schon ziemlich lange her, dass ich einen
so anstrengenden Sightseeing-Tag hatte wie heute.
Der Agent und der Schiffshändler wollten mir inner-
halb weniger Stunden unbedingt noch die halbe Tür-
kei zeigen. Und mir ihre engsten Familienmitglieder
vorstellen. So etwa 25 Verwandte pro Person. Bei
unseren gemeinsamen Urlauben war es nicht einmal
auch nur annähernd so anstrengend wie heute. Au-
ßerdem habe ich letzte Nacht kaum geschlafen. Ich
bin erst kurz vor 6 Uhr morgens ins Bett gekommen.

Um 10 Uhr wollten mich der Agent und der Schiffshändler abholen, also bin ich um 9 Uhr schon wieder
aufgestanden. Ich musste noch meine Sachen packen
und mich von allen verabschieden.

Ich könnte dir jetzt in allen Einzelheiten von meinem
Tag berichten, aber das kann ich auch nachher zu
Hause machen. Und dir dann passend dazu auch ein
paar Fotos zeigen. Nur so viel: Die Menschen hier
sind unglaublich nett und gastfreundlich. Ich könnte
seitenweise davon berichten und würde ihnen doch
nicht gerecht werden.

Das Tolle an diesem Flugzeugbrief ist übrigens, dass
es gar keinen schnelleren Weg gibt, ihn dir zukom-
men zu lassen, als durch mich. Du bekommst ihn also
vom schnellsten und liebenswertesten Postboten der
Welt. Wenn das nichts ist?

Die Zeit an Bord war übrigens richtig schön. Das
darfst du jetzt aber nicht falsch verstehen. Viel schöner wäre die Zeit natürlich gewesen, wenn ich sie mit
dir hätte verbringen können. Was ich lediglich damit
sagen wollte, war, dass sowohl die Besatzung als auch
der Kapitän für eine sehr angenehme Stimmung an
Bord gesorgt haben. Alle haben sich gut verstanden,
und die Leute in den Häfen der Türkei waren sehr
nett zu uns.

Habe ich dir eigentlich schon geschrieben, wie wahnsinnig ich dich in den vergangenen Monaten vermisst
habe? Es verging keine Sekunde, in der nicht mindestens ein Gedanke an dich durch mein Hirn geflogen
ist. Okay, das war jetzt eine etwas komische For-
mulierung, aber ich hoffe, du weißt, was ich meine.
Es ist aber auch wirklich schwierig, sich vor lauter

Vorfreude noch auf das Schreiben eines Briefes zu konzentrieren. In weniger als drei Stunden darf ich dich endlich wiedersehen. Ich freue mich schon auf den Moment, wenn ich dich am Flughafen endlich wieder drücken darf und du mich fast erwürgst. Zumindest hoffe ich, dass es so sein wird. Vorhin am Telefon hast du leider nicht ganz so fröhlich geklungen. Du hast mir mal wieder meine Schreibfaulheit der vergangenen Monate vorgeworfen. Liegt mein letzter Brief an dich wirklich schon fast ein Jahr zurück? Das kann ich kaum glauben.

Wer weiß, vielleicht steigert sich deine Vorfreude auch noch etwas. Denn schließlich kommt der Mann deiner Träume, der Vater deiner ungeborenen Kinder und der Lieblingsschwager deines Bruders nach einer langen und sehr anstrengenden Zeit voller Abenteuer und Gefahren zu dir zurück.

Liebe Nancy, gleich gibt es etwas zu essen. Und der Typ neben mir schaut mir ständig auf den Brief. Wahrscheinlich will er mitlesen, aber das möchte ich nicht. Der Brief ist doch für dich und nicht für dieses Riesenbaby neben mir. Oh, hoffentlich liest er das jetzt nicht. Entschuldige bitte, meine Schrift wird immer schlimmer. Aber das Flugzeug ruckelt auch immer stärker. Und außerdem kann der Typ neben mir nichts lesen, wenn ich so schmiere. Ha, ich glaube, es hat funktioniert. Er scheint das Interesse an dem Brief verloren zu haben. Im Augenblick liest er zumindest irgendetwas anderes. Ich werde jetzt schnell etwas essen. Ich melde mich gleich noch mal ...

... Oh, nein, ich bin nach dem Essen einfach eingeschlafen. Aber das war nicht meine Schuld, sondern

die Schuld der Stewardessen. Sie haben die Tabletts
einfach viel zu spät abgeräumt. In der Zeit des War-
tens bin ich einfach eingeschlafen. Das tut mir so leid!
Jetzt schaffe ich leider keine sechs Seiten mehr. Dabei
habe ich mir fest vorgenommen, dir mindestens sechs
Seiten zu schreiben. Aber jetzt sind wir schon im
Landeanflug. Ich liebe dich! Und das Tollste ist, das
kann ich dir gleich selber sagen … Ich freu mich soo-
oooooooooo …

Dein Heribert

»Und er kommt Weihnachten wirklich nicht nach Hause?« Diese Frage musste ich in den vergangenen Tagen
gefühlte einhundert Mal beantworten. Und jedes Mal
musste ich in betroffene, regelrecht erschütterte Gesichter blicken. Wie stellen sich die Leute das denn vor? Denken die, dass alle Seeleute Weihnachten nach Hause fliegen und ihre Schiffe dann verwaist irgendwo im Ozean
herumtreiben? »Nein, Heribert kommt Weihnachten
nicht nach Hause«, sage ich und versuche, dabei freundlich zu klingen. Natürlich fände ich es schön, wenn Heribert nach Hause käme. Aber eigentlich ist es auch gar
nicht so schlimm, weil wir Weihnachten ohnehin nicht
gemeinsam verbringen würden.
Selbst wenn Heribert an Land wäre, würde er Weihnachten bei seinem Vater und seinen Freunden in Niederbayern verbringen, und ich würde zu meiner Familie und
meinen Freunden nach Falkenberg fahren. Das war schon
immer so. Da gibt es keine Kompromisse. Weihnachten
heißt für mich Familie, es gibt Mamas Kartoffelsalat und
einen echten Baum aus Opas Garten. Am Abend des
ersten Feiertages ist es Tradition, dass ich gemeinsam mit

meinem ältesten Freund Martin im Wohnzimmer seiner Mutter sitze, wir uns unterhalten, etwas trinken und anschließend in unsere Kleinstadt-Disco namens *Blue Velvet* spazieren.

Unser Weihnachtsbaum knistert laut, während Peter und ich gleichmäßig die roten und silbernen Kugeln an den Zweigen verteilen. Der Baum ist so voll behangen mit Zapfen, dass wir ihn eigentlich gar nicht mehr schmücken müssten. Jetzt, im warmen Wohnzimmer, beginnen die Zapfen, sich langsam zu öffnen. Deshalb knackt es auch die ganze Zeit. Ich finde das herrlich. Es ist Heiligabend, draußen schneit es schon seit Stunden. Peter hat eine von unseren alten Weihnachtsschallplatten aufgelegt. Die Lieder kenne ich alle auswendig. Ich singe fröhlich mit. Peter zieht seine Stirn in Falten. Ich kann nicht singen, das weiß ich. Aber ich tue es trotzdem gern. Zumindest in einer sehr privaten Atmosphäre. Heribert verbietet mir das Singen oft. Davon würde er Kopfschmerzen bekommen, behauptet er. Plötzlich klingelt mein Telefon. Das war Gedankenübertragung, denke ich noch. Heribert ist am Apparat.

»Fröhliche Weihnachten, Herr Kapitän«, flöte ich in den Hörer.

»Fröhliche Weihnachten! Du bist ja gut gelaunt. Bist du schon zu Hause?«

»Ja, seit zwei Stunden. Und du? Wo bist du?«

»Wir sind kurz vor Florida, es sind 25 Grad, und wir werden gleich den Anker werfen.«

»25 Grad? Das ist ja furchtbar. Da kommt doch gar keine Weihnachtsstimmung auf.«

»Doch, doch. Bei uns in der Messe stehen zwei ge-schmückte Weihnachtsbäume. Heute Abend wird gewichtelt, und ein Barbecue gibt es auch noch. Mit Spanferkel natürlich.«

»Ach, das klingt doch wunderbar. Aber womit wollt ihr denn bitte wichteln? Ihr könnt doch nicht einfach einkaufen gehen.«

»Der Kapitän hat Order gegeben, dass jeder etwas einpacken soll. Irgendwas wird doch jeder in seiner Kammer finden. Und wenn es nur ein altes Buch oder neue Rasierklingen sind.«

»Und was ist mit der Weihnachtspost?«

»Ich habe mit dem Agenten telefoniert. Er hat behauptet, es sei nichts angekommen. Das glaube ich ihm nicht. Ich vermute, dass er nur keine Lust hat, heute noch im Hafen vorbeizukommen. Ich habe ihn aber gebeten, doch noch einmal genau nachzusehen. Ich habe ihm gesagt, ich würde auf sehr wichtige Seekarten warten.«

»Sehr gut. Ich drücke die Daumen. Und sonst? Ist alles gut bei dir?«

»Ja, alles gut. Mach dir keine Gedanken! Ich wünsche dir und deiner Familie ein tolles Weihnachtsfest. Und esst bitte für mich mit.«

»Machen wir. Und melde dich bitte, falls du deine Weihnachtspost doch noch bekommst, ja?«

»Mach ich. Ich liebe dich!«

»Ich liebe dich!«

Vor drei Wochen habe ich Heriberts Weihnachtsbrief abgeschickt. In dem gut gefüllten A4-Umschlag waren der obligatorische Brief, das frisch gedruckte Fotoalbum, ein paar Fußballzeitschriften, eine Weihnachtskarte und noch ein paar einzelne aktuelle Fotos vom Australien-Urlaub. Auch ein paar Fotos von Eileens Hochzeit waren dabei. Aber natürlich kein Foto von Jack und mir.

Heribert hatte gemeint, die Chancen stünden gut, dass der Brief noch vor Weihnachten bei ihm ankomme. Zumal die Reederei ohnehin noch Bordpost nach Jacksonville schicken wollte. Jetzt wäre ich natürlich enttäuscht, wenn er sein Geschenk doch nicht mehr rechtzeitig bekäme. Das nächste Mal ist er erst in drei Wochen wieder im Hafen.

Im Wohnzimmer meiner Eltern sieht es aus, als hätte eine Bombe eingeschlagen. Überall liegen Papierfetzen herum. Auf dem Teppichboden kräuseln sich Schleifenbänder unterschiedlichster Farben und Materialien. Es ist der erste Weihnachtsfeiertag. Meine zwei Opas, meine Oma, mein Onkel und meine Tante sind bei uns zu Besuch. Im Eiltempo haben wir alle unsere Geschenke ausgepackt. Zwei kleine Päckchen liegen aber noch immer unangerührt unter dem Weihnachtsbaum. Es sind Heriberts Geschenke. Eines ist von meinen Großeltern, das andere von meinen Eltern. Meine Oma hat außerdem Plätzchen gebacken. Eine Dose mit Heriberts Lieblingsplätzchen, den dunklen Schokoladen-Kokos-Talern, steht gleich neben den Päckchen unter dem Baum. Die Plätzchen, die Geschenke und ein paar der Schokoladenweihnachtsmänner werde ich mit nach Berlin nehmen und sie ins Wohnzimmer auf seine Kommode stellen. Dort werden sie dann auf ihn warten.

Meine Mutter sammelt gerade die Überreste des Geschenkpapiers vom Boden auf, mein Papa füllt die Schnapsgläser mit den unterschiedlichsten Weihnachtstropfen. Da klingelt das Telefon. Heribert ist am Apparat.
»Ahoi, Herr Kapitän!«
»Hallo, Nancy. Ich habe gerade meine Weihnachtspost bekommen.«

»Ui! Und, hast du sie schon geöffnet?«

»Nein, das wollte ich gern mit dir zusammen machen.«

»Na, dann mal los!«

»Warte kurz, das ist gar nicht so einfach mit nur einer Hand ...«

»Dann leg doch den Hörer zur Seite. Aber du musst trotzdem alles kommentieren, bitte!«

»Also gut, ich habe den Lautsprecher angemacht, lege jetzt das Telefon auf den Tisch und öffne den Brief.«

»Hach, ich bin ganz aufgeregt.«

»Und ich erst ... Mist, da ist ja noch Geschenkpapier drum.«

»Los, jetzt mach schon. Mach es auf!«

Es knistert am anderen Ende der Leitung. Dann ist es für einen Moment ganz still.

»Ein Fotoalbum. Wie toll!«

»Wirklich? Freust du dich?«

»Ich freue mich total. Wie schön. Das werde ich mir gleich ganz in Ruhe ansehen.«

»Freust du dich wirklich? Irgendwie klingt es gar nicht so.«

»Ich kann mich doch nicht noch lauter freuen. Was soll denn meine Besatzung von mir denken? Meine Tür steht doch offen. Aber wirklich, ich freue mich riesig. Das musst du mir glauben.«

»Na gut, ich glaube dir. Toll, dass das Album doch noch pünktlich angekommen ist! Es hören übrigens gerade alle mit.«

Meine Familie ist ganz leise, als ich ins Wohnzimmer komme. Erwartungsvoll sehen sie mich an. Dann rufen alle im Chor: »Frohe Weihnachten, lieber Bertl!«

»Ach, ich wäre jetzt gern bei euch. Hebt mir doch etwas vom Kartoffelsalat auf, ja?«

»Ich glaube nicht, dass das eine gute Idee ist. Aber okay,

wenn du dir das wünschst. Apropos Wunsch, was bekomme ich eigentlich zu Weihnachten?«

Langsam gehe ich wieder zurück in den Flur und schließe die Tür zum Wohnzimmer.

»Ach Nancy, du weißt doch, dass ich hier nichts kaufen kann.«

»Na ja, ein Brief von dir hätte mir schon genügt. Dein létzter Brief an mich liegt schließlich schon mehr als zwei Jahre zurück. Das weiß ich so genau, weil ich ihn erst vor kurzem in der Hand hatte. Das war der Brief, den du noch schnell im Flugzeug geschrieben hast. Erinnerst du dich?«

»Klar erinnere ich mich. Zwei Jahre soll das schon her sein? Das glaube ich nicht. Ich würde dir gern schreiben, wirklich, aber seit ich Kapitän bin, ist es hier noch viel stressiger geworden. Sei mir bitte nicht böse.«

»Ich bin dir nicht böse. Ich bin nur etwas traurig. Und jetzt muss ich auch wieder zurück ins Wohnzimmer. Wir wollten gerade anstoßen.«

Ich verabschiede mich und gehe zurück zu den anderen. Mein Vater hat vor jeden ein Schnapsglas gestellt. Mit dem Anstoßen haben sie auf mich gewartet.

»Auf Bertl!«, ruft mein Opa gutgelaunt, als ich das Wohnzimmer betrete. Ich setze mich.

»Auf Bertl«, wiederholen alle anderen. Dann wird es für einen Moment ganz still. Alle trinken aus ihren Gläsern. Die Männer auf ex, die Frauen Schluck für Schluck. Die Schallplatte ist zu Ende und dreht sich geräuschlos auf dem Plattenteller, nur die Zapfen des Weihnachtsbaums knistern.

Viel schlimmer als ein partnerloses Weihnachtsfest ist es, am Silvesterabend allein zu sein. Silvester sind nur Paare unterwegs. Bei genauerer Überlegung muss ich feststellen, dass es auch in meinem Freundeskreis immer weniger Singles gibt. Ich freue mich natürlich über all die glücklichen Beziehungen, aber im Moment fühle ich mich ganz allein. Ich stehe in der Küche, esse ein Käsebrot und sehe aus dem Fenster. Ich habe mir bisher noch keine Gedanken um Silvester gemacht. Ich habe das Thema verdrängt. Doch jetzt ist Weihnachten vorbei, und der Jahreswechsel naht.

Warum müssen meine Eltern ausgerechnet jetzt in den Skiurlaub fahren? Liebend gern hätte ich Silvester gemeinsam mit ihnen auf dem Sofa verbracht. Wir hätten uns lustige Hüte aufsetzen können, wir hätten ein paar Luftschlangen im Wohnzimmer verteilt und vor dem Fernseher literweise Sekt getrunken. Aber wahrscheinlich wären sie sowieso ausgegangen. Manchmal habe ich das Gefühl, dass meine Eltern häufiger ausgehen als ich. Warum habe ich keine Eltern, die Silvester zu Hause bleiben? So wie andere Eltern auch.

Ich beiße lustlos in mein Käsebrot. Die Familie im Haus gegenüber ist auch gerade dabei, zu Abend zu essen. Die bleiben Silvester bestimmt zu Hause, denke ich.

Ich bin kein großer Fan von Silvester. Dieses auf Knopfdruck heiter sein, und um Mitternacht liegen sich alle in den Armen. Ich kann es einfach nicht ausstehen. Und noch viel weniger leiden kann ich diese brennenden, laut knallenden Wurfgeschosse. Ich habe Angst vor Böllern. Jedes Jahr fürchte ich mich davor, dass einer von ihnen in meiner Kapuze landet, erst meine Jacke Feuer fängt und dann meine Haare brennen. Jedes Jahr sehe ich mich gedanklich schon in Flammen stehen. Am liebsten würde ich zu Hause bleiben, früh ins Bett gehen und den Jahreswechsel einfach verschlafen. Aber das geht nicht. Eigentlich ginge das schon, aber wahrscheinlich würde ich im Laufe des Abends einen Einsamkeitsanfall bekommen, ich würde Heribert bei seinem mitternächtlichen Anruf Vorwürfe machen und damit nicht nur mir, sondern auch ihm den Start ins neue Jahr verderben. Er hat mir auch schon ziemlich deutlich zu verstehen gegeben, dass er es nicht ertragen könnte, mich allein zu Hause zu wissen. Er hat es mir regelrecht verboten. Na toll, denke ich. Er ist gar nicht da und will mir auch noch vorschreiben, was ich zu tun habe.

In Gedanken gehe ich meinen Freundeskreis durch. Meine Yogafreundin Nicole ist in der Schweiz, mein Kollege Marcus auf Rügen, Ulf ist in Rom, und meine Freunde Marcel und Andreas gehen zu einer Geburtstagsparty. Mein Bruder Peter feiert gemeinsam mit seiner Freundin auf irgendeiner Neuköllner WG-Party. Gefühlt sind die Leute dort wahrscheinlich alle nur halb so alt wie ich. Das ist also auch keine Option.

Meine Freundin Kathrin und ihr Mann Jan, Eltern von zwei kleinen, entzückenden Kindern, haben sich für die Silvesternacht eine rollende Sauna bestellt. Kathrin erzählte es mir vor ein paar Wochen. Die Sauna in Form eines großen Holzfasses wird ihnen auf den Hof ihres neugebauten Hauses geliefert und am Neujahrstag wieder abgeholt. Die Vorstellung, die Silvesternacht in einer kuscheligen Sauna zu verbringen und sich zwischendurch mit einem Sprung in den Neuschnee abzukühlen, reizt mich. Ich hole das Telefon und rufe Kathrin an. Sie ist kurz angebunden, sie erzählt mir, dass die ganze Familie unter einem akuten Magen-Darm-Infekt leide. Im Hintergrund höre ich ihre schreienden Kinder. Das war es also mit meiner Silvesternacht im Sauna-Fass.

Meine Yogafreundin Simone erzählte mir, dass sie mit ihrem Freund und ein paar anderen Paaren auf eine große Party gehe. Das wäre eine Option, denke ich. Aber mich schrecken erstens die Paare, und zweitens habe ich gar keine Lust auf eine große Party.

Jetzt wähle ich die Nummer von Meike. Sie hat mich schon vor Wochen zu sich nach Hamburg eingeladen. Sie und Laurent wollen ein Fondue-Essen mit Freunden veranstalten. Ich habe eigentlich längst abgesagt. Erstens, weil ich keine Lust auf einen Pärchenabend habe, und zweitens, weil ich nicht vorhatte, Silvester zu verreisen.

Meike versichert mir am Telefon, dass nicht nur Paare zu ihnen kommen. »Wir werden etwas essen, spielen eine Runde Activity, und um zwölf stoßen wir dann an. Das war's. Ach komm schon, das wird sicher lustig«, sagt sie. »Und ich würde mich wirklich freuen, dich zu sehen.«

Die Familie im Haus gegenüber ist jetzt fertig mit dem Essen. Sie stehen gerade vom Tisch auf. Ich überlege noch einmal kurz. Schließlich sage ich Meike zu.

Ich habe mich mal wieder verkalkuliert. In 20 Minuten fährt mein Bus zum Bahnhof, und ich habe noch nicht einmal meine Tasche gepackt. Es ist immer dasselbe. Erst denke ich, dass ich noch massenweise Zeit habe, und dann wird es doch wieder richtig knapp. Vorhin habe ich lange mit Eileen in Australien telefoniert. Sie hat mich angerufen und mir erzählt, dass sie und Vito am Silvesterabend zu Hause bleiben und sich das große Feuerwerk im Fernsehen ansehen. »So schön wie zusammen mit euch vor einem Jahr würde es ja doch nicht werden«, sagte sie.

Direkt nach Eileen hat sich Heribert gemeldet. Er ist kurz vor Venezuela. Sie haben den Anker geworfen und werden die Silvesternacht wohl außerhalb des Hafens verbringen. Heribert findet das gut, denn somit gibt es keine Ladeoperationen und die Besatzung hat Zeit, ein gemütliches Barbecue zu veranstalten.

Nach dem Telefonat habe ich im Internet nachgelesen, wie man in Venezuela Silvester feiert. Auf jeden Fall gibt es Feuerwerke. Das ist gut, denn das eine oder andere große Feuerwerk können sie sicher auch vom Schiff aus sehen. Vielleicht kommt damit auch etwas Silvesterstimmung auf. Ich habe auch gelesen, dass die Bewohner von Venezuela an Silvester gelbe Unterwäsche tragen. Das soll Glück bringen im neuen Jahr. Und ein weiterer Brauch ist es, um Mitternacht mit einem Koffer durch die Straßen zu laufen. Dieser Brauch soll bewirken, dass man im neuen Jahr auf eine Reise geht. Den Spaziergang mit einem Koffer sollte Heribert aber lieber unterlassen, er ist schließlich schon genug unterwegs. Aber von dem Brauch mit der gelben Unterwäsche sollte ich ihm vielleicht noch erzählen. Glück kann man schließlich nie genug haben.

Beim Blick auf die Uhr erschrecke ich. Jetzt werfe ich meine Sachen in die Reisetasche, renne noch mal in die Küche, um die in Sirup eingelegten Hibiskusblüten zu holen. Fast hätte ich sie vergessen. Dabei hatte ich sie doch extra für Silvester aus Australien mitgebracht. Im vergangenen Jahr schwammen die Blüten in unseren Sektgläsern. Das fand ich toll. Ich ziehe mir schnell meine Stiefel an und laufe los. Als ich am Briefkasten vorbeikomme, halte ich kurz inne. Eigentlich habe ich keine Zeit, denke ich. Die Zeitung habe ich schon heute Morgen geholt. Sicher ist nichts Neues angekommen. Und falls doch, dann würde ich es eben morgen sehen. Während ich mich gedanklich schon gegen das Nachsehen entschieden habe, greift meine Hand ganz automatisch zum Schlüsselbund und öffnet den Briefkasten. Tatsächlich. Ich sehe einen kleinen weißen Briefumschlag. Die Adresse wurde von Hand geschrieben. Ich hole den Umschlag aus dem Briefkasten, drehe ihn um und sehe auf den Absender. Der Brief ist von Heribert. Ich kann es nicht glauben und starre einen Moment zu lange auf die Buchstaben. Schnell schließe ich den Briefkasten wieder und sehe auf die Uhr. Mein Bus fährt in weniger als drei Minuten. Ich renne los. In meiner rechten Hand halte ich den Umschlag noch immer fest umklammert. Ich habe Angst, den Brief zu verlieren, will ihn aber andererseits auch nicht zerknittern. Als ich um die Straßenecke biege, steht der Bus schon da. Ich haste das letzte Stück zur Haltestelle, steige ein und lasse mich auf den Sitz fallen. Überglücklich betrachte ich meinen Briefumschlag.

Der ICE verlässt gerade Berlin. Ich sitze am Fenster, draußen ist alles weiß. Die Felder, Straßen und Häuser sind mit Schnee bedeckt. Der Platz neben mir ist frei. Ich höre Musik und hole den Briefumschlag vorsichtig aus meiner Tasche. Er ist noch immer verschlossen. Ich betrachte die Briefmarke. Berge sind darauf abgebildet, umgeben von Wolken und einem blauen Himmel. »USA« steht auf der Briefmarke, daneben ist ganz blass eine 98. Abgestempelt wurde der Brief am 27. Dezember in Jacksonville, Florida. Ich bin beeindruckt, wie schnell er in Berlin war. Ich versuche zu ertasten, wie viele Blätter sich in dem Umschlag befinden. Es sind mindestens zwei. Vielleicht sogar drei. Ich rieche an dem Papier, frage mich aber gleichzeitig, was ich da tue. Hoffentlich beobachtet mich niemand. Ich sehe mich im Zug um. Alle Leute sind mit sich selbst beschäftigt. Die meisten lesen, andere tippen auf ihren Telefonen oder Laptops herum, ein paar wenige haben die Augen geschlossen. Ich überlege, womit ich den Umschlag öffnen könnte, ohne ihn zu beschädigen. Er soll doch ordentlich aussehen, wenn ich ihn zu den anderen Briefen in die Holzkiste lege. Ich versuche es mit meinem Haustürschlüssel, merke aber ziemlich schnell, dass das nicht funktioniert. Die Zacken des Schlüssels zerfetzen das Papier. Dann fällt mir ein, dass ich in meiner Kosmetiktasche eine Nagelfeile habe müsste. Ich krame in meiner Tasche und werde schnell fündig. Ganz vorsichtig öffne ich nun den Umschlag. Es sind insgesamt drei A5-Blätter. Vorn und hinten beschrieben. Außerdem liegt in dem Umschlag ein Foto. Ich sehe mir das Foto an. Es ist ein Bild der Besatzung. »Merry Christmas« steht über den Köpfen geschrieben. Es ist eine Postkarte. Da hat sich jemand wirklich große Mühe gegeben, denke ich. 23 Männer sind auf dem Bild zu sehen. Heribert habe ich sofort gefunden. Er sieht gut aus. Er ist braungebrannt, er trägt einen Kinnbart und ist sehr schlank. Er kniet in der zweiten Reihe und lächelt fröhlich in die Kamera. Auch alle anderen lächeln. Wenn ich nicht wüsste, dass Heribert der Kapitän ist, würde ich es anhand dieses Fotos nie und nimmer erraten. Viele der anderen Männer sehen viel älter aus als er. Viele sind größer, breiter, stattlicher.

Der Herr ganz links streckt stolz seinen Bierbauch in die Kamera. So stellt man sich einen Kapitän vor, denke ich. Oder so wie den Mann ganz hinten rechts. Mit einem langen weißen Rauschebart. Heribert hat seine Haare wie immer zu einem Zopf zurückgebunden. Auf dem Foto ist er der Einzige mit langen Haaren. Wahrscheinlich ist er der einzige langhaarige Kapitän überhaupt. Wo ist eigentlich die Auszubildende? Ich suche das Bild nach ihr ab. Vielleicht hat sie fotografiert. Ach nein, Heribert hatte mir doch erzählt, dass sie kurz vor Weihnachten nach

Hause geflogen sei. Jetzt fällt es mir wieder ein. Ich ziehe meine Schuhe aus, lege meine Füße auf den Nachbarsitz, lehne mich an die Scheibe und entfalte das erste Blatt. Ich beginne zu lesen, und sofort schießen mir Tränen in die Augen.

Atlantischer Ozean, auf dem Weg nach Florida,
23. 12. 2010

Hallo, meine liebe Nancy,
erst einmal: Fröhliche Weihnachten! Ich hoffe, du verbringst ein paar schöne Tage bei deiner Familie. Und ich hoffe, dass die vielen Geschenke überhaupt alle unter eurem Baum Platz finden. Da ich nicht bei dir sein kann, dachte ich, dass ich dir wenigstens einen Brief schreibe. Als Ersatzgeschenk sozusagen. Ich fürchte, mein letzter Brief an dich liegt schon eine ganze Weile zurück. Aber einen Brief zu schreiben ist auch gar nicht so einfach. Ich habe die vergangenen 30 Minuten damit verbracht, Briefpapier zu suchen. In meiner Kammer, das muss man sich mal vorstellen, in der Kapitänskammer, fand sich einfach nichts Passendes. Nur normales weißes Kopierpapier gibt es hier. Also ging ich hinunter ins Maschinenbüro. Auch da gab es nichts. Dann blieb mir als letzte Möglichkeit noch das Ladungsbüro. Und siehe da, dort habe ich dann wenigstens diesen Block gefunden, auf dem ich jetzt schreibe. Der entscheidende Vorteil, den dieser kleine Block hat, ist, dass es so ganz schnell mehrere Seiten werden könnten. Aber so viele Seiten, wie du mir immer schickst, werden es wohl leider trotzdem nicht.

Wir sind übrigens gerade auf dem Weg nach Jacksonville. Ich mache mir ein bisschen Sorgen, dass wir vielleicht zu spät ankommen werden. Der Golfstrom fließt leider nicht mehr so, wie er nach den Seekarten sollte. Er ist schwächer, und damit sind wir natürlich auch langsamer. Aber vielleicht ändert sich das noch in den kommenden Stunden. Das hoffe ich zumindest. Natürlich gibt es viele Gründe, warum wir pünktlich sein sollten. Die Lotsen warten, die Schlepper und der Liegeplatz sind bestellt. Aber der Hauptgrund, warum ich es kaum erwarten kann, endlich anzukommen, ist noch ein ganz anderer. Ich habe große Hoffnung, dass wir in Jacksonville Schiffspost bekommen. Und ich kann es kaum erwarten, deinen Weihnachtsbrief zu öffnen. Ich bin so gespannt, was du dir diesmal überlegt hast. Und ich möchte schon mal danke sagen. Danke dafür, dass du eine so tolle Seemannsbraut bist. Ich kenne keinen Seemann, der einen Menschen zu Hause hat, der sich so rührend um alles kümmert wie du. Danke, dass du so bist, wie du bist. Und auch danke dafür, dass du immer so tolle Briefe und Geschenke schickst. Ich würde dich jetzt am liebsten drücken und nie wieder loslassen. Aber leider muss ich mich damit noch etwas gedulden.

Ich sehe gerade, dass meine Schrift ganz schön krakelig aussieht. Das liegt an den Vibrationen des Schiffes. Ich habe vorhin angewiesen, voll voraus zu laufen, damit wir schneller werden.

Jetzt aber mal zu meinem Alltag hier an Bord. Das Leben als Kapitän ist eigentlich sehr schön. Allein schon deshalb, weil ich mein ganzes Leben darauf gewartet habe, einer zu werden. Aber manchmal kann ich es immer noch nicht so wirklich glauben.

Es kommt mir manchmal so vor, als wäre alles ein Traum. Noch ist es ein schöner Traum, und ich hoffe, dass es auch so bleiben wird. Auf jeden Fall werde ich alles dafür tun, dass du stolz auf mich sein kannst. Das ist mir nämlich sehr wichtig.

Das Einzige, was mich am Kapitänsdasein stört, ist dieser Papierkrieg, mit dem ich mich die ganze Zeit herumschlagen muss. Und diese vielen Regularien und Vorschriften, die man vor, während und nach dem Einlaufen in den verschiedenen Häfen beachten muss. Ganz zu schweigen von den vielen Anfragen der Reederei zu Besatzungs-, Maschinen- oder Sicherheitsfragen. Gestern saß ich ganze zehn Stunden am Computer, um die verschiedensten Mails zu bearbeiten. Was letztlich auch hinderlich ist, ist der Zeitunterschied zu Deutschland. Die meisten Anfragen aus Hamburg kommen hier mitten in der Nacht an. Und natürlich sind alle Anfragen immer dringend. Der Charterer, der sich mehr oder weniger in derselben Zeitzone aufhält wie wir, schreibt seine Anfragen bis tief in die Nacht. Also heißt das für mich, dass ich bis zu einem Dreiviertel des Tages am Computer verbringe. Das hätte ich nicht erwartet, dass man als Kapitän so viel vor dem Computer sitzt. Ansonsten macht mir hautsächlich das Ein- und Auslaufen viel Freude. Und natürlich die Gesichter der Lotsen, wenn sie auf die Brücke kommen und zunächst einmal den Ersten Offizier als Kapitän begrüßen. Der ist dann immer etwas peinlich berührt. »Sorry, Mr. Pilot, I am not the Captain. This is the Captain«, sagt er dann und zeigt auf mich. Auch einer der US-Agenten war mehr als verwundert, als er nach dem Kapitän fragte und dann zu mir gebracht wurde. Er meinte nur, dass ich doch noch ein »Puppy«, also ein Hundewelpe sei, und damit viel zu jung, um als Kapitän zu fahren. Außerdem käme er sich jetzt sehr alt vor, sagte er, denn sein Sohn sei genauso alt wie ich. Und das würde schließlich bedeuten, dass er schon Vater eines Kapitäns sein könnte. Nach der Einklarierung verließ er kopfschüttelnd mein Büro. Ich werde ihn wohl morgen früh wieder treffen. Das wird sicher ein Spaß.

Oh, entschuldige bitte. Ich muss mal kurz weg. Gerade hat der Zweite Offizier angerufen. Wir müssen gleich die Rudermaschine testen, ob sie auch im Notbetrieb läuft. Das ist eine der vielen, vielen Regularien, die man vor dem Einlaufen in die USA einhalten muss. Sonst bekommt man Ärger mit der Coast Guard. Ich melde mich gleich noch mal ...

... So, hier bin ich wieder. Jetzt kann ich mich wieder ganz deinem Brief widmen. Habe ich dir eigentlich schon gesagt, wie sehr ich dich vermisse? Falls nicht: Ich vermisse dich so unendlich doll, dass es oft richtig weh tut. Am schlimmsten ist es immer dann, wenn ich abends ins Bett gehe. Ich bin so unendlich froh, dass jetzt schon drei Monate geschafft sind und wir uns in einem Monat endlich wiedersehen. Ach Nancy, ich weiß, dass du manchmal denkst, ich könnte nicht ohne die Seefahrt leben. Aber das stimmt nicht. Viel schlimmer wäre es, ohne dich zu leben. Irgendwann werde ich einen Landjob annehmen, und ich werde der glücklichste Mann der Welt sein, weil ich jeden Abend zurück zu dir nach Hause kommen kann.

Nun aber genug mit den Gefühlsduseleien. Immerhin bin ich jetzt Kapitän, und ich muss Haltung bewahren. Ich erzähle dir einfach noch ein bisschen was vom Bordleben.

Heute Morgen bin ich um 5 Uhr aufgestanden, um die Schiffsmails zu überprüfen. Mein Postfach war wieder einmal brechend voll. Aber das Tolle ist, dass zur Weihnachtszeit nur ganz wenige Leute im Büro arbeiten. Die meisten sind schon in den Weihnachtsferien. Also waren viele der Mails lediglich Weihnachtswünsche und -grüße von Leuten, die ich zum Teil gar nicht kenne. Ich habe aber trotzdem allen zurückgeschrieben und ebenfalls schöne Weihnachten und einen guten Rutsch ins neue Jahr gewünscht.

Das Wetter wird übrigens gerade immer schlechter. Der Zweite Offizier hat mich angerufen und gesagt, dass unsere Geschwindigkeit weiter zurückgeht. Und zu allem Überfluss fangen wir jetzt auch noch an zu rollen. Meine Güte, wie liebe ich die rauhe See.

Ich habe heute übrigens auch noch ein paar weitere, private Weihnachtsmails losgeschickt. Unter anderem an meine lieben Eltern und an Maria, aber auch an deine Eltern und an Hoize, Kirchi, Boje, Aleg, Mac, Lotte und Silvia. Silvia hat auch gleich geantwortet. Sie und Michael wollen im August heiraten. Und da ich im August zu Hause sein werde, heißt das, dass wir zwei da gemeinsam hingehen können. Wir zwei gemeinsam auf einer Hochzeit, wie findest du das?

Ach ja, noch mal zurück zu Weihnachten: Unser kiribatischer Koch hat sich extra ein Knödelrezept aus Deutschland organisiert, damit es am ersten Feiertag Knödel zum Braten geben kann. Da bin ich gespannt. Ich hoffe nur, dass es wenigstens annähernd so gut schmecken wird wie bei euch.

Ich glaube übrigens, dass es langsam Zeit wird, dass

wir Weihnachten auch mal gemeinsam verbringen.
Wenn ich irgendwann mal wieder Weihnachten an
Land verbringen sollte, dann könnten wir uns doch
einen Weihnachtsbaum kaufen und einfach alle zu
uns nach Berlin einladen. Was hältst du davon? Und
was ich jetzt sage, wirst du mir zwar nicht glauben,
aber ich meine es ernst: Heute hätte ich sogar Lust
darauf, mit dir gemeinsam Weihnachtsplätzchen zu
backen. Natürlich nach dem Rezept deiner Oma.
Ach, mir läuft gerade das Wasser im Mund zusam-
men. Hebst du mir bitte ein paar der Plätzchen auf?
Noch mal fröhliche Weihnachten, meine liebe Nancy!
Ich liebe dich!

Dein Seemann Heribert

PS: Immerhin sechs (kleine) Seiten!

Laurent holt die Sektflaschen aus dem Kühlschrank und
gießt deren Inhalt vorsichtig in die Gläser. Die Hibiskusblüten habe ich schon vorher verteilt, sie öffnen sich
nun ganz langsam und schwimmen inmitten der perlen-
den Flüssigkeit nach oben. Der Sirup verleiht dem Sekt
einen leichten Rosé-Ton. Ich beobachte die Blüten und
denke wehmütig an den Silvesterabend vor einem Jahr.
Es sind noch fünf Minuten bis Mitternacht. Wir haben das
Activity-Spiel unterbrochen, Meike hat den Fernseher angemacht. Die ARD schaltet von der Stadlparty mit Andy
Borg aus Klagenfurt gerade live zum Brandenburger Tor
nach Berlin.
Wir hatten bisher einen wirklich lustigen Abend. Neben Meike und Laurent sind noch ein weiteres verhei-
ratetes Pärchen, ein unverheiratetes schwules Pärchen,

ein schwuler Single-Mann, eine Single-Frau und ich hier.
Es ist eine nette Runde. Die Teams für das Activity-Spiel
haben wir ausgelost. Ich spiele im Dreierteam mit Georg
und Ralf. Georg ist Musiker und verheiratet mit Christine.
Ralf ist Sänger und mit seinem Freund Daniele hier. Im
Moment führen wir drei sogar. Allerdings nur sehr knapp.
Wir stehen alle im Wohnzimmer dieser riesigen, schicken
Eppendorfer Altbauwohnung, halten unsere Sektgläser in
der Hand und starren erwartungsvoll auf den Bildschirm.
Der Countdown läuft.

»ZEHN, NEUN, ACHT …«

Was mache ich eigentlich, wenn es Mitternacht wird? Die
Paare werden sich umarmen. Ich muss mich also an die
Singles halten.

»SIEBEN, SECHS, FÜNF …«

Aber drei Personen sind für eine Umarmung auch einer
zu viel.

»VIER, DREI, ZWEI …«

Außerdem kennen die beiden sich schon viel länger. Aber
muss man sich denn immer gleich umarmen? Reicht es
nicht, wenn wir nur miteinander anstoßen?

»EINS, N U L L!«

In Berlin beginnt das neue Jahr mit einem lauten Knall und
einem Feuerwerk. Auf der Bühne vor dem Brandenburger
Tor steht Paul Potts und singt »What A Wonderful World«.
Im Hamburger Wohnzimmer von Meike und Laurent umarmen sich jetzt alle. Ich starre noch immer auf den Bildschirm und frage mich, warum Heribert mich eigentlich
noch nicht angerufen hat. Ich hatte fest mit einem Anruf
vor Mitternacht gerechnet. Danach kommt man schließlich nur noch sehr schwer durch. Ich hole mein Telefon aus
meiner Hosentasche, sehe auf das Display, und just in diesem Moment fängt es an zu klingeln.

»Happy New Year«, sage ich erleichtert und gehe mit dem Telefon am Ohr in die Küche.

»Also bei mir dauert es noch ein paar Stunden. Aber alles Liebe und Gute für dich, mein Engel!«

»Ich habe schon gedacht, du hättest mich vergessen.«

»Wie kommst du denn darauf?«

»Ich dachte, du meldest dich vor zwölf.«

»Ja, das hatte ich eigentlich auch vor, aber ich bin nicht durchgekommen. Aber jetzt ist es Punkt zwölf. Das ist doch auch nicht schlecht, oder?«

»Ja. Super Timing!«

»Feiert ihr schön?«

»Ja schon, aber ich bin auch etwas traurig. Ich muss die ganze Zeit an unser gemeinsames Silvester in Sydney denken.«

»Ach Nancy, sei bitte nicht traurig. Freu dich lieber über all die schönen Erinnerungen. So mache ich es auch immer. Aber sag mal, warum hast du mir vorhin eigentlich geschrieben, ich soll mir heute eine gelbe Unterhose anziehen?«

»Weil das Glück bringt in Venezuela. Ich habe da mal etwas für dich recherchiert. In Venezuela trägt man an Silvester gelbe Unterwäsche. Gold geht auch.«

»Ich habe leider weder gelbe noch goldene Unterwäsche. Aber ich kann mich mal bei der Besatzung umhören, wenn du willst. Hast du eigentlich auch recherchiert, was passiert, wenn man sich den Gepflogenheiten des Landes nicht anpasst?«

»Ich fürchte, dann sieht es nicht gut für dich aus.«

»Aber wir sind außerhalb der Seegrenze. Vielleicht komme ich ja mit einem blauen Auge davon.«

»Ich drück dir auf jeden Fall die Daumen. Hab ich mich eigentlich schon für den Brief bedankt?«

»Ja, hast du. Vorhin per SMS.«

»Und habe ich auch schon erwähnt, dass es das schönste Geschenk war, das du mir machen konntest?«

»Ja, auch das hast du geschrieben. Aber weißt du noch, wie du mich Weihnachten zusammengestaucht hast, weil ich dir nicht mehr so oft schreibe?«

»Ja, ich erinnere mich. Und ich weiß, dass du den Brief schon vorher geschrieben hast. Tut mir leid, dass ich so zickig war.«

»Es sei dir verziehen.«

»Wann ist bei euch eigentlich der Jahreswechsel?«

»In fünfeinhalb Stunden.«

»Na, dann hast du ja noch eine lange Nacht vor dir.«

»Ja, und ich muss jetzt auch wieder runter zum Barbecue. Sonst bekomme ich nichts mehr zu essen. Es sind übrigens gerade 25 Grad da draußen. Wie ist das Wetter eigentlich bei euch so?«

»Tsss. Du Angeber. Das sage ich dir nicht. Aber feiert noch schön!«

»Ihr auch. Grüße bitte Meike und Laurent ganz lieb von mir. Und auch die anderen Gäste.«

»Du fehlst mir!«

»Du fehlst mir auch!«

»Ich liebe dich!«

»Ich liebe dich!«

»Ach komm schon. Nur weil diese Silvia im August heiratet, heißt das doch nicht, dass ihr nicht auch heiraten könnt.« Meike versucht, mich zu beruhigen. Es ist der erste Januar, wir haben lange geschlafen und sitzen nun in einem netten, kleinen Café direkt an der Alster. Draußen scheint die Sonne auf den Schnee, es ist bitterkalt. Ich habe Meike gerade von Heriberts Brief erzählt. Und davon, dass Heribert darin schreibt, seine Schulfreundin Silvia heirate im August.

»Dann wird wohl doch nichts aus unserer Hochzeit«, habe ich zu ihr gesagt.

»Der August hat vier Wochenenden, meine liebe Nancy«, Meike wird jetzt etwas lauter.

»Ja, ja, ist ja gut«, antworte ich. Dann wechseln wir das Thema. Wir gehen noch einmal den Silvesterabend durch. Bis 5 Uhr morgens haben wir gefeiert. Um 5.30 Uhr waren wir im Bett. Heribert habe ich noch eine SMS geschrieben. Geantwortet hat er nicht.

»Du wirst übrigens meine Trauzeugin«, höre ich mich plötzlich sagen. Eigentlich wollte ich doch gar nicht mehr mit diesem Thema anfangen. Aber mein Mund war wieder einmal schneller als mein Kopf.

»Ach toll. Da freue ich mich«, sagt Meike und strahlt mich mit ihren blauen Augen an. Wir reden über die Gästeliste, über das Restaurant und über das Thema Kirche.

»Wirst du eigentlich seinen Namen annehmen?«, fragt Meike mich dann plötzlich.

»Ich weiß nicht. Ich glaube aber schon. Ich glaube, dass Heribert das wichtig ist.«

»Nancy Riesenhuber – das fände ich toll. Das klingt herrlich.«

Wir müssen beide lachen.

»Stopp«, rufe ich irgendwann. »Wir reden hier über eine Hochzeit, die wahrscheinlich gar nicht stattfinden wird. Das können wir doch nicht machen.«

»Doch«, sagt Meike und haut ganz leicht mit der Handfläche auf die Tischplatte. Durch die Vibration klappert das Geschirr. Wir müssen beide lachen. »Diese Hochzeit wird stattfinden«, sagt sie nun etwas leiser. »Vertraue mir.«

Kapitel 7

VORFREUDE

Der Supermarkt ist brechend voll. So wie eigentlich immer am Freitagabend. Jede Woche nehme ich mir vor, nie wieder so kurz vor dem Wochenende einkaufen zu gehen. In den darauffolgenden Tagen vergesse ich meinen Vorsatz dann. Heute macht mir das Gedränge aber nichts aus. Ich bin gut gelaunt. Ich gehe durch das Geschäft und schwinge meinen Einkaufskorb vor und zurück. Eigentlich gehe ich nicht, ich tanze fast. Aber nur zwischen den Regalen, also dort, wo mich niemand sehen kann.

In ein paar Tagen schon kommt Heribert nach Hause. Es ist Mitte Januar, die vier Monate Trennung sind fast geschafft. Die Reederei hat ihm mitgeteilt, dass er definitiv abgelöst wird. Gleich zwei Kapitäne stehen für seine Nachfolge bereit. Jetzt kann also nichts mehr schiefgehen. Ich laufe am Süßigkeitenregal vorbei und bleibe stehen. Eigentlich könnte ich schon jetzt mit den Einkäufen für Heriberts Heimkehr beginnen, denke ich. Vor seiner Ankunft kaufe ich immer viele von den Sachen ein, die er gerne mag. Also jede Menge Fleisch, Popcorn und Schokolade. All die Einkäufe, die nicht in den Kühlschrank müssen, kommen dann auf einen großen Willkommenstisch. Zusammen mit ein paar Geschenken und einem riesigen Blumenstrauß. Ich putze auch immer die ganze Wohnung, wasche die Handtücher, wechsle die Bettwäsche. Das volle Programm. Dann bastle ich einen Urlaubsplan, in den ich alle festen Termine der kommenden zwei Monate eintrage. Meine Wochenenddienste, meinen Urlaub, Geburtstage von Familie und Freunden und natürlich die Hochzeiten, auf die wir eingeladen sind.

Nach seiner ersten Reise als Offizier hat Heribert sich fürchterlich über meinen liebevoll gebastelten Plan aufgeregt. Er fühlte sich bevormundet. Er hasste es, dass ich in diesen Plan schon so viele Dinge eingetragen hatte. Heribert wollte seine Ruhe, er wollte Urlaub und keinen vollgeschriebenen Terminkalender. Ich war enttäuscht. Ich hatte es doch nur gut gemeint. Ich wusste, dass er während seines Urlaubs viel unterwegs sein würde, dass er viele Freunde und seine Familie besuchen wollte und auch selbst viele Besucher empfangen würde. Ich wollte ihm die Koordination erleichtern. Wütend verstaute Heribert meinen Plan in seinem Schreibtisch. Ein paar Tage später, Heribert telefonierte gerade mit seinem Freund Hoize, holte er den Plan wieder hervor. Die beiden wollten ein gemeinsames Wochenende vereinbaren. »Warte mal, Hoize, meine liebe Freundin hat mir einen genauen Zeitplan ausgearbeitet. Darauf kann ich ablesen, an welchem Tag und von wann bis wann ich Zeit für dich habe.« Er sagte das nicht nur mit ironischem Unterton, sondern auch so laut, dass ich es im Nebenzimmer hören konnte. Von diesem Zeitpunkt an aber nutzte er den Plan tatsächlich, er trug sogar eigene Termine und Verabredungen ein. Vor mir allerdings versteckte er das A4-große Blatt.

Als Heribert das nächste Mal nach Hause kam, hatte ich absichtlich keinen neuen Plan für ihn gebastelt. Doch er beschwerte sich. Er bat mich darum, ihm nachträglich noch einen Urlaubsplan anzufertigen. Für die bessere Koordination seiner Urlaubszeit. Mittlerweile gehört auch dieser Plan zum festen Bestandteil auf jedem Willkommenstisch.

Ich stehe vor den Süßigkeiten und packe Heriberts Lieblingsschokoladentafeln in meinen Einkaufskorb. Immer wieder entdecke ich eine weitere Sorte, die er gerne mag. Immer mehr Tafeln stapele ich im Korb übereinander. Ich übertreibe es wieder einmal. Es ist immer das Gleiche. Als ich mich endlich von den Süßigkeiten losreiße, gehe ich zum Regal mit der Konfitüre. Ich brauche ein neues Glas Nutella. Dann hole ich seine Lieblingssalami, ein paar Tüten Kartoffelchips und zu guter Letzt zwei Flaschen Spezi. Den Rest kann ich immer noch besorgen, denke ich. Ich gehe zur Kasse und stelle mich an das Ende der Freitagabend-Schlange.

Sobald ich Heriberts genauen Heimkehrtermin kenne, gebe ich immer allen Bescheid. Ich telefoniere mit seinen Freunden und schreibe zahlreiche E-Mails. Auch seine Familie kontaktiere ich. Am Anfang war es mir etwas unangenehm, besser über Heribert informiert zu sein als seine eigene Mutter. Ich fürchtete, sie könnte eifersüchtig sein, weil er von unterwegs viel öfter bei mir anrief als bei ihr. Aber sie war nicht eifersüchtig, zumindest ließ sie es mich nie spüren. Ich glaube, sie fand es sogar gut, dass ich mich um alles kümmerte. Mittlerweile ist es zur Normalität geworden, dass sie mich anruft, wenn sie wissen will, wie es ihrem Sohn geht, oder wenn sie eine Nachricht für ihn hat.

Normalerweise ist es immer so, dass ich Heribert ganz allein vom Flughafen abhole. Das ist mir wichtig. Genauso wichtig, wie es mir ist, ihn allein zu verabschieden. Die Zeit kurz vor der Trennung und kurz nach dem Wiedersehen ist etwas ganz Besonderes. Es ist etwas sehr Intimes, da möchte ich keine Zuschauer.

Wenn Heribert nach vier Monaten endlich nach Hause kommt, stehe ich immer am Flughafen und bin wahnsinnig nervös. Jedes Mal habe ich panische Angst davor, dass die Liebe weg sein könnte, dass er vor mir steht und ich nichts mehr fühle. Dass ich ihn nicht mehr attraktiv finde, ihn nicht mehr riechen kann. Oder noch schlimmer: dass er mich nicht mehr liebt. Ich habe Herzklopfen und weiche Knie. Doch dann sehe ich ihn. Jedes Mal gut zehn Kilogramm leichter als beim Abschied, braungebrannt, seinen riesigen Seesack auf dem Rücken. Wenn er dann vor mir steht, gutaussehend, gutriechend und mit seinem umwerfenden Lächeln, nehmen wir uns in die Arme, und sofort schießen mir Tränen in die Augen.

Heribert fremdelt zunächst immer etwas. Er kann mir nicht richtig in die Augen sehen. Er wirkt ganz schüchtern. Meine stürmischen Umarmungen und meine ständigen Küsse sind ihm zu viel. Er braucht immer erst ein paar Stunden, um wirklich anzukommen. Manchmal braucht er auch ein paar Tage.

Diesmal wird unser Wiedersehen zum ersten Mal anders sein. Ein paar seiner Freunde haben bereits angekündigt, nach Berlin zu kommen, um ihn, den neuen Kapitän, gebührend in Empfang zu nehmen. Ich finde das gut. Schließlich wurde er befördert, und deshalb muss das Ganze auch etwas anders ablaufen als sonst.

Schon vor Wochen habe ich im Internet ein paar Kapitänsmützen bestellt. Ich stelle mir vor, wie ich mit seinen Freunden am Flughafen stehe. Wir alle winken ihm hinter der Glasscheibe zu, und Heribert, der noch am Gepäckband steht und auf seinen Seesack wartet, sieht uns, und die ganze Situation ist ihm wahnsinnig peinlich. Er hasst solche Auftritte. Er hasst es, im Mittelpunkt zu stehen. Ich muss lachen, als ich versuche, mir sein Gesicht vorzustellen.

Meine Arme tun weh. Ich trage die Einkäufe nach Hause. Für mich allein kaufe ich nie so viel ein. Um mich etwas abzulenken, überlege ich, was ich vor Heriberts Heimkehr noch alles organisieren muss.

Ich plane eine Kapitän-Willkommensparty. Die Einladungen an Heriberts Freunde habe ich längst verschickt. Als Datum habe ich den 12. Februar festgelegt. Der 12. ist weit genug weg vom geplanten Heimkehrtermin. Es hieß, Ende Januar, Anfang Februar sei er zurück. Heriberts Freunde wohnen unter anderem in München, Nürnberg, Regensburg, Frankfurt, Köln und Bremen. So ein Wochenende in Berlin muss lange im Voraus geplant werden. Aber auch trotz der langen Anfahrt haben bisher fast alle zugesagt. Ein paar seiner Freunde sagten sogar, dass sie trotz der Party auch zum Flughafen kommen wollten. Ich finde das toll.

Ich ziehe den Wohnungsschlüssel aus dem Schloss, trete mit meinen Einkaufsbeuteln über die Türschwelle, als mein Handy klingelt. Schnell stelle ich die Einkäufe ab, das Nutellaglas knallt geräuschvoll auf den Parkettboden. Dann krame ich in meiner Handtasche nach dem Telefon. Ich sehe auf das Display und erkenne sofort die Satellitennummer des Schiffes.

»Hallo, mein Herz!«

»Hallo, Nancy. Ich habe schlechte Nachrichten.« Heriberts Stimme klingt ernst.

»Oh, nein, was ist passiert?«, frage ich ängstlich.

»Ich komme doch noch nicht nach Hause. Die Reederei hat gerade angerufen. Der eine Kapitän ist krank, der andere musste kurzfristig auf ein anderes Schiff. Sie haben also doch keine Ablösung für mich.«

Ich brauche einen Moment, bis Heriberts Worte zu mir durchdringen. Dann rasen mehrere Gedanken zeitgleich durch meinen Kopf. Was ist mit der Party? Was wird aus den Einkäufen? Was ist mit meinem Urlaub? Den habe ich natürlich längst eingereicht. Ich denke an vieles gleichzeitig, sage aber nichts. Kraftlos lasse ich mich auf den

Boden fallen. Mein Hintern landet zwischen den Einkaufsbeuteln.

»Nancy, es tut mir so leid. Bitte sei mir nicht böse.« Heribert spricht ganz leise.

Ich muss erst einmal durchatmen, bevor ich etwas sagen kann. Am liebsten würde ich ihm jetzt von der Party erzählen. Davon, dass ich all seinen Freunden absagen muss. Dass sie zum Teil schon Hotels und Flüge gebucht haben. Dass es ausgeschlossen ist, dass er später nach Hause kommt. Aber das geht nicht. Erstens würde es sowieso nichts ändern. Und zweitens sollte es doch eine Überraschungsparty werden.

»Ach Heribert, ich bin dir nicht böse. Ich weiß doch, dass du nichts dafürkannst«, sage ich stattdessen. »Aber wann darfst du denn nach Hause?« Vielleicht ist alles halb so schlimm, denke ich. Vielleicht verschiebt sich die Ablösung nur um ein oder zwei Wochen. Ich presse den Hörer an mein Ohr.

»Sie sagen, dass ich mit Mitte, aber eher Ende Februar rechnen kann.«

»Das wären ja noch mal vier Wochen. So lange kann ich nicht warten. Da drehe ich durch.«

»Bitte nicht durchdrehen! Ich brauche dich doch noch!«

»Ach Heribert. Ich hatte mich schon so auf dich gefreut. Ich war gerade im Supermarkt, ich hatte so gute Laune. Ich habe sogar schon ein paar Sachen für dich eingekauft.« Während ich das sage, spüre ich, wie meine Augen ganz feucht werden. Ich unterdrücke ein Schluchzen. Ich möchte nicht, dass Heribert merkt, dass ich weine. Ich ziehe die Beine näher an mich heran, umfasse meine Unterschenkel mit meinem linken Arm und stütze mein Kinn auf die Knie.

»Ach Nancy, ich bin doch auch traurig. Ich hatte mich

doch auch schon so sehr auf dich und auf meinen Urlaub gefreut. Aber weißt du was? Etwas Positives hat das Ganze doch: Jetzt bekomme ich wenigstens noch deinen letzten Brief.«

Seit zwei Wochen schreibe ich Heribert keine Briefe mehr. Den letzten Brief habe ich vor zehn Tagen abgeschickt. Jeder weitere Brief würde ihn ohnehin nicht mehr erreichen, dachte ich. Ich habe mit dem Schreiben aufgehört. Aber es fehlt mir. Über Monate hinweg war es ein allabendliches Ritual.

Nachdem wir das Telefonat beendet haben, sitze ich noch immer zwischen den Einkäufen auf dem Fußboden. Ich versuche, meine Gedanken zu ordnen. Ich versuche, zu verstehen, was gerade passiert ist. »Noch mal vier Wochen.« Dieser Satz läuft in einer Endlosschleife durch meinen Kopf. Heribert gegenüber war ich gerade noch tapfer. Jetzt laufen mir dicke Tränen über die Wangen. Ich schluchze. Mein Brustkorb bewegt sich zuckend auf und ab. Ich greife zum Telefon. Ich muss meine Mutter anrufen, ich muss ihr erzählen, was passiert ist. Ich möchte, dass sie mir sagt, dass das alles doch gar nicht so schlimm ist. Dass ich die vier Wochen auch noch überstehen werde. Dass durch die Verspätung doch nur die Vorfreude aufeinander steigt und sich ansonsten nichts ändert. Ändert sich sonst wirklich nichts? Was ist mit unserer Hochzeit im August? Und was ist mit Silvias Hochzeit? Wenn Heribert jetzt einen Monat länger fährt, verschiebt sich doch alles Weitere auch um einen Monat. Dann ist er im August nicht zu Hause. Dann kommt er frühestens im September. Wenn überhaupt. Ich möchte aufstehen, aber mir ist ganz schwindelig. Alles im Raum dreht sich, in meinen Ohren fängt es an, laut zu rauschen. Ich setze mich wieder hin, lehne mich an die Wand, ziehe meine Knie erneut an die Brust und wähle die Nummer meiner Eltern. Es klingelt zweimal.

»Hallo, mein Kind, kann ich dich später zurückrufen?«, meine Mutter spricht ganz schnell. Sie ist beschäftigt. Ein Protest würde jetzt nichts bringen.

»Natürlich«, antworte ich leise.

»Silvia und Sven sind gerade zu Besuch. Mit der Kleinen. Ich melde mich, wenn sie wieder weg sind, okay?«, schiebt sie als Erklärung noch hinterher.

»Okay«, sage ich matt. Im Hintergrund höre ich einen Babyschrei. »Liebe Grüße«, rufe ich noch in den Hörer. Aber meine Mutter hat schon aufgelegt.

Silvia ist meine Cousine, sie und ihr Mann Sven leben in München. Vor wenigen Wochen sind sie Eltern geworden. An diesem Wochenende sind sie auf Heimatbesuch und präsentieren der ganzen Familie ihre kleine Tochter. Meine Mutter liebt Kinder. Deshalb war sie am Telefon auch so aufgeregt. Seit Jahren schon fragt sie mich, wann Heribert und ich sie endlich zur Oma machen würden. Meine Mutter ist 51. Sie war 20, als sie mich zur Welt brachte. Ich bin jetzt 31. Für sie gehöre ich schon längst zu den Spätgebärenden.

Ich wäre jetzt auch gern zu Hause, denke ich. Ich hätte unser neues Familienmitglied auch gern gesehen. Warum bin ich nicht nach Falkenberg gefahren? Ach ja, ich muss heute Abend noch zu einer Abschiedsparty. Meine Yogafreundin Nicole geht gemeinsam mit ihrem Freund Lukas für zwei Jahre nach Südafrika. Er wurde von seiner Firma dorthin versetzt, sie begleitet ihn. Die zwei kennen sich erst seit ein paar Monaten. Ich bewundere Nicole für ihren Mut, alles aufzugeben für einen Mann, den sie kaum kennt. In den letzten Jahren habe ich aber ohnehin das Gefühl, dass es in Beziehungsfragen bei allen anderen sehr viel schneller geht als bei uns. Überall wird geheiratet, Kinder werden geboren, und Häuser werden gebaut. Jetzt also noch eine Freundin, die mich verlässt, denke ich. Plötzlich fühle ich mich ganz allein.

Ich könnte Meike anrufen. Oder Peter. Aber ich bin zu schwach. Ich bleibe einfach sitzen. Völlig regungslos starre ich die weiße Wand an. »Du musst an etwas Schönes denken«, höre ich die Stimme meiner Mutter sagen. Das sagt sie immer, wenn ich traurig bin. Ich schließe die Augen und denke an Heriberts letzte Heimkehr.

Vor etwas mehr als einem halben Jahr sind wir umgezogen. Genauer gesagt, ich bin umgezogen, denn Heribert war gar nicht da. Das Haus, in dem sich unsere alte Wohnung befand, wurde zu einer Großbaustelle. Ein neues Haus sollte in unserem grünen Innenhof entstehen. Dafür müssten fast alle Bäume gefällt werden. Es war auch vorgesehen, ein neues Dachgeschoss auf unser Dach aufzusetzen, und in unser Treppenhaus sollte ein Fahrstuhl eingebaut werden. Der Brief der Hausverwaltung mit der Ankündigung der Bauarbeiten und der anschließenden Mieterhöhung kam drei Tage vor Heriberts Abreise. Ich war am Boden zerstört. Heribert meinte, ich solle mich doch einfach nach einer neuen Wohnung umsehen. Auch ohne ihn. »Ich vertraue dir«, hat er gesagt. »Und wenn du etwas Schönes findest, ziehen wir um.« Vorsorglich schrieben wir eine Kündigung unserer alten Wohnung. Ich nahm ihm seinen Wohnungsschlüssel ab. Zwei Stunden nach seinem Abflug in Richtung Dubai hatte ich den ersten Besichtigungstermin.

Ich versuchte, mir die Wohnungen auch mit seinen Augen

anzusehen. Ich wusste, was ihm wichtig war: Ein Balkon, eine Badewanne und eine große Küche. Aber die Entscheidung für eine Wohnung ist immer auch eine Bauchentscheidung. Man spürt irgendwie, ob man sich zu Hause fühlen kann oder eher nicht. Als ich mich dann endlich für eine Wohnung entschieden hatte, war mir ganz übel. Ich fühlte mich unsicher und überfordert.

Dieses Gefühl blieb bestehen bis zum Tag des Umzuges. Insgesamt 16 Familienmitglieder und Freunde halfen mir. Meine Eltern kamen aus Falkenberg. Meine Mutter sorgte für das Essen und die Getränke. Meine Oma hatte zwei Kuchen für die Umzugshelfer gebacken. Mein Vater brachte sein Werkzeug mit und eine Leiter. Heriberts Schwester Maria war ebenfalls beim Umzug dabei. Außerdem Heriberts beste Freunde Hoize und Kirchi. Sie alle kamen, um mir beim Streichen und Kistenschleppen zu helfen.

Erst nachdem mir alle 16 Umzugshelfer mehrfach und unabhängig voneinander versichert hatten, dass Heribert sich in der neuen Wohnung ohne Zweifel sehr wohl fühlen würde, entspannte ich mich etwas. Komisch war es aber trotzdem.

Diese E-Mail erreichte mich einen Tag nach dem Umzug:

Bushehr (Iran), 1. Juni 2010

Liebe Nancy,
danke noch einmal für den perfekt organisierten Umzug! Es tut mir wirklich leid, dass ich dich damit so allein gelassen habe. Aber ich habe dir ja wenigstens ein paar Helfer geschickt. Ich finde es übrigens sehr

bewundernswert, wie toll du das alles wieder hinbekommen hast. Gerne hätte ich auch die Eigenschaft, immer alles so perfekt vorbereiten zu können. Wenigstens bleibt mir aber der Trost, dass ich hoffentlich den Rest meines Lebens Zeit haben werde, das von dir zu lernen. Ich habe dir übrigens gestern noch viele SMS-Nachrichten geschrieben, in denen ich mich für den Umzug bei dir bedanken und dir ganz viel Kraft schicken wollte. Aber anscheinend hatte der Iran mal wieder etwas dagegen. Nicht eine einzige Nachricht konnte dir zugestellt werden. Ansonsten fiebere ich dem Tag entgegen, an dem ich hier endlich wegkomme. Ich bin schon so gespannt auf unsere neue Wohnung. Ich kann es kaum erwarten, sie endlich zu sehen. Aber ich bin mir ganz sicher, dass ich mich sofort zu Hause fühlen werde. Denn mein Zuhause ist da, wo du bist.

Ich liebe und vermisse dich wahnsinnig,

Dein Heribert

Als Heribert nach Hause kam, wohnte ich schon ein paar Wochen in unserer neuen Wohnung. Ich fühlte mich zu Hause, auch wenn noch einige Möbel fehlten und an den Wänden noch keine Bilder hingen. Das Schlimmste aber war, dass Heribert noch immer keine Ahnung davon hatte, wo er wohnte. Alles, was er kannte, waren die Adresse und meine Beschreibungen. Ich versuchte, mir vorzustellen, wie es für ihn sein musste, in eine fremde Wohnung zu kommen, in der sich all seine Sachen befanden. Seine Schränke habe ich genau so eingeräumt, wie ich sie ausgeräumt hatte. Wahrscheinlich würde er trotzdem nicht alles sofort wiederfinden. Ich ahnte Schreckliches.

Ich musste ihm vor dem Umzug hoch und heilig versprechen, auf gar keinen Fall irgendetwas von seinen Sachen wegzuwerfen. Na ja, zumindest habe ich das versucht. Einmal, als ich gerade dabei war, unseren Keller zu entrümpeln, rief er mich an.

»Ich kenne meine Sachen genau. Ich merke sofort, wenn etwas fehlt. Versprich mir, dass du nichts wegwirfst! Auch nichts aus dem Keller!«, sagte er. Das war kein Scherz, das wusste ich. Heribert meinte es ernst. Es war, als könnte er riechen, dass ich soeben ein paar seiner alten Klamotten entsorgt hatte. T-Shirts, die schon seit Jahren in Kleidersäcken und alten Reisetaschen im Keller lagen. Einige von den Sachen hatte ich noch nie an ihm gesehen. Viele hatten Löcher, andere waren total aus der Form und verwaschen. Diese Sachen waren noch nicht einmal für die Altkleiderspende zu gebrauchen. Aber jetzt bekam ich Panik. Ich wollte schließlich nicht, dass er mich verlässt, nur weil ich ein paar seiner alten T-Shirts weggeworfen hatte. Nachdem wir aufgelegt hatten, lief ich zurück zum Müllcontainer und fischte seine Sachen wieder heraus. Ich kam mir komisch vor, als ich kopfüber im Container hing. Ich hoffte, dass gerade keiner meiner Nachbarn aus dem Fenster sah.

Ein paar Wochen später holte ich Heribert am Flughafen ab. Ich war noch aufgeregter als sonst. Ich fragte mich, was wohl passieren würde, wenn ihm unsere neue Wohnung nicht gefiel? Was, wenn er sich partout nicht wohl fühlte? Würden wir dann noch einmal umziehen? Auch Heribert war bei unserem Wiedersehen äußerst angespannt. Ich glaube, für ihn war das Ganze noch schlimmer als für mich. Er wusste schließlich nicht, wo ich mit ihm hinfuhr. Als wir im Bus saßen, konnte er nicht still sitzen.

Er war noch distanzierter als sonst. Als ich vorsichtig nach seiner Hand griff, zuckte er zusammen und zog sie von mir weg. Er lächelte mich entschuldigend an. Ich hätte fast geweint.

»Wir sind da«, sagte ich, als wir vor unserem neuen Haus standen. Heribert sah ungläubig an der Fassade nach oben. »Möchtest du selbst aufschließen?«, fragte ich vorsichtig. Seine Schlüssel hatte ich ihm schon am Flughafen überreicht. Er wollte nicht. Also ging ich voraus. Heribert sah sich die Klingelschilder an. Er entdeckte seinen Namen an einem fremden Haus. Meine Hände zitterten, als ich den Schlüssel im Schloss umdrehte. Wir gingen vorbei an den Briefkästen. Ich zeigte ihm, wo unsere Namen standen. Er nickte stumm. Ich wollte einen Scherz machen, die Situation irgendwie auflockern. Mir fiel nichts ein. Schweigend stiegen wir die Treppen hinauf.

»Hier wohnen wir«, sagte ich und deutete mit dem Kopf auf eine Wohnungstür. Heribert schwieg noch immer. Da stand er nun, seinen schweren Seesack auf dem Rücken, nicht ahnend, was gleich passieren würde. Ich schloss die Tür auf und ließ ihn als Erstes hineingehen. Er betrat den Flur, der etwa dreimal so groß war wie der Flur unserer alten Wohnung. Heribert setzte seinen Seesack vorsichtig ab, breitete die Arme aus und strahlte mich an.

»Endlich Platz«, rief er freudig. Dann ging er langsam von Zimmer zu Zimmer. Ich lief hinter ihm her. Ich beobachtete ihn. Ich folgte seinen Blicken. Als Erstes ging er ins Bad. Er war begeistert von der Badewanne. Im Wohnzimmer sah er zuerst nach seinem Fernseher. Er war erleichtert, als er ihn dort stehen sah. Er machte ihn sogar kurz an. Er funktionierte, alles war gut. Dann ging er auf den Balkon. Er wollte sehen, ob dieser auch groß genug für seine Hängematte war. Der neue Balkon bot genug Platz für drei Hängematten. Wieder machte er ein zufriedenes Gesicht.

Die Besichtigung dauerte etwa 20 Minuten. Als Letztes ging Heribert ins Schlafzimmer. Er sah sich kurz um, setzte sich auf die Bettkante und ließ sich mit ausgebreiteten Armen auf die Matratze fallen. Als er dort lag, sah er mich an und machte eine einladende Geste. Ich setzte mich neben ihn, und auch ich ließ mich nach hinten fallen. Dann umarmte er mich. Sein Gesicht war über meinem Gesicht. Er gab mir einen Kuss und sagte einen Satz, den ich nie vergessen werde: »Nancy, ich gratuliere. Jetzt hast du auch die letzte Prüfung einer Seemannsbraut bestanden.« Wir mussten beide lachen.

Das Telefon klingelt und reißt mich aus meinen Gedanken. Ich sitze noch immer im Flur, neben mir liegen die Einkäufe. Ich sehe auf das Display. Es ist die Nummer meiner Eltern.

»Hallo«, sage ich leise.

»Hallo, mein Kind. Jetzt sind sie gerade wieder gefahren. Die Kleine ist so süß. Du hättest sie sehen müssen. Hach, wann machst du mich endlich zur Oma?«, fragt meine Mutter gutgelaunt.

»Wie denn? Durch Windbestäubung?«, meine Stimme klingt sehr hart. Ich erschrecke selbst ein bisschen. Meine Mutter merkt sofort, dass etwas nicht stimmt.

»Oh, nein. Was ist passiert?«

»Mama, er kommt nicht nach Hause. Sie haben keine Ablösung für ihn. Der eine Kapitän ist krank und der andere musste …«, noch bevor ich den Satz zu Ende sagen kann, versagt meine Stimme. Jetzt heule ich wie ein Baby.

Meine Mutter hört sich alles an, dann tröstet sie mich. Irgendwann geht es mir wieder etwas besser. Meine Mutter

überredet mich sogar dazu, noch zu Nicoles Abschiedsparty zu gehen.

»Mir ist nicht nach feiern«, sage ich.

»Die Ablenkung wird dir guttun!«, erwidert sie. »Und
wenn man keine Lust hat, wird es meistens umso schöner.« Wahrscheinlich hat sie recht, denke ich. Ich ziehe
mich um und mache mich auf den Weg.

Als ich bei der Party ankomme, ist der Geräuschpegel so
hoch, dass mir der Schädel brummt. Alle Leute hier sind
gut gelaunt. Sie lachen und tanzen. Ich fühle mich fehl am
Platz. Noch in der Tür überlege ich, ob ich schnell wieder
umdrehen und gehen soll. Doch in dem Moment kommt
Nicole auf mich zu. Sie umarmt mich zur Begrüßung, hakt
sich bei mir ein und zieht mich am Arm zur Garderobe.

»Ich muss dir etwas erzählen«, flüstert sie mir ins Ohr.

»Oh, Gott, ist was passiert?«

»Keine Sorge, es ist nichts Schlimmes. Nur etwas uner-
wartet.«

Dann macht sie eine Pause und sieht mich an.

»Ich bin schwanger.«

»Du bist was?«, frage ich erschrocken. Ich versuche, ihrem
Gesicht etwas abzulesen. Freut sie sich? Ist sie geschockt?
Ich kann nichts erkennen.

»Psst! Nicht so laut. Es soll nicht gleich jeder wissen. Ich
weiß es auch erst seit ein paar Stunden.«

»Puh. Das nenne ich mal eine Überraschung. Freust du
dich denn?«, frage ich und blicke noch immer fragend in
ihr Gesicht.

Jetzt lächelt sie zum ersten Mal.

»Ja, schon. Der Zeitpunkt ist etwas ungünstig, wegen
Südafrika. Aber den richtigen Zeitpunkt gibt es doch nie,
oder?«

»Ja, das stimmt wahrscheinlich.«

»Und außerdem bin ich über dreißig. Worauf soll ich noch warten?«

»Ja, ja, du hast ja recht. Und was sagt Lukas?«

»Ach, der freut sich wie ein kleines Kind.«

»Mensch, Nici. Ich freu mich natürlich für euch. Aber ich bin auch traurig. Jetzt gehst du so weit weg, bekommst ein Baby, und ich bekomme gar nichts mit von alledem.«

»Nancy, du musst uns besuchen kommen. Versprich es!«

»Ja doch, ich verspreche es«, sage ich. Dann umarmen wir uns. Später trinken wir Apfelschorle aus Sektgläsern und stoßen gleich mehrfach an. Auf Südafrika, auf das Baby und auf die Zukunft. Von Heribert und seiner Verspätung erzähle ich nichts.

»Nancy? Hallo? Bist du zu Hause?« Der Anrufbeantworter ist angesprungen und nimmt alles auf, was Meike sagt. Das Telefon liegt auf meinem Nachtschrank. Gleich neben meinem Kopf. Ich liege noch im Bett, die Decke habe ich über das Gesicht gezogen. Ich will nicht telefonieren. Ich will einfach nur hier liegen und darauf warten, dass die Zeit vergeht. Am liebsten würde ich die nächsten Wochen durchschlafen. So lange, bis Heribert endlich nach Hause kommt.

»Vielleicht bist du gerade im Bad. Vielleicht bist du auch gar nicht zu Hause. Ich wollte mich nur mal kurz melden und fragen, wie es dir geht. Und dir ein schönes Wochenende wünschen. Wenn du magst: Ruf mich zurück. Ach ja, es ist jetzt kurz nach zehn. Tschühüüüss.« Dann legt sie auf.

Ich versuche, noch einmal einzuschlafen, doch es gelingt mir nicht. Ich habe die halbe Nacht wach gelegen. Und wenn ich dann doch einmal kurz eingeschlafen bin, habe ich schlecht geträumt. Bei jedem Aufwachen musste ich als Erstes an Heribert und seine Verspätung denken.

Ich müsste jetzt eigentlich aufstehen und eine E-Mail mit der Absage für die Party an Heriberts Freunde schreiben, denke ich. Aber ich kann nicht. Ich bleibe einfach liegen, zusammengerollt unter meiner warmen Bettdecke.

Irgendwann bekomme ich Hunger. Ich laufe barfuß in die Küche, mache mir ein Käsebrot und gehe wieder zurück ins Bett. Auf dem Weg dorthin hole ich mir meinen Laptop aus dem Arbeitszimmer.

Im Bett schreibe ich die Nachricht mit der Absage. Ich schreibe die Mail an alle Freunde auf einmal. Ich verzichte auf eine persönliche Anrede, ich habe keine Energie für individuelle Zeilen. Ich schreibe davon, dass Heribert doch noch nicht nach Hause kommt. Dass die Party damit ins Wasser fällt. Und ich entschuldige mich bei allen, die schon Flug- und Zugtickets gekauft oder ein Hotelzimmer reserviert haben. Als neuen Partytermin kündige ich den 5. März an. Das ist einerseits zwar heikel, weil niemand so genau weiß, wann Heribert zurückkommen wird. Aber ganz ohne Planung geht es nun mal nicht.

Auch an meinen Bruder schicke ich diese E-Mail. Erst vor ein paar Tagen hat Peter vorgeschlagen, eine seiner Bands auf der Willkommensparty spielen zu lassen. Ein paar Musiker aus London sind zufällig an dem Party-Wochenende in Berlin, weil sie ein Konzert geben. Peter wollte sie fragen, ob sie Lust hätten, auch am Sonnabend auf der Kapitänsparty Musik zu machen. Ich fand die Idee großartig. Jetzt kann ich nur hoffen, dass er sie noch nicht gefragt hat.

Ein paar Wochen später, am Tag des geplanten Partytermins, sitze ich im Zug und fahre zu meinen Eltern. Die Zeit seit Heriberts Anruf war schrecklich. Es geht mir nicht gut.

Ich schlafe schlecht und habe keinen Appetit. Ich verabrede mich nicht mehr, antworte nicht auf E-Mails, und auch meinen Anrufbeantworter höre ich kaum noch ab. Sogar Heribert hat sich schon bei mir beschwert, weil ich mich kaum melde. Er hätte gern wenigstens hin und wieder eine SMS oder eine E-Mail. Angeblich stellt er jeden Tag mindestens zweimal den Satellitenschalter für den E-Mail-Empfang um. Doch sein Postfach bleibt leer.

Aber was soll ich ihm auch schreiben? Dass ich traurig bin? Dass es mir schlechtgeht, weil er nicht nach Hause kommt? Ich glaube, ich schreibe ihm auch deshalb nicht, weil ich sauer bin. Auf ihn, auf seine Berufswahl und auf seine Reederei.

Im Zug versuche ich zu lesen, aber ich kann mich einfach nicht auf das konzentrieren, was auf den Buchseiten steht. Immer wieder fange ich von vorne an, immer wieder breche ich kurze Zeit später wieder ab. Dann schlage ich das Buch zu. Ich bin müde, ich lehne meinen Kopf an die kalte, vibrierende Fensterscheibe. Ich schließe die Augen, kann aber nicht schlafen. Ich mache die Augen wieder auf und sehe aus dem Fenster. Alles ist weiß. Es hat die ganze Nacht geschneit. Aber selbst über den Schnee kann ich mich nicht freuen. Ich habe genug vom Winter. Ich habe keine Lust mehr auf diese Kälte, ich habe die Nase voll von vereisten Fußwegen und dunklen Tagen. Dabei sieht es draußen wirklich schön aus. Die weißen Wälder, die weißen Felder und die einzelnen, eingeschneiten Häuser.

Der Zug fährt jetzt so langsam, dass ich neben den Gleisen die Fährten von Tieren erkennen kann. Mein Blick folgt diesen Spuren. Vielleicht entdecke ich noch ein paar Rehe, denke ich. Auf dieser Strecke habe ich schon häufig Rehe gesehen, und auch Füchse konnte ich schon beobachten. Dank des Schnees sind die Tiere gut sichtbar. Plötzlich vibriert mein Telefon. Ich zucke zusammen. Einen Moment lang glaube ich, dass es Heribert ist, dass er mir sagen wird, wann er nach Hause kommt. Aber er ist es nicht. »Nummer unterdrückt« leuchtet auf dem Display. Ich hebe nicht ab und lasse es einfach klingeln.

Ein paar Tage später ruft Heribert endlich an. »Gibt es etwas Neues?«, frage ich aufgeregt. Diese Frage stelle ich ihm schon seit Wochen immer als Erstes. Noch vor der Begrüßung. Das ist unhöflich, aber ich kann nicht anders. Ich bin im Büro. Der Handyempfang im Verlagshaus ist eine Katastrophe. Zum Telefonieren gehe ich ans Fenster.

»Ja, sie haben gerade angerufen.«

»Und?« Ich stütze mich mit den Ellbogen auf das Fensterbrett. Den Kopf strecke ich noch ein Stück weiter nach vorn zur Fensterscheibe.

»Der neue Ablösetermin ist der 3. März.«

»Wieso März? Es hieß doch Mitte oder Ende Februar.«

»Ja, das stimmt. Aber jetzt heißt es März.«

»Am 3. März ist also die Ablösung, okay. Aber wann bist du dann zu Hause?«

»Wenn alles gutgeht, komme ich am vierten, spätestens am fünften.«

Ich presse den Hörer an mein Ohr. Ich habe Angst, irgendetwas nicht zu verstehen. Dann denke ich an den Partytermin. Ich hatte Heriberts Freunden den 5. März als neuen Termin vorgeschlagen. War das realistisch?

»Ist das sicher? Spätestens am fünften?«, frage ich deshalb nach.

»Na ja, du weißt doch, dass es sich immer noch bis zur letzten Minute verzögern kann. Aber ich denke mal, das müsste klappen.«

»Okay, dann trage ich mir gleich den vierten beziehungsweise den fünften im Kalender ein. Aber ich warne dich: Wenn du auch nur einen Tag später kommst, wechsle ich alle Schlösser aus.«

»Du bist ja hart.«

»Was heißt hier hart? Ich warte schon seit fünf Monaten auf dich. Ich kann einfach nicht mehr.«

»Ach Nancy, es tut mir leid. Ich will doch auch nach Hause.«

»Nur damit du dich darauf einstellen kannst: Diesmal werde ich es sein, die am Flughafen fremdelt. Wahrscheinlich erkenne ich dich gar nicht. Ich kann mich nämlich kaum noch daran erinnern, wie du ausgesehen hast«, sage ich sarkastisch. Heribert lacht.

»Das glaube ich nicht«, antwortet er gelassen. »Wenn ich erst einmal vor dir stehe, mit der Ausstrahlung und dem Charme eines Kapitäns, wirst du mich sofort erkennen. Und mir zu Füßen liegen.« Jetzt lachen wir beide.

Wieder schreibe ich Heriberts Freunden eine E-Mail. Ich berichte ihnen von dem Anruf. Ich werfe die Frage in die Runde, ob wir den 5. März als Partytermin lassen sollen oder nicht. »... einerseits ist es sehr heikel, weil bis zum Schluss immer noch etwas dazwischenkommen kann. Andererseits, wenn alles glattgeht, wäre es toll, weil es dann eine richtige Willkommensparty würde«, schreibe ich in meiner Mail. Heriberts Freunde sind dafür, bei diesem Termin zu bleiben. Sie sind optimistisch, und sie schreiben mir, dass doch auch ich etwas optimistischer sein solle.

Von Tag zu Tag geht es mir wieder etwas besser. Ich freue mich auf Heribert. Ich kaufe immer mehr Sachen für ihn ein, und ich bastle seinen Urlaubsplan. Wenn ich an unser Wiedersehen denke, bin ich ganz aufgeregt. Ich freue mich auf unsere erste Umarmung. Auf den ersten Kuss. Und ich freue mich auf sein Gesicht, wenn er all seine Freunde sieht.

Ein paar Tage vor seiner Heimkehr ruft Heribert mich noch einmal an. Es ist Sonntag, am Donnerstag soll er in Jacksonville (Florida) abgelöst werden. Vor ein paar Tagen hat er seine genauen Flugdaten bekommen. Am Freitag soll sein Flug von Jacksonville nach Atlanta gehen, dann fliegt er weiter nach Amsterdam und dann nach Berlin. Am Samstagvormittag kommt er um 11.05 Uhr am Flughafen Tegel an. Ich habe mir alles genau notiert.

»Hallo, mein Lieblingskapitän! Alles gut bei dir?«, frage ich fröhlich.

»Das kommt drauf an.«

»Oh, nein, was ist passiert?« Ich spüre Panik in mir aufsteigen. Ich stehe im Wohnzimmer und sehe aus dem Fenster.

»Ich habe gerade erfahren, dass noch ein Hafen vor Jacksonville dazwischengeschoben werden soll. Das würde bedeuten, dass ich erst später nach Hause komme.«

Mir wird schwindelig. Kraftlos lasse ich mich auf das Sofa fallen.

»Das ist doch ein Scherz, oder?«, frage ich erschrocken.

»Nein, das ist leider kein Scherz. Ich habe gerade mit dem Agenten telefoniert. Er hat gesagt, dass wir als Nächstes nach Port Everglades fahren und erst anschließend nach Jacksonville.«

»Aber das geht doch nicht. Deine Flüge sind doch schon gebucht. Was ist mit eurem Fahrplan?«

»Meine Flüge kann man ganz einfach umbuchen. Aber die Sache mit dem Fahrplan macht das Ganze dann doch etwas schwieriger.«

»Was soll das heißen?«

»Das heißt, dass die Information durch den Agenten noch nicht bestätigt ist. Wohin wir tatsächlich als Nächstes fahren, erfahre ich erst morgen. Heute ist Sonntag. Da ist niemand im Büro.«

»Und was denkst du?«

»Wie meinst du das?«

»Wie wahrscheinlich ist es, dass ihr den anderen Hafen anfahren müsst?«

»Keine Ahnung. Vielleicht 40:60.«

»60 Prozent für oder gegen den anderen Hafen?«

»60 Prozent dagegen. Aber wie gesagt, genau weiß ich das erst morgen.«

Ich sitze auf dem Sofa. Mit der rechten Hand presse ich das Telefon an mein Ohr. Mit der linken Hand stütze ich meinen Kopf. Mir ist schlecht. Das darf doch alles nicht wahr sein, denke ich. Am liebsten würde ich jetzt sagen, dass Heribert sich auf keinen Fall verspäten darf. Dass all seine Freunde am Wochenende kommen. Dass es eine Party geben wird und dass er die Hauptperson ist. Ich habe mehrere Kästen Bier besorgt, selbst die Nachbarn wissen schon Bescheid, dass es am Samstagabend lauter werden könnte. Vorsichtshalber habe ich sie sogar eingeladen. Aber was ich auch sagen würde, ändern würde es doch nichts.

»Sagst du mir bitte Bescheid, sobald du etwas Neues weißt?«, frage ich und versuche, dabei ganz ruhig zu klingen.

»Das mache ich«, antwortet Heribert matt. Wir verabschieden uns. Dann legt er auf.

In dieser Nacht kann ich wieder nicht einschlafen. Ich wälze mich hin und her. In meinem Kopf formuliere ich schon eine Mail mit der erneuten Party-Absage. Wenn auch der zweite Partytermin platzt, wird es keinen dritten geben. Dann reicht es. Dann sollte es vielleicht einfach nicht sein. Aber andererseits wollte ich Heribert doch eine Freude machen. Seine Beförderung zum Kapitän muss doch gefeiert werden. Und schließlich wissen Heriberts Freunde doch auch, dass er nichts dafürkann, wenn sich seine Heimkehr verzögert. Vielleicht würden sie sich ja auch auf einen dritten Termin einlassen? Zumindest fragen sollte ich sie.

Warum nur ist dieses Wiedersehen so problembeladen? Warum mache ich es nicht wie jedes Mal? Warum hole ich ihn nicht einfach allein am Flughafen ab? Warum genießen wir nicht einfach ein paar Tage die Zweisamkeit? Warum musste es ausgerechnet eine Willkommensparty sein? Wenn diese blöde Party nicht wäre, dann wäre es egal, ob er einen Tag früher oder später kommt. Dann könnte ich mich jetzt einfach nur auf ihn freuen.

Kapitel 8

WIEDERSEHEN

Schon seit Stunden laufe ich durch die Wohnung. Ich bin gestresst. Immer wieder fallen mir Dinge ein, die ich dringend erledigen muss. Ich putze schon den ganzen Tag. Ich habe die komplette Wohnung gesaugt. Sogar die Lichtschalter habe ich abgewischt. Als ob Heribert darauf Wert legen würde. Morgen Vormittag kommt er nach Hause, morgen Abend ist seine Willkommensparty. Vorhin habe ich ihm einen Geburtstagskuchen gebacken. Ich muss noch das Gästebett beziehen, die ersten Partybesucher kommen bereits heute Abend. Ich muss auch noch Heriberts Geschenke einpacken und seinen Willkommenstisch decken. Und für die Party kochen muss ich auch noch.

Ich war heute schon dreimal einkaufen. Immer wieder habe ich etwas vergessen. Trotz meines Einkaufszettels. Zwischendurch klingelt häufig das Telefon. Heriberts Freunde wollen wissen, ob er bereits im Flugzeug sitzt. »Nein, er ist noch an Bord des Schiffes«, antworte ich ein ums andere Mal. »Aber es sieht gut aus. Es läuft alles nach Plan.«

Heriberts Schiff ist pünktlich im Hafen von Jacksonville eingelaufen. Die Nachricht von dem anderen Hafen entpuppte sich als Falschmeldung. Gott sei Dank. Der Kapitän, der ihn ablösen soll, war ebenfalls pünktlich. Die ganze Nacht hindurch lief die Übergabe. In wenigen Stunden wird Heribert vom Agenten abgeholt und zum Flughafen gebracht. Morgen Vormittag ist er in Berlin.

Ich müsste mich jetzt eigentlich freuen, fünfeinhalb Monate haben wir uns nicht gesehen. Aber ich bin zu nervös. Was ist, wenn Heribert gar keine Party haben möchte? Wenn er zu müde ist und eigentlich nur seine Ruhe will? In der vergangenen Nacht hat er wegen der Übergabe kein Auge zugemacht. Ich hoffe nur, er kann im Flugzeug etwas schlafen.

Einen Bierkasten nach dem anderen trage ich auf den Balkon. Ich habe so viel eingekauft, dass ich gar nicht weiß, wohin mit all den Sachen. Aber Bier kann man nie genug haben. Vor allem nicht, wenn Heriberts trinkfeste Freunde aus Bayern und Bremen kommen. Aber was ist mit Heribert selbst? Fünfeinhalb Monate hat er keinen Alkohol getrunken. Wahrscheinlich klappt er schon nach dem ersten Bier zusammen. Vielleicht war das alles doch keine so gute Idee. Aber jetzt ist es zu spät. Die Gäste sind zum Teil schon unterwegs. Ich habe gerade noch mal nachgezählt. 35 Personen haben zugesagt.

Vorsichtig lege ich mit Smarties eine 31 auf den Schokoladenkuchen. Die Glasur ist noch weich, so dass die bunten Schokolinsen gut kleben bleiben. Dazu noch ein paar Kerzen an den Kuchenrand. Fertig.
Am 18. Januar hatte Heribert Geburtstag. Am 5. März bekommt er seinen Geburtstagskuchen. Neben dem Kuchen stehen drei Schokoladenweihnachtsmänner. Ich habe sie extra aufbewahrt. Auch die Keksdose mit den Weihnachtsplätzchen von meiner Oma steht schon auf dem Tisch.

Heriberts bester Freund Hoize hat vor ein paar Minuten angerufen. Er kommt mit dem Auto aus Köln und ist schon kurz vor Berlin. Ich sitze am Küchentisch und schneide Zwiebeln. Tränen laufen mir über die Wangen. Ich mache einen großen Topf Chili con Carne. Das geht schnell und ist partytauglich. Schon wieder klingelt das Telefon. Es ist Heribert. Er wollte mich anrufen, sobald er eingecheckt hat.
»Hallo, Seemann, alles okay?« An meinen Händen kleben Zwiebelstückchen, jetzt kleben sie auch am Telefon.

»Ja, alles okay. Ich bin am Flughafen. Allerdings gibt es einen Wasserschaden im Flugzeug. Sie haben gerade durchgesagt, dass sich das Boarding um ein paar Minuten verzögern wird.«

»Einen Wasserschaden? Das darf doch nicht wahr sein. Was denn für einen Wasserschaden?«

»Keine Ahnung. Ich glaube, an Bord sind die Toiletten kaputt.«

»Na wunderbar. Hoffentlich bekommst du deinen Anschlussflug in Atlanta. Wie viel Zeit hast du zum Umsteigen?«

»Ziemlich genau zwei Stunden.«

»Na, das sollte doch klappen. Rufst du mich an, sobald es losgeht?«

»Natürlich. Was machst du eigentlich gerade?«

»Ich putze. Das weißt du doch.«

»Na klar, was auch sonst?«, Heribert lacht. »Aber mach das ja ordentlich. Ich werde alles überprüfen. Mit meinem weißen Handschuh.«

Ich stelle mir vor, wie Heribert mit einem weißen Handschuh über die Schränke und Regale fährt, und muss ebenfalls lachen. Er macht sich lustig über mich, weil ich so ein Putzteufel bin.

Nachdem wir aufgelegt haben, setze ich mich wieder an den Küchentisch und schneide weiter Zwiebeln. Was ist, wenn er seinen Anschlussflug verpasst? Ich atme tief durch und versuche, mich auf das Messer zu konzentrieren. Bisher ist alles gutgegangen. Jetzt muss nur noch das mit dem Flug klappen. Das kann doch nicht zu viel verlangt sein. Immer wieder sehe ich auf die Uhr. Als ich mit den Zwiebeln fertig bin, widme ich mich den Paprikaschoten. Wieder sehe ich auf die Uhr. Unser Telefonat liegt nun schon 20 Minuten zurück. Warum ruft er mich nicht an? Ich bin nervös. Ich stehe auf, wasche mir die Hände und greife zum Telefon. Es klingelt einmal, dann nimmt er ab.

»Hallo«, sagt er leise.

»Was ist los?«, frage ich ungeduldig.

»Vor etwa zehn Minuten haben sie durchgesagt, dass die Toiletten noch immer nicht funktionieren und alle Passagiere im Terminal noch mal auf die Toilette gehen sollen. Da dachte ich, dass es sicher gleich losgehen wird. Aber gerade kam die Durchsage, dass sie eine Beule in der Flugzeughülle entdeckt haben und diese Beule nun erst einmal untersucht werden muss.«

»Das glaub ich jetzt nicht. Eine Beule? Was denn für eine Beule? Und nun?«

»Wie meinst du das? Und nun? Ich warte ab. Und stelle mich schon mal darauf ein, dass mein Flug in Atlanta weg sein wird.« Heribert klingt ganz gelassen. Eigentlich bewundere ich ihn immer für seine ruhige Art. Doch jetzt macht er mich wütend.

»Aber das geht doch nicht. Gibt es denn keinen anderen Flug nach Atlanta? Kannst du nicht einfach in ein anderes Flugzeug steigen?«

Ich weiß, dass ich gerade Unsinn rede, aber die Worte sprudeln aus mir heraus. Ich habe Panik. Ich bin wieder einmal kurz davor, ihm von der Party zu erzählen. »Die ersten Gäste sind gleich da«, würde ich gern sagen. »Auf unserem Balkon stapeln sich bereits die Bierkästen. KOMM GEFÄLLIGST NACH HAUSE!«, würde ich am liebsten schreien.

»Nancy, ich ruf dich an, sobald es etwas Neues gibt. Okay?« Heribert klingt jetzt genervt.

»Okay«, sage ich leise. Dann legt er auf.

Ein paar Minuten später klingelt es an der Tür. Heriberts Freund Hoize ist der erste Partygast. Ich habe den Türöffner betätigt und sehe ihm dabei zu, wie er die Stufen heraufsteigt. »Hallo«, sagt er und umarmt mich herzlich. Hoize ist viel größer als Heribert und auch viel kräftiger. Er wohnt nun schon seit vielen Jahren in Köln, dass er aus Bayern stammt, kann er aber trotzdem nicht verbergen. Man hört es bereits nach wenigen Worten.

»Alles okay?«, fragt er, als ich mir mit dem Handrücken die Tränen aus dem Gesicht wische.

»Ja, ja, ich habe nur gerade Zwiebeln geschnitten«, sage ich, und das ist noch nicht einmal gelogen.

Ich mache die Wohnungstür wieder zu, dann erzähle ich ihm von Heriberts Verspätung. Ich erzähle von dem Wasserschaden, von der Beule und davon, dass Heribert nun mit Sicherheit seinen Anschlussflug in Atlanta verpassen wird. Ich versuche, die ganze Geschichte lustig zu erzählen. Ich möchte nicht, dass Hoize merkt, welche Panik ich habe. Dabei würde ich mich jetzt am liebsten ins Bett legen und losheulen. Aber das geht nicht. Hoize brummt etwas von »Hauptsache, er ist morgen Abend da«, und wir gehen in die Küche.

Nun kochen wir gemeinsam das Chili con Carne. Hoize öffnet die Dosen mit Bohnen und Mais. Ich schütte alles zusammen. Beim Umrühren frage ich mich, wozu wir das eigentlich machen. Was passiert mit dem Essen, wenn es gar keine Party gibt? Oder feiern wir dann trotzdem? Wieder klingelt das Telefon. Heribert ist am Apparat. Ich gehe von der Küche ins Wohnzimmer. Schließlich soll er nicht hören, dass sein Freund Hoize zu Besuch ist. Als ich kurze Zeit später zurückkomme, blickt Hoize mich fragend an.

»Sie starten in etwa 30 Minuten«, sage ich knapp. »Damit

hätten sie eine Verspätung von genau zwei Stunden. Das ist nicht zu schaffen. Auf keinen Fall.«

Ohne Hoizes Antwort abzuwarten, greife ich wieder zum Telefon und gehe zurück ins Wohnzimmer. Ich rufe in Hamburg bei Meike an. Sie und Laurent wollten auch zur Party kommen. Ich erzähle Meike alles, und sie wiederholt das, was ich sage, stichwortartig für Laurent. Irgendwann habe ich dann ihn am Telefon.

»Mach dir keine Sorgen«, sagt Laurent und versucht, mich zu beruhigen. »Vielleicht wartet das andere Flugzeug ja auch. Vielleicht schleusen sie die Transfer-Passagiere schnell rüber, so dass Bertl nicht noch einmal durch alle Kontrollen muss. Wir machen das auch oft so.« Es hat funktioniert, ich beruhige mich langsam. Laurent ist schließlich Pilot, sage ich mir. Wenn hier jemand Bescheid weiß, dann er.

Während ich mit Laurent telefoniere, läutet es schon wieder an der Tür. Ich bekomme mit, wie Hoize die Tür öffnet. Als ich in die Küche zurückkomme, steht Kirchi am Herd. Er rührt gerade das Chili um und blickt skeptisch in den Topf. Kirchi heißt eigentlich Gabriel Kirchgraber. Auch er ist ein alter Schulfreund von Heribert. Kirchi hat seit fast zwei Jahren eine Freundin in Berlin. Fast jedes Wochenende kommt er aus Bad Nauheim bei Frankfurt in die Hauptstadt gefahren. Es ist nur noch eine Frage der Zeit, bis er endgültig nach Berlin zieht. Wir begrüßen uns, und ich hole ein paar Flaschen Bier vom Balkon.

Wir sitzen an dem großen Tisch in der Küche, essen Chili con Carne mit Fladenbrot und trinken dazu Bier. Nach jedem Schluck merke ich, wie ich ruhiger werde. Ich habe den ganzen Tag kaum etwas gegessen. Der Alkohol steigt mir sofort zu Kopf.

Irgendwie finde ich es lustig, wie wir drei hier zusammensitzen. Die ganze Situation ist doch absurd. Ich sitze hier mit Heriberts beiden besten Freunden, und er selbst ahnt nichts von alledem. Wir unterhalten uns, aber ich höre gar nicht richtig zu. Immer wieder schweifen meine Gedanken ab. Er muss einfach nach Hause kommen, denke ich. Anders geht das doch gar nicht. Dann klingelt wieder das Telefon. Heribert ist am Apparat. Ich signalisiere den beiden, dass sie etwas leiser sprechen sollen, dann schließe ich die Küchentür und gehe ins Wohnzimmer.

»Und?«, frage ich und versuche, dabei ganz ruhig zu klingen.

»Ich bin jetzt in Atlanta. Mein Flugzeug nach Amsterdam ist natürlich schon weg. Ich gehe jetzt zum Schalter und frage, wie es weitergeht.« Heribert klingt ernst. Er ist genervt. Ich muss aufpassen, was ich sage. Ein Streit ist das Letzte, was ich jetzt gebrauchen kann.

Dann stellt er mir eine Frage. »Hast du zufällig mal im Internet nachgeschaut, wann der nächste Flug nach Amsterdam geht?«

»Nein, habe ich nicht«, antworte ich knapp. Ich weiß, dass Heribert sich über diese Antwort ärgern wird. Aber was soll ich machen?

»Du scheinst dich ja wahnsinnig dafür zu interessieren, wann ich nach Hause komme.«

Jetzt nur nichts Falsches sagen, denke ich. Ich kann ihm ja schlecht erzählen, dass ich gerade mit seinen Freunden in der Küche sitze und Bier trinke.

»Ich hatte so gehofft, dass dein Flugzeug wartet«, sage ich nur.

»Ja, klar«, sagt Heribert. »Ich melde mich einfach später noch mal.«

Nach einem kurzen »Tschüs« legt er auf.

Bevor ich in die Küche zurückgehe, hole ich meinen Laptop aus dem Arbeitszimmer.

»Er ist sauer, weil ich nicht nachgesehen habe, wann der nächste Flug geht«, sage ich, als ich mich wieder an den Esstisch setze. Ich klappe den Rechner auf und schalte ihn ein. Es ist, wie ich bereits vermutet hatte. Der nächste Flug nach Amsterdam geht erst morgen früh. Meine Hände beginnen zu zittern. Mir wird schwindelig. Hoize und Kirchi bleiben ganz ruhig. Das ist typisch bayerisch, denke ich gerade, da klingelt schon wieder das Telefon. Wieder ist es Heribert. Wieder gehe ich aus der Küche.

»Sie haben mich auf eine Air-France-Maschine umgebucht. Die geht aber schon in 15 Minuten. Ich muss mich beeilen«, sagt Heribert. Er rennt bereits durch den Terminal, ich höre seinen schweren Atem.

»Ach, das ist ja wunderbar. Du glaubst gar nicht, wie sehr ich mich freue. Lauf, Heribert. Lauf!«, rufe ich ins Telefon. Ich höre ihn lachen, dann legt er auf.

Ich komme zurück in die Küche. Ich strahle die beiden an und verkünde die gute Nachricht. Sie tun so, als hätte die Gefahr, dass er nicht rechtzeitig nach Hause kommt, nie bestanden. Gutgelaunt hole ich nun die Kapitänsmützen aus dem Schlafzimmer und präsentiere sie stolz. Natürlich finden die Jungs es albern, sich zu verkleiden. Ihre Blicke verraten, dass sie nicht gerade begeistert sind von der Idee, diese Mützen am Flughafen zu tragen.

»Ach kommt schon. Bitte!«, flehe ich sie an. Missmutig nehmen sie die Mützen entgegen. Als Erster setzt Kirchi seine Mütze auf, dann Hoize. Jetzt sehen sie sich gegenseitig an. »Steht euch super«, schmeichle ich ihnen. Ihr Gesichtsausdruck verrät, dass sie mir nicht glauben. Aber ich bin zufrieden und setze mich wieder hin. Kurze Zeit später klingelt schon wieder das Telefon. Sicher ist es

Heribert, der sagen will, dass er nun in der Maschine sitzt. Dass es gleich losgeht und er sich dann wieder aus Paris meldet.

»Alles gut?«, frage ich.

»Sie haben mich nicht reingelassen.«

»Wie bitte?«, meine Stimme ist jetzt ein paar Oktaven zu hoch. Mit dem Telefon am Ohr laufe ich ins Wohnzimmer.

»Ich war rechtzeitig am Flugsteig, aber sie haben mich nicht einsteigen lassen. Angeblich, weil das Flugzeug bis auf den letzten Platz besetzt war.«

»Und jetzt?«

»Jetzt gehe ich wieder zurück zum Schalter.«

Das war es jetzt, denke ich. Jetzt ist es vorbei. Heute geht kein Flug mehr nach Amsterdam, die Maschine nach Paris war voll. Jetzt werden sie Heribert in ein Hotelzimmer stecken. Wenn alles gutgeht, fliegt er morgen früh. In Deutschland ist er dann frühestens am Sonntag. Und das alles wegen einer verstopften Toilette und einer Beule, denke ich. Wie absurd. Mir wird ganz übel.

Ich lasse mich auf das Sofa fallen. Ich denke daran, dass ich jetzt schnell allen Gästen absagen muss. Ich sehe auf die Uhr. Es ist schon fast Mitternacht. Anrufen kann ich jetzt niemanden mehr. Ich muss alle per SMS informieren. Ich gehe zurück in die Küche. Hoize und Kirchi sitzen an meinem Rechner. Sie sehen sich gerade irgendein Youtube-Video an.

»Das war's«, sage ich und lasse mich auf meinen Stuhl fallen.

Die beiden sehen mich fragend an. Ohne eine Reaktion abzuwarten, rede ich weiter.

»Er war rechtzeitig am Flugsteig, aber die Maschine war voll. Sie haben ihn einfach nicht mitgenommen.«

Hoize und Kirchi schweigen noch immer. Mir laufen dicke Tränen über die Wangen. Normalerweise wäre es mir peinlich, vor den beiden zu weinen. Jetzt ist es mir egal. Ich bin wütend. Wütend auf mich. Ich bin das Risiko wohl wissend eingegangen. Heribert hat noch zu mir gesagt, dass es bis zur letzten Minute unsicher ist, ob er pünktlich nach Hause kommt. Wenn er erfährt, dass ich alle seine Freunde nach Berlin gelockt habe und das Ganze dann schiefgegangen ist, wird er mit Sicherheit sauer sein. »Gerade du solltest es doch besser wissen«, wird er zu mir sagen. Und er hätte recht. Von wegen erfahrene Seemannsbraut. Naiv und dumm war das von mir. Ein richtiger Anfängerfehler.

»Dann können wir ja noch was von dem Chili essen, oder?«, fragt Kirchi trocken. Er wirft einen Blick auf den großen Topf, der auf dem Herd steht und noch leise vor sich hin kocht. Er wollte einen Scherz machen, aber ich kann nicht lachen.

Schweigend sitze ich am Küchentisch. Ich sehe alles verschwommen, weil ich noch immer unaufhaltsam Tränen vergieße. Ich sehe in die Ecke, in der sich Chipstüten und die blau-weiß gestreiften Servietten stapeln. Die Streifen verschwimmen in meiner Wahrnehmung zu vielen Wellenlinien. Dann sehe ich den Geburtstagskuchen mit der bunten 31, ich sehe den Blumenstrauß und Heriberts Urlaubskalender. Ich versuche, mich zusammenzureißen, aber ich kann einfach nicht anders. Immer mehr Tränen kullern meine Wangen hinunter und tropfen auf meinen Pullover.

Hoize und Kirchi ist die Situation unangenehm. Sie starren beide auf den Computerbildschirm. Hauptsache, sie müssen mir nicht beim Weinen zusehen. Sie suchen im Internet nach weiteren Flugverbindungen von Atlanta nach Berlin. Die meisten Verbindungen liegen in der Vergangenheit. Oder sie sind ausgebucht. Aber die zwei geben nicht auf.

Schon wieder klingelt das Telefon. Schon wieder ist es Heribert. Ich nehme ab und bleibe einfach in der Küche sitzen. Jetzt ist es auch egal, denke ich. Jetzt kann er ruhig hören, dass die zwei da sind.

»Hallo«, sage ich leise.

»Hallo, meine liebe Nancy. Na, wechselst du schon die Schlösser aus?«, fragt Heribert amüsiert. Er hat gut lachen, denke ich. Noch weiß er nichts von der Party.

»Ha ha. Sehr lustig«, gebe ich genervt, aber schwach zur Antwort.

»Sie haben mich jetzt noch einmal umgebucht. Wieder über Paris.«

»Und wann geht es los?«, frage ich leise. Eigentlich will ich die Antwort gar nicht hören. Wahrscheinlich verkrafte ich die Wahrheit gar nicht. Aber fragen muss ich dennoch. Bevor ich die SMS-Nachrichten mit der Absage losschicke, brauche ich Gewissheit.

»In vier Stunden.«

»Was? In vier Stunden?«

Jetzt fangen auch Hoize und Kirchi wieder an, miteinander zu reden. Ich stehe auf und gehe ins Wohnzimmer.

»Ja, heute Abend geht noch eine weitere Maschine nach Paris. Glück gehabt, würde ich sagen.«

»Das glaube ich nicht. Tatsächlich? Ich habe schon gedacht, dass sie dich jetzt ins Hotel stecken. Hast du jetzt auch sicher einen Sitzplatz? Und wann bist du in Berlin?«

»Wenn alles gutgeht, morgen Nachmittag um 17 Uhr. Aber ich melde mich definitiv vorher noch mal bei dir.«

»Ach Heribert, du weißt gar nicht, wie glücklich ich jetzt bin.«

»Und ich erst«, sagt er. »Also wechselst du die Schlösser doch nicht aus?«

»Nein, ich glaube, damit warte ich noch etwas. Es tut mir leid, dass ich vorhin so zickig war. Aber das ganze Hin und Her macht mich noch wahnsinnig. Das ist einfach nichts für meine Nerven.«

»Mir tut es doch auch leid, dass ich vorhin so doof zu dir war. Aber ich bin wirklich fertig. Wenn ich nach Hause komme, will ich nur noch in die Badewanne und schlafen.«

»In die Badewanne und schlafen. Ist klar.« Ich muss lachen.

»Nancy, für alles andere bin ich viel zu schwach. Glaub mir. Ich habe seit Tagen nicht richtig geschlafen. Ach was: Eigentlich habe ich seit September nicht mehr richtig geschlafen.«

»Ja, ja, du Held. Aber wenn das so ist, dann kommt es auf eine weitere schlaflose Nacht doch wirklich auch nicht mehr an. Darüber, was du machst, wenn du zu Hause bist, reden wir noch.« Meine Stimmung hat sich schlagartig aufgehellt.

»Ich hole mir jetzt erst einmal etwas zu essen und ein Bier. Ich habe gerade einen Gutschein von der Airline bekommen. Der wird jetzt verbraten.«

»Viel Spaß. Und guten Appetit! Und melde dich doch bitte, wenn du in Paris gelandet bist.«

»Das mache ich. Ich liebe dich!«

»Und ich liebe dich! Guten Flug, Seemann!«

Als ich zurück in die Küche komme, haben Hoize und Kirchi ihre Jacken an und sind bereit zu gehen.

»Jetzt brauchst du doch erst mal einen Schnaps, oder?«, fragt Kirchi und grinst mich an. Auch Hoize lacht.

»Oh, ja«, sage ich. Ich hole meine Jacke, und wir gehen los.

Wir setzen uns in Heriberts Lieblingskneipe, die ist gemütlich und liegt direkt um die Ecke. Wir bestellen Bier und dazu Wodka. Nach dem Anstoßen schreiben wir allen Gästen eine SMS mit Heriberts neuer Ankunftszeit. Einige von ihnen wollten am Vormittag zum Flughafen kommen. Andere wollten im Laufe des Nachmittags anreisen. Auch ihnen geben wir Bescheid. Schließlich soll niemand vor verschlossenen Türen stehen und sich wundern.

Später im Bett kann ich wieder nicht schlafen. Ich wälze mich hin und her. Ständig sehe ich auf die Uhr. Es ist 4 Uhr morgens. Die Zeit scheint stillzustehen. Ich liege auf dem Rücken, sehe mit weitgeöffneten Augen an die Zimmerdecke und denke nach. Wieder kommen mir Zweifel. Was wird Heribert dazu sagen, dass morgen eine Party stattfindet? Dass all seine Freunde da sind? Hoffentlich geht alles gut. Hoffentlich ist er nicht zu müde und geht einfach ins Bett. Oder er schläft auf dem Sofa ein. Nein, denke ich, das wird sicher nicht passieren. Er wird so voller Adrenalin sein, dass er den Abend locker durchhält. Außerdem kenne ich niemanden, der so gut mit Schlafentzug auskommt wie Heribert.

Vielleicht möchte er mir direkt nach seiner Ankunft einen Heiratsantrag machen, und jetzt ruiniere ich alles mit dieser Party. Aber auch das ist Quatsch. Wenn er mich morgen tatsächlich hätte fragen wollen, dann kann er das auch noch übermorgen tun. Oder überübermorgen.

Ich habe allen Leuten gesagt, dass es toll wäre, wenn sie sich etwas Maritimes anziehen würden. Ein blau-weiß gestreiftes T-Shirt hat doch sicher jeder im Schrank. Na ja, vielleicht nicht jeder. Ich jedenfalls hatte nichts dergleichen, war aber noch einmal einkaufen. Mein neues, blau-weiß gestreiftes Shirt liegt schon auf dem Stuhl neben dem Kleiderschrank. Ich werde es wahrscheinlich auf dem Weg zum Flughafen anziehen. So etwas mache ich sonst nie. Sonst ziehe ich nie etwas Neues an. Ich trage immer Sachen, die Heribert schon kennt. Ich möchte nicht, dass ihm irgendetwas fremd an mir ist. Das gilt auch für die Frisur und sogar für mein Parfum.

Vor ein paar Jahren wollte ich mir mein Parfum nachkaufen. Ich benutzte es schon seit vielen Jahren. Das Fläschchen war wieder einmal fast leer, ich brauchte also dringend Nachschub. In der Parfümerie sagte man mir, dass dieses Produkt nicht mehr hergestellt würde. Ich konnte das nicht glauben. Zu Hause suchte ich im Internet danach. Ich suchte bei Ebay und auch auf der Herstellerseite. Nichts zu machen. Mein Parfum war verschwunden. Bis zu Heriberts Heimkehr waren es noch drei Monate. Ich ging von da an sehr sparsam mit meinem Parfum um. Schließlich brauchte ich es noch für das Wiedersehen. Ich konnte doch nicht plötzlich anders riechen. Als Heribert nach vier Monaten endlich nach Hause kam, roch ich wie immer. Ein paar Tage später ging ich mit ihm gemeinsam in die Parfümerie. Er musste mitentscheiden, wonach ich in Zukunft riechen sollte. Ihm passte das gar nicht. Aber da musste er durch.

Wieder sehe ich auf die Uhr. Es ist kurz vor halb fünf. Noch vier Stunden, dann klingelt der Wecker. Ich überlege, was ich vor der Fahrt zum Flughafen noch alles erledigen muss. Den Willkommenstisch fertig decken, frisches Fladenbrot und Baguette für die Party kaufen und für Heribert noch ein paar Pfannkuchen besorgen. Die liebt er heiß und innig, auch wenn er sie wie alle Nicht-Einheimischen immer »Berliner« nennt. Am besten, ich kaufe gleich ein paar mehr für die Gäste.

Und ich darf auf keinen Fall vergessen, die Kapitänsmützen mit zum Flughafen zu nehmen. Ich frage mich, was Heribert wohl gerade macht. Er ist jetzt auf dem Weg nach Paris. Hoffentlich kann er etwas schlafen. Wahrscheinlich sieht er sich aber irgendwelche Filme über das Bord-Programm an. Während ich an ihn denke, nimmt meine Nervosität noch weiter zu. Wie wird das Wiedersehen? Ob er sich verändert hat, jetzt, wo er Kapitän ist? Wenn ich ehrlich bin, hatte ich immer etwas Angst vor seiner Beförderung. Wenn er an Bord der Chef ist, wie wird er dann zu Hause sein? Führt er sich zu Hause dann auch als Boss auf? Ist er dann einer, der auch zu Hause sagt, wo es langgeht, ganz ohne Rücksicht zu nehmen? Einer, der verlernt hat, »Bitte«, »Danke« und »Entschuldigung« zu sagen? Während ich darüber nachdenke, schlafe ich irgendwann ein.

Wir sind früh dran. Zu viert sitzen wir im Bus und sind auf dem Weg zum Flughafen. Hoize, Kirchi, Dammerl und ich. Dammerl wohnt eigentlich in Passau, heute Morgen kam er aber direkt von einer Karnevalsparty aus Köln. Geschlafen hat er nicht.

Auf meinem Schoß liegt Heriberts Winterjacke. Ich habe sie mitgenommen, dabei ist es heute gar nicht richtig kalt. Die Sonne scheint, es sind fast zehn Grad plus. Aber Heribert kommt aus Florida. Sicher ist ihm kalt, wenn er in Berlin landet.

Als er im September losgeflogen war, trug er seine Leder-jacke. Damals war Sommer. Langsam schiebt sich der Bus durch die Berliner Straßen. Die drei Jungs aus Bayern un-terhalten sich. Ich sehe aus dem Fenster. Irgendwie kann ich es noch immer nicht glauben: Heribert ist nun fast zu Hause.

Fünfeinhalb Monate sind seit unserem Abschied ver-gangen. Wie wird er wohl aussehen? Ob er wieder frem-delt? Ich kann es kaum erwarten, ihn endlich zu umarmen. Bei diesem Gedanken drücke ich seinen Mantel noch ein bisschen fester an mich. Ich erinnere mich, wie ich schon einmal mit seinem Wintermantel im Bus saß. Allerdings in der entgegengesetzten Richtung. Es war vor ein paar Jahren, ich hatte Heribert zum Flughafen gebracht. Es war Winter, und Heribert flog nach Singapur. In Singapur brauchte er seinen Mantel nicht, also gab er ihn mir wie-der mit nach Hause. Es war schrecklich. Ich saß im Bus, der Abschied lag noch keine Stunde zurück, und ich war unendlich traurig. Ich hielt seinen Mantel fest im Arm. Es war, als würde ich Heriberts Hülle festhalten, während sein Körper sich gerade von mir entfernte. Ich roch an seinem Mantel, drückte ihn fest an mich und weinte die ganze Zeit. Es war unser schlimmster Abschied.

Als wir am Flughafen ankommen, warten Heriberts Schwester Maria, mein Bruder Peter und Heriberts Freun-de Hartl und Wiebke aus Nürnberg schon auf uns. Hartl und Wiebke haben das Thema Verkleidung sehr ernst ge-nommen. Sie tragen Streifenshirts, haben Kapitänsmützen auf den Köpfen, und an ihren Unterarmen leuchten sogar ein paar selbstgemalte Tätowierungen. Ich bin begeistert. Zu acht gehen wir zur Anzeigentafel und sehen, dass auch das Flugzeug aus Paris mit Verspätung in Berlin ankom-men wird. Wir haben noch fast eine Stunde Zeit und setzen uns zunächst in ein Café. Hier verteile ich erst einmal die Mützen.

»Und warum trägst du keine?«, will Hoize von mir wissen.

»Ich dachte, es wäre schöner, wenn Heribert erst mal nur mich sieht, ohne Mütze. Und ihr euch noch kurz versteckt. Dann ist doch die Überraschung größer«, antworte ich. Die anderen finden das gut. Sie schlagen sogar vor, am Ausgang zu warten. Somit hätten Heribert und ich wenigstens ein paar Minuten Wiedersehensfreude für uns. Ich bin natürlich einverstanden.

Die Zeit des Wartens vergeht unglaublich langsam. Minuten erscheinen mir wie Stunden. Ich bin so aufgeregt, dass ich nicht einmal meinen Kaffee trinken kann, ohne dass mein Magen zu rebellieren beginnt. Zur Ablenkung mache ich ein paar Fotos vom Kapitänstisch. Die Gäste an den anderen Tischen des Cafés blicken neugierig zu uns herüber. Alle paar Minuten stehe ich auf und gehe zur Anzeigentafel. Ich sehe nach, ob etwas Neues angeschlagen steht. Ich kann einfach nicht still sitzen.

»Gelandet« lese ich plötzlich auf der Tafel. Ich verabschiede mich schnell von den anderen. Wir verabreden, dass ich kurz auf Peters Handy anrufe und es ein paar Mal klingeln lasse, sobald ich mich mit Heribert auf den Weg zum Ausgang mache.

Schnellen Schrittes laufe ich zum Gate 15. Als ich ankomme, stehen schon ein paar andere Wartende an der Glasscheibe und sehen zum Gepäckband. Passagiere kann ich noch nicht erkennen. Ich komme rechtzeitig. Ich sichere mir einen guten Platz an der Scheibe und atme noch einmal tief durch. Vor lauter Aufregung ist mir ganz übel. Ich kann nicht glauben, dass Heribert gleich vor mir stehen

wird. Durch eines der großen Fenster in Richtung Roll-
bahn sehe ich, wie die Air-France-Maschine langsam
heranfährt und vor dem Gate stoppt. Ich spüre, wie
mein Herzschlag immer schneller wird. Nur noch wenige Minuten, denke ich, dann werde ich ihn sehen. Doch
plötzlich bekomme ich Panik. Was ist, wenn er vor mir
steht und ich nichts empfinde? Was ist, wenn unsere Liebe
in den fünfeinhalb Monaten verlorengegangen ist? Jetzt
beruhige dich endlich, sage ich zu mir selbst.
Die ersten Fluggäste laufen in die Halle. Gespannt sehe
ich zu ihnen hinüber. Auf der Suche nach Heribert scanne
ich jeden einzelnen Passagier. Ich frage mich, ob ich ihn
überhaupt sofort erkennen werde. Doch diese Angst ist
unbegründet. Ich sehe nur einen Teil seines Kopfes, und
trotzdem erkenne ich ihn auf Anhieb. Er läuft hinter
ein paar anderen Passagieren. Ich erkenne ihn am Gang.
Heribert wippt beim Gehen ganz leicht auf und ab. Sofort
schießen mir Tränen in die Augen. Jetzt ist er am Gepäckband angekommen. Leider steht er noch immer etwas ver-
deckt hinter anderen Leuten. Ich nehme mein Telefon und
rufe ihn an. Ich sehe, wie er zum Telefon greift und ab-
hebt.
»Ich kann dich sehen«, flüstere ich in mein Handy.
»Wirklich?«, fragt er amüsiert und versteckt sich noch ein
bisschen mehr hinter den Rücken der anderen.
»Komm schon, zeig dich!«, sage ich lachend.
Jetzt kommt er langsam vor zur Scheibe. Er strahlt mich
an. Ich habe ganz vergessen, wie gut er aussieht. Er ist
schlank und braungebrannt. Er sieht aus, als käme er aus
dem Urlaub und nicht von einem mehr als fünfmonati-
gen Arbeitseinsatz. Jetzt steht er direkt vor mir. Nur die
Scheibe trennt uns noch.
»Gut siehst du aus«, sagt er leise.

»Ach komm schon. Ich weiß, dass das nicht stimmt«, antworte ich lächelnd.

»Doch«, sagt er. »Nur ein bisschen blass vielleicht. Hattet ihr hier keine Sonne?«

»Na vielen Dank auch«, antworte ich. Dann lachen wir beide. Für einen kurzen Moment sehen wir uns in die Augen.

»Weinst du?«, fragt er mich, und seine Stimme klingt dabei besorgt.

»Ja, weil ich mich so freue, dich zu sehen«, antworte ich. Dann muss ich kurz schluchzen. In dem Moment wird es ihm zu viel. Heribert dreht sich wieder um und geht mit wippendem Gang zurück zum Gepäckband.

»Dein Seesack wird sowieso nicht dabei sein«, sage ich schnippisch. »Eigentlich kannst du also auch direkt rauskommen.« Heribert hat sich jetzt wieder hinter ein paar Leuten versteckt. Er fremdelt schon wieder. Ich finde das lustig.

»Ja, das kann schon sein. Aber ich möchte trotzdem lieber warten.«

»Konntest du im Flugzeug wenigstens etwas schlafen?«, frage ich nach einer kurzen Pause.

»Nein, ich saß in der Mitte und war komplett eingequetscht. Ich habe kein Auge zugemacht. Ich bin so fertig, ich will nur noch ins Bett.«

Begleitet von einem lauten Pfeifton, setzt sich nun das Gepäckband in Bewegung. Nach und nach ziehen immer mehr Passagiere ihre Koffer, Taschen und Rucksäcke vom Band und kommen nach draußen. Heribert steht mit gesenktem Kopf vor dem Band und wartet. Mittlerweile kann ich ihn gut sehen. Es sind nicht mehr viele Leute da, hinter denen er sich verstecken könnte. Ich bin so aufgeregt, dass ich Heriberts Freunde und die Party schon fast vergessen habe. Ich kann nur noch an den Moment denken, an dem Heribert endlich nach draußen kommt. Ich kann es kaum erwarten, ihn zu umarmen. Ich will ihn anfassen, ganz fest drücken, ihn küssen und nie wieder loslassen. Das Gepäckband ist fast leer, nur noch wenige Passagiere greifen nach ihren Taschen. Heribert bewegt sich kaum. Ich nehme das Telefon und rufe ihn noch einmal an.

»Du quälst mich«, sage ich leise in den Hörer, während ich mich mit dem Oberkörper an die Scheibe lehne.

»Ja, aber mein Seesack war noch nicht dabei«, antwortet Heribert entschuldigend und sieht kurz auf.

»Ich weiß, aber der kommt jetzt auch nicht mehr.«

»Ich fürchte, du hast recht. Ach, jetzt hält auch noch das Band an. Okay, das war's. Ich komme jetzt raus. Bis gleich«, sagt er, lächelt in meine Richtung und legt auf. Tatsächlich, das Band hat aufgehört, sich zu drehen. Heribert setzt seinen Handgepäcksrucksack auf den Rücken und läuft zum Ausgang. Mit zitternden Knien gehe ich ihm entgegen. Schnell hole ich meinen Fotoapparat aus der Tasche. Als er durch die Glastür kommt, mache ich ein Bild von ihm. Heribert lächelt, aber er hat seinen typischen leicht genervten Foto-Gesichtsausdruck aufgesetzt. Er mag es nicht, wenn ich ihn fotografiere. Mir ist das egal. Ich möchte diesen Moment einfach festhalten. Nachdem ich den Auslöser gedrückt habe, stecke ich die Kamera schnell wieder zurück in meine Handtasche. Heribert schlängelt sich vorbei an den Absperrgittern und vorbei an den anderen Passagieren. Dann steht er vor mir. Seinen Rucksack hat er abgesetzt und auf den Boden gestellt. Sofort schlinge ich meine Arme um seinen Hals und drücke ihn so fest ich kann. Auch Heribert hat seine Arme um meinen Oberkörper gelegt. Meine rechte Gesichtshälfte presse ich an sein Gesicht. Die Augen habe ich geschlossen. Ich rieche an ihm. Ich atme tief ein. Alles ist unglaublich vertraut. Sein Hals ist warm und weich. Mir ist ganz schwindelig vor Glück. Noch immer drücke ich ihn fest an mich.

»Du erwürgst mich«, sagt Heribert leise, fast krächzend.

»Ist mir egal«, antworte ich lachend, lasse den Druck aber etwas nach. »Ich kann gar nicht glauben, dass du endlich da bist«, nuschle ich leise in seinen Hals. Ich merke, wie meine Stimme zittert.

»Ich kann es auch noch nicht glauben«, antwortet er. Dann löse ich die Umarmung noch ein bisschen mehr, sehe ihm ins Gesicht und gebe ihm einen Kuss. Ich spüre seine warmen, weichen Lippen. Es ist kein leidenschaftlicher Kuss, er hat eher etwas Hektisches. Gleich darauf drücke ich Heribert noch einmal fest an mich. Mein Herz klopft jetzt so laut, dass auch Heribert es hören müsste. Mein Gesicht ist an seinem Hals. Ein paar Tränen laufen mir über die Wangen und tropfen auf seine Lederjacke.

»Komm, lass uns nach Hause fahren«, sagt Heribert. Ich ignoriere diesen Satz und umarme ihn einfach weiter. Ich möchte nicht, dass dieser Moment endet. Am liebsten würde ich die Zeit anhalten und für immer hier stehen bleiben.

Irgendwann löst Heribert sich aus meiner Umklammerung, er gibt mir einen Kuss, greift nach meiner Hand, und langsam laufen wir los.

»Weißt du, in welcher Richtung die Gepäckstelle ist?«, fragt er mich.

»Wir müssen auf jeden Fall in Richtung Ausgang«, antworte ich. In meiner Jackentasche habe ich das Handy gegriffen und rufe bei Peter an. Nach ein paar Sekunden lege ich auf.

Als wir um die Ecke kommen, sehe ich Heriberts Freunde mit ihren Kapitänsmützen an der Seite stehen. Sie sehen uns an, aber Heribert nimmt sie gar nicht wahr. Er läuft einfach an ihnen vorbei. Nach ein paar Metern bleibe ich stehen und drehe mich zu ihnen um. Jetzt bleibt auch Heribert stehen. Er sieht mich fragend an.

»Willkommen zu Hause, Herr Kollege«, ruft Peter ihm laut zu. Heribert sieht zu ihm hinüber und kann es nicht glauben. Wie angewurzelt bleibt er stehen. Mit großen Augen blickt er von einem zum anderen, grinst über das ganze Gesicht, und alles, was er sagen kann, ist »Nein«. Immer wieder sagt er »Nein«. Dann umarmt er einen nach dem anderen. Seine Schwester Maria hält er besonders lange fest. Die Szene ist herzzerreißend schön. Ich mache viele Fotos.

Nach einer ausgiebigen Begrüßung gehen wir alle gemeinsam zur Gepäckstelle. Heriberts Seesack liegt noch in Atlanta.

Als wir zu Hause ankommen, warten bereits weitere Freunde von Heribert vor der Tür. Jockel, Mac, Silvia und Michi sind mit dem Auto aus Niederbayern gekommen. Auch sie begrüßen ihn herzlich. Und wieder mache ich Fotos von Heriberts überraschtem Gesicht und zahlreichen Umarmungen. Kaum sind wir in der Wohnung, Heribert begutachtet gerade seinen Willkommenstisch, klingelt es. Diesmal sind es Meike und Laurent, gleich danach kommen Kelly und Julia aus Bremen.

Die Willkommensparty ist ein voller Erfolg. Heribert hat einen aufregenden Abend. Er kommt gar nicht dazu, müde zu werden. Immer wieder klingelt es, und jedes Mal ist es eine neue Überraschung. Irgendwann sitzt Heribert auf dem Parkettfußboden im Wohnzimmer, um ihn herum sitzen seine Freunde. Heribert erzählt Seefahrergeschichten und Anekdoten aus den vergangenen Monaten. Seine Freunde hören ihm aufmerksam zu. Hin und wieder stellen sie Fragen. Die Stimmung ist ausgelassen, es wird viel gelacht, doch irgendwann ist es ganz still. Ich komme gerade aus der Küche, neugierig stecke ich meinen Kopf durch die Tür. Heribert sitzt mit dem Rücken zu mir. Ich kann sein Gesicht nicht sehen, aber ich höre ihn. Er spricht ganz leise. Er hält eine Art Dankesrede. Er dankt seinen Freunden, dass sie für ihn den weiten Weg nach Berlin gekommen sind. Er bedankt sich dafür, dass sie noch immer seine Freunde sind, und das, obwohl er oft nur wenig Anteil an ihrem Leben nehmen kann. »Dass ihr heute hier seid, bedeutet mir wirklich sehr viel«, sagt er leise. Als ich das höre, bin ich ganz gerührt. Und ich bin froh, dass alles so gekommen ist. Heribert ist glücklich, denke ich zufrieden. Und ich bin es auch.

Zwei Wochen später, es ist Sonntagabend, lädt Heribert mich spontan zum Essen ein. Wir sind gerade nach Hause gekommen, haben unsere Reisetasche abgestellt, da fragt er mich, ob wir noch schnell etwas essen gehen wollen. Wir waren am Wochenende in Falkenberg. Gestern haben wir den Geburtstag meines Opas gefeiert. Die Feier ging bis in die Morgenstunden, wir haben viel getrunken und wenig geschlafen. Eigentlich bin ich müde. Ich habe keine Lust, noch einmal rauszugehen. Doch dann denke ich, dass Heribert mir vielleicht heute einen Heiratsantrag machen möchte, und stimme zu.

Seit zwei Wochen schon warte ich jeden Tag darauf, dass er mich endlich fragt. Aber nichts passiert. Vielleicht ist es nun so weit, denke ich aufgeregt. Ich stelle mir vor, wie wir bei Kerzenschein im Restaurant sitzen, wie er nach meiner Hand greift und mich leise fragt, ob ich seine Frau werden möchte. Ich merke, wie die Nervosität in mir steigt. Eigentlich würde ich mich jetzt gern umziehen, mich etwas frisch machen. Aber Heribert hat es eilig.

»Wohin gehen wir?«, frage ich beim Verlassen der Wohnung und versuche, meine Aufregung zu unterdrücken.

»Ich hätte Lust auf Asiatisch«, antwortet Heribert und ist bereits nach links abgebogen.

Als ich realisiere, dass unser Sonntagabend-Dinner ausgerechnet in dem kleinen Asia-Imbiss um die Ecke stattfinden soll und Heribert mir auf dem Weg dorthin auch noch eröffnet, dass er gar nicht genug Bargeld dabeihabe und deshalb ich bezahlen solle, verschwindet auch mein letztes Fünkchen Hoffnung. Wieder nichts, denke ich enttäuscht. Müde und lustlos gehe ich neben ihm her.

Der Imbiss ist ungemütlich hell erleuchtet, eine Neonröhre hängt genau über unserem Tisch. Wir sitzen uns gegenüber auf einer Art Bierbank, neben uns sitzt eine Gruppe italienischer Touristen. Schlechtgelaunt stochere ich mit meinen Plastikstäbchen im Eierreis mit Gemüse. Heribert isst Ente kross mit gebratenen Nudeln. Dazu trinkt er eine Cola. Ich hasse es, wenn er dieses Zuckerwasser in sich hineinschüttet. Aber ich sage nichts. Durch einen Trinkhalm sauge ich meine Apfelschorle aus der Plastikflasche. Von der Kohlensäure muss ich aufstoßen. Wie stilvoll, denke ich noch. Aber das ist jetzt auch egal.

Heribert spricht wenig, wenn er isst. Und noch weniger, wenn es ihm schmeckt. Heute scheint es ihm besonders gut zu schmecken. Er schweigt schon seit mehreren Minuten.

Ich beobachte ihn, wie er sich Gabel für Gabel in den

Mund schiebt und genüsslich kaut. Er scheint alles um sich herum vergessen zu haben. Auch bei mir drehen sich die Gedanken im Kreis.

Vielleicht hat Heriberts Mutter etwas falsch verstanden, denke ich. Oder vielleicht hat er sich die Sache mit der Hochzeit inzwischen auch einfach anders überlegt. Es ärgert mich, dass ich ihn nicht fragen kann. Und noch viel mehr ärgert es mich, dass ich schon so vielen Leuten von der bevorstehenden Hochzeit erzählt habe. Meike wartet jeden Tag auf meinen Anruf mit der Nachricht vom Antrag. Auch Eileen will endlich wissen, was los ist. Schließlich müsste sie bald einen Flug nach Deutschland buchen. Meine Eltern habe ich auch eingeweiht. Ich wollte verhindern, dass sie ausgerechnet im August in den Urlaub fahren. Jetzt ärgere ich mich, dass ich meine Klappe wieder einmal nicht halten konnte.

Wahrscheinlich werden wir nie heiraten, denke ich. Wir werden nie Kinder haben. Und Heribert wird auch nie freiwillig mit der Seefahrt aufhören. Ich werde immer älter und älter. Ich werde auf ihn warten, bis ich völlig frustriert und ergraut bin. Und dann wird er sich eine jüngere Frau suchen. Wahrscheinlich wird es eine Frau sein, die richtig gut kochen kann. Und er wird viele Kinder mit ihr haben. Ich dagegen werde einsam sterben.

Vielleicht meint er es ja auch gar nicht ernst mit mir, denke ich. Vielleicht ist es für ihn einfach nur praktisch, jemand zu haben, der zu Hause auf ihn wartet. Jemand, der sich um seine Post und seine Bankgeschäfte kümmert. Jemand, auf den er sich verlassen kann, der den Kontakt zu seinen Freunden und seiner Familie hält und der den Kühlschrank füllt, sobald er nach Monaten der Seefahrt endlich nach Hause kommt.

Heribert hat inzwischen aufgegessen. Mit der Serviette wischt er sich über den Mund und macht ein zufriedenes Gesicht. Mein Teller ist noch halbvoll. »Ich habe keinen Hunger«, sage ich zur Entschuldigung, dann stehe ich auf und bezahle.

Auf dem Nachhauseweg schlägt Heribert vor, noch zum Fotoautomat zu gehen. Für zwei Euro bekommt man vier schöne Schwarzweißbilder. Von diesen Fotoautomaten stehen einige in Berlin. Sie sind beliebt bei Touristen. Ein Automat steht nur ein paar hundert Meter von unserer Haustür entfernt. Wir sind fleißige Nutzer. Es gibt schon mehrere Fotostreifen von uns, die unseren Kühlschrank zieren. Wir schicken auch regelmäßig unseren Besuch in den Automaten, um auch Fotostreifen von Familie und Freunden aufzuhängen. Wir haben bereits eine schöne Sammlung. Als der Platz am Kühlschrank für all die Fotos nicht mehr ausreichte, haben wir begonnen, alle neuen Fotostreifen an die Spülmaschine zu pinnen. Auf den meisten Bildern lachen unsere Freunde fröhlich, sie küssen sich oder sie ziehen lustige Grimassen. Ich überlege kurz, dann stimme ich zu.
Heribert setzt sich auf den Drehhocker, ich setze mich auf seinen Schoß. Ich werfe eine 2-Euro-Münze in den Schlitz, wir grinsen in die Kamera, es blitzt zum ersten Mal. Ich drehe mich zu Heribert.
»Was nun?«, frage ich. Traditionell verändern wir unsere Position oder zumindest unseren Gesichtsausdruck für jedes neue Bild. Plötzlich reicht Heribert mir ein kleines Geschenk. »Was ist das?«, frage ich überrascht. In dem Moment blitzt es zum zweiten Mal.
»Mach es auf«, fordert Heribert. Ich ziehe ungeschickt am Schleifenband. Wieder blitzt es.

»Ich bin zu langsam, was soll ich tun?«, frage ich aufgeregt.

»Einfach lächeln«, rät er mir.

Also lächle ich in die Kamera. Es blitzt zum vierten Mal. Jetzt ist Schluss. Das kleine, quadratische Päckchen halte ich noch immer in meiner Hand. Langsam beginne ich, es zu öffnen. Erst löse ich das weiße Schleifenband, dann das braune Seidenpapier. Zum Vorschein kommt ein kleines braunes Schmuckkästchen. Ich atme tief durch. Ist es das, was ich denke? Meine Hände zittern. Ganz langsam öffne ich den Deckel. Tatsächlich: Im Inneren des Schmuckkästchens liegt auf einem Samtkissen gebettet ein Ring. Er ist weißgold und ganz schlicht. In der Mitte hat er einen kleinen Stein. Er gefällt mir gut. Ich sehe auf den Ring, dann zu Heribert, dann wieder auf den Ring. Ich kann es nicht glauben.

»Nancy, willst du mich heiraten?«, fragt Heribert. Tausend Gedanken schießen mir durch den Kopf. So lange habe ich auf diese Frage gewartet. Jetzt ist es so weit. Aber es fühlt sich irgendwie nicht real an. Nach einer kurzen Pause sage ich »Ja«. Dann laufen mir dicke Tränen über das Gesicht.

Ich sitze noch immer auf Heriberts Schoß. Langsam drehe ich mich zu ihm um und küsse ihn. »Ja, ich möchte dich heiraten«, sage ich leise und umarme ihn. »Ich dachte schon, du würdest mich nie fragen.«

»Ich wusste doch, dass du nur noch darauf gewartet hast, deshalb wollte ich dich auch nicht schick zum Essen ausführen. Dann wäre es doch keine Überraschung mehr gewesen. Und außerdem musste ich doch vorher noch deine Eltern fragen.«

»Du hast meine Eltern gefragt?«

»Ja, gestern Abend nach der Geburtstagsfeier.«

»Davon habe ich gar nichts mitbekommen«, sage ich überrascht und überlege, wann das gewesen sein könnte. Wir waren doch die ganze Zeit zusammen. Dann fällt mir noch eine andere Frage ein. »Und warum ausgerechnet im Fotoautomaten?«, will ich wissen.

»Na, weil du doch immer von allen wichtigen Dingen in deinem Leben Fotos willst.«

»Ja, das stimmt«, sage ich und muss lachen. Ich stecke mir den Ring an. Er passt. Ich bin beeindruckt. Ich trage sonst keine Ringe. Heribert konnte meine Größe also gar nicht wissen. Er hat gut geschätzt.

Als wir aufstehen, ist unser Fotostreifen bereits entwickelt. Die Fotos sehen lustig aus. Besonders über mein verdutztes Gesicht müssen wir lachen.

»Heribert, wirst du pünktlich sein zu unserer Hochzeit?«, frage ich leise.

»Kam ich jemals zu spät?«, fragt er zurück und lacht.

Dann küssen wir uns noch einmal. Es ist der schönste Kuss, den ich je bekommen habe.